edition suhrkamp

Redaktion: Günther Busch

Peter Bachrach ist Professor für Politikwissenschaft an der Temple University; Morton S. Baratz ist Professor an der Boston University.

Im Zentrum dieser Untersuchung, deren früheste Formulierung beinahe fünfzehn Jahre zurückliegt und die so etwas wie einen »Paradigmen-Streit« (Claus Offe) innerhalb der amerikanischen Politikwissenschaft und politischen Soziologie ausgelöst hat, steht die Frage nach dem Sitz der politischen Macht in der amerikanischen Gesellschaft und nach dem geeigneten methodisch-theoretischen Instrumentarium, mit dem die Sozialwissenschaften diese Frage zu beantworten vermögen. Die Originalität des Erklärungsansatzes von Bachrach und Baratz besteht darin, daß gegenüber den gängigen sozialwissenschaftlichen Entscheidungstheorien eine Theorie der Nicht-Entscheidung *(non-decision-making)* formuliert wird, die besagt, daß Macht nicht zuletzt dadurch ausgeübt und befestigt wird, daß Entscheidungen unterbleiben bzw. durch eine bestimmte Strategie von vornherein verhindert werden. Anhand eines konkreten Falls – der amerikanischen Großstadt Baltimore – haben die Autoren versucht, ihrer Theorie ein empirisches Fundament zu geben. Sie sind damit zu Protagonisten einer Diskussion geworden, die bis heute in der Soziologie und Politologie unvermindert kontrovers geführt wird.

Peter Bachrach, Morton S. Baratz
Macht und Armut
Eine theoretisch-empirische
Untersuchung

Einleitung von Claus Offe
Aus dem Amerikanischen von Manfred Tauscher
und Holger Fliessbach

Suhrkamp Verlag

Titel der Originalausgabe: *Power and Poverty. Theory and Practice.*
Die Übersetzung des Vorworts und des ersten Kapitels stammt von
Hans-Martin Lohmann.

edition suhrkamp 813
Erste Auflage 1977
© Oxford University Press, New York 1970. © der deutschen Ausgabe: Suhrkamp
Verlag, Frankfurt am Main 1977. Erstausgabe. Printed in Germany. Alle Rechte
vorbehalten, insbesondere das des öffentlichen Vortrags und der Übertragung durch
Rundfunk und Fernsehen, auch einzelner Teile. Satz, in Linotype Garamond, Druck
und Bindung bei Georg Wagner, Nördlingen. Gesamtausstattung Willy Fleckhaus.

Inhalt

Unseren früheren Studenten von Bryn Mawr und Haverford, die sich mit dem Problem der Macht in der Gesellschaft der Gegenwart herumgeschlagen haben.

Claus Offe
Einleitung

Im Dezember 1962 bzw. im September 1963 erschienen in der repräsentativen Zeitschrift der amerikanischen Politikwissenschaft, der *American Political Science Review,* zwei Aufsätze, verfaßt von dem Politikwissenschaftler Peter Bachrach und dem Ökonomen Morton Baratz. Von den, zusammengenommen, 25 Druckseiten dieser Beiträge nahm eine Debatte ihren Ausgang, die sich zu so etwas wie einem Paradigmen-Streit innerhalb von Politikwissenschaft und politischer Soziologie ausgewachsen hat. Diese beiden Beiträge, die der argumentativen Substanz nach den Kern der vorliegenden deutschen Übersetzung einer 1970 in den USA erschienenen Sammlung von Arbeiten der beiden Autoren ausmachen (Kapitel 1 und Kapitel 3), haben zum Zeitpunkt ihrer Erstveröffentlichung eine Periode beendet, während der die Vertreter einer bestimmten Variante der liberalen politischen Theorie und politischen Soziologie, die »Pluralisten«, das intellektuelle Geschehen in ihren Disziplinen nahezu lückenlos kontrollierten.

Im Mittelpunkt steht die Frage nach dem Sitz der politischen Macht in der amerikanischen Gesellschaft und die Frage nach dem geeigneten methodisch-theoretischen Werkzeug, mit dem die Sozialwissenschaften über diese Frage Auskunft zu geben vermögen. Die sozialwissenschaftliche Behandlung der Frage, ob und in welchem Ausmaß im politischen System der USA egalitäre Prinzipien der politischen Demokratie realisiert sind oder ob vielmehr gesellschaftliche Machtverhältnisse die Institutionen demokratischer Beteiligung und Kontrolle pervertieren und leerlaufen lassen, hat in den USA eine lange, in die zwanziger Jahre zurückreichende Tradition. Untersuchungsgegenstand der entsprechenden Studien ist in der Regel die Machtverteilung in kommunalen politischen Systemen gewesen; die mehreren Dutzend Studien, die zu diesem Thema vorliegen, haben die »Gemeindemacht-Forschung« zu einem hochentwickelten Spezialgebiet der amerikanischen Politikwissenschaft werden lassen.

Die beträchtlichen politischen Implikationen solcher Fallstudien liegen auf der Hand: je nach ihrem Ergebnis (und je nach dem Grad, in dem das Ergebnis als verallgemeinerungsfähig hingestellt werden kann) konnten sie als Legitimationshilfen für das politische System oder aber als Anhaltspunkte einer von populistischen und sozialistischen Traditionen ausgehenden Kritik dieses Systems in Anspruch genommen werden.

Das theoriepolitische Klima, das in den USA nach dem Zweiten Weltkrieg, insbesondere in der Periode zwischen dem Koreakrieg und den Anfängen der Bürgerrechtsbewegung herrschte, brachte eine modernisierte liberale Doktrin akademisch an die Macht, die – repräsentiert durch Autoren wie Truman, Lipset, Dahl, Polsby, Berelson – die *pluralistische* Natur und Dynamik des amerikanischen politischen Systems behauptete und feierte. Die übereinstimmende Diagnose dieser pluralistischen Theoretiker läßt sich dahingehend zusammenfassen, daß politische Machtpositionen als formelle Entscheidungschancen auf dem Wege über Gruppenbildung und Koalitionsprozesse von jedem Ort der amerikanischen Sozialstruktur aus nahezu gleichermaßen zugänglich seien; daß ein so gegliedertes politisches System in nahezu vollendeter Form den Kriterien der Stabilität, Flexibilität und Partizipation genüge; und daß vor allem die einzelnen im politischen System erzeugten Entscheidungen keinerlei empirisch gesicherte Rückschlüsse auf dominante »Eliten« oder Interessengruppen zuließen, die als Akteure und/oder Nutznießer an solchen Entscheidungen unverhältnismäßig stark oder oft beteiligt seien.

Diese Theorie über die gesellschaftlichen und politischen Machtverhältnisse der amerikanischen Demokratie fand – unter Verwendung einer stark verhaltenswissenschaftlich geprägten Methodologie – in verschiedenen empirischen Studien ihre schon vom Forschungsansatz her präjudizierte Bestätigung. Die politische Funktion dieser Studien bestand darin, daß sie kritische Verweise auf eine Macht- und Privilegienstruktur der amerikanischen Gesellschaft intellektuell desavouieren half und im übrigen an der Stilisierung des Bildes einer gerechten und stabilen politischen Ordnung mitwirkte, die in den USA bereits verwirklicht, in den politischen Systemen Europas aber erst noch zu erwarten und nach amerikanischem Vorbild durchzusetzen sei. Der festgefügte Block der theoretischen, methodischen, empirischen und politischen Elemente der amerikanischen Pluralismustheorie erlaubte es, vereinzelte Kritiker (Hunter 1953 und vor allem Mills 1956) methodenkritisch abzukanzeln und aus dem akademischen Feld zu schlagen.

Die Bedeutung der von Bachrach und Baratz vorgetragenen Gegenposition besteht darin, daß sie den Nachweis versuchen, daß diese Studien (deren bedeutendste wohl Dahl 1961 ist) zwar nicht in ihren empirischen Ergebnissen falsch und bestreitbar, aber in ihrer methodischen und theoretischen Anlage durchaus ungeeignet sind, die gestellte Frage wissenschaftlich zu beantworten. Weder beschwert noch belehrt von europäischen Theorietraditionen bemühen sie sich im Gegenzug um die Entwicklung dessen, was man bei uns eine *Theorie politischer Klassenherrschaft* nennen müßte. Ihre Unbefangenheit zahlt sich allerdings in dem Vorzug aus, daß die verzweigte Problematik einer solchen Theorie im Verlauf der anschließenden Debatte in aller Deutlichkeit zutage tritt und nicht durch die voreilige Anwendung eines herkömmlichen Argumentationsrepertoires verdunkelt wird. Intellektuell verfügen weder sie selbst noch ihre Gegner über das Gerät, mit dem man das heiße Eisen sei es schmieden, sei es aus dem Feuer holen, als sozialwissenschaftliches Thema kaltstellen könnte.

Eben diese Verlegenheit macht den wissenschaftshistorischen und didaktischen Reiz der »non-decisions-Debatte« aus. Je sorgfältiger man sie verfolgt, desto deutlicher werden die Bezüge zu beinahe sämtlichen Antinomien sozialwissenschaftlichen Denkens, welche die Theorieentwicklung in Soziologie, Ökonomie und Politikwissenschaft seit Generationen bestimmt haben. Erklären und Verstehen, Macht und ökonomisches Gesetz, Struktur und Handlung, Norm und Faktum, Theorie und Empirie – alle die mit diesen Begriffspaaren gekennzeichneten Streitfragen der Gesellschaftstheorie müßten geklärt sein, ehe man davon sprechen könnte, daß die Debatte, deren auslösendes Argument dieses Buch vorführt, abgeschlossen werden könnte. Die wichtigsten Thesen und Schwierigkeiten, die bisher in dieser Debatte aufgetaucht sind, sollen deshalb hier in der für eine Einleitung gebotenen Kürze zusammengestellt werden.* Dabei soll deutlich gemacht werden, daß dieses Buch selbst zweifellos nicht die »Lösung« des in ihm aufgeworfenen Problems bringt, sondern in erster Linie als der – in der Substanz 15 Jahre alte – Ausgangspunkt einer anhaltenden und brisanten Kontroverse gelesen zu werden verdient. Des weiteren soll deutlich werden, daß sich das Kernargument von Bachrach und Baratz in der hier wiedergegebenen und seither nur unwesentlich modifizierten Form schwerlich eignet, die kritische Funktion tatsächlich zu erfüllen, die sich seine Urheber von ihm versprechen. Seine Weiterentwicklung hängt von der Beseitigung einer Reihe von Unklarheiten ab, vor allem aber von der systematischen Einfügung des Arguments in eine umfassende politisch-soziologische Theorie entwickelter kapitalistischer Industriegesellschaften, deren Ausklammerung durch Bachrach und Baratz denn doch nur ein Stück weit förderlich gewesen zu sein scheint.

I.

In der gesamten liberalen politischen Theorie und politischen Soziologie wird der Begriff Macht als kausales Entscheidungshandeln von Individuen gefaßt. Machtverhältnisse liegen überall dort – und nur dort – vor, wo ein Inhaber einer Machtposition nach Maßgabe seiner Präferenzen unter mindestens zwei Handlungsalternativen eine (bewußte) Auswahl trifft, und wo diese Auswahl für das Handeln mindestens eines Machtunterworfenen in der Weise maßgeblich wird, daß Handlungsalternativen, die dieser bei Abwesenheit der Machtbeziehung realisieren *würde,* nicht realisiert werden.

  Die theoretischen und empirischen Schwierigkeiten, auf die man bei der Zugrundelegung eines solchen Machtbegriffes stößt, können kurz anhand Max Webers Definition der Macht demonstriert werden. »Macht bedeutet jede Chance, innerhalb einer sozialen Beziehung den eigenen Willen auch gegen Widerstreben durchzusetzen . . .« Nach dieser Definition haben wir es auf beiden Seiten der Machtbeziehung mit einem beobachtbaren (und für Weber zusätzlich: verstehbaren)

* Anregungen verdanke ich einer scharfsinnigen Seminararbeit von H. Wiesenthal, Bochum, über das Machtkonzept von S. Lukes.

Handeln zu tun, nämlich der Äußerung eines »Willens« einerseits und der Äußerung eines »Widerstrebens« andererseits. Nun sind bei der Beobachtung einer konkreten Interaktion zwischen zwei Akteuren zwei Fälle denkbar: Auf die Willensäußerung von A beobachten wir entweder ein »Widerstreben« oder wir stellen fest, daß kein »Widerstreben« stattfindet. Wenn letzteres der Fall ist, wären wir zunächst zu dem Schluß berechtigt, daß es sich um eine Machtbeziehung handelt. Ließen wir uns auf diesen Schluß ein, dann würde allerdings der Machtbegriff völlig konturlos, und zwar deshalb, weil ja die Tatsache, daß B nicht widerstrebt, sehr wohl auch auf etwas anderes als die Macht von A zurückgehen kann, nämlich z. B. darauf, daß B in der Übernahme der von A gesetzten Handlungsprämissen seine eigenen autonomen Interessen befriedigt sieht. Wenn alle Beziehungen, in denen *kein* Widerstreben sichtbar wird, als Machtbeziehungen gelten sollen, dann geht offenkundig die begriffliche Differenz zwischen einem autonom erzielten Einverständnis zwischen A und B und der machtvermittelten Einschränkung der Handlungsalternativen von B durch A verloren. Wenn wir an dieser Differenz festhalten und den Machtbegriff nicht sinnlos *ausdehnen* wollen, vermögen wir aufgrund dieser Beobachtung nicht zu entscheiden, ob eine Machtbeziehung tatsächlich vorliegt oder nicht.

Nicht günstiger sieht es im zweiten Fall aus, nämlich dann, wenn wir bei B ein »Widerstreben« gegen die Übernahme der Willensäußerung von A beobachten. Denn nicht jeder Fall von Widerstreben erlaubt ja, von einer Machtbeziehung zu sprechen. Nach der Definition liegt eine Machtbeziehung nur dann vor, wenn sich das beobachtbare Widerstreben *als erfolglos herausstellt.* Hier fragt sich allerdings, weshalb wir erwarten können, daß auf seiten von B in dem Falle, daß tatsächlich eine Machtbeziehung vorliegt, der Versuch des Widerstandes, der ja gemäß der Definition scheitern müßte, überhaupt unternommen würde. Zumindest kann man sagen, daß diese Prozedur auf eine drastische *Einschränkung* des Umfanges des Machtbegriffes hinausliefe: beobachtbar wären dann nur solche Machtbeziehungen, deren der Machtunterworfene B *nicht gewahr ist* und denen gegenüber er deshalb den (aussichtslosen) Versuch des »Widerstrebens« unternimmt. Eine weitere begrifflich-empirische Schwierigkeit besteht darin, daß ja durchaus offen ist, über welchen Zeitraum hinweg das Widerstreben von B gegenüber dem Willen von A beobachtet werden muß, damit man sagen kann, daß es tatsächlich erfolglos gewesen sei. – Die Schwierigkeiten einer handlungs- und kausalwissenschaftlichen Konzeptualisierung von Macht führen also entweder in eine völlig unplausible *Aufblähung* oder in eine ebensowenig einleuchtende *Verengung* des Machtbegriffs hinein, sobald dieser auf die Analyse empirischer Phänomene angewandt werden soll.

Wenn Macht vorliegt, ist Widerstreben in der Regel nicht sichtbar (da ja angenommen werden kann, daß die Machtunterworfenen ihren Unwillen, dem Willen des Machthabers zu folgen, für sich behalten und somit der empirischen Beobachtung entzogen werden). Wenn aber Widerstreben beobachtbar ist, bleibt durchaus offen, ob Macht vorliegt oder nicht vielmehr der Prozeß ihrer Destruktion. Schließlich: wenn kein Widerstreben vorliegt, ist durchaus ungewiß, ob die Willensübereinstimmung tatsächlich machtbedingt ist oder anderweitig zustande kommt. – Wenn wir auf jede Zusatzannahme über die Disposition von Machthabern und Machtunterworfenen sowie auf andere Indikatoren für Machtverhältnisse strikt verzichten, erweist sich ein so konstruierter Machtbegriff auch in dieser Hinsicht als »soziologisch amorph«, wie Weber unter einem anderen Aspekt anmerkt; er ist für die Erfassung sozialer Tatbestände ungeeignet. Brauchbar *würde* er erst, wenn wir theoretische Annahmen über Interessen und Bewußtsein der Machtunterworfenen heranzögen, die uns Aufschluß über die Frage geben könnten, welchen Willensäußerungen von Machthabern gegenüber ein »Widerstreben« *erwartbar* ist. »Was wir bräuchten, ist eine Theorie politischer Interessen und des rationalen Handelns, die angeben würde, unter welchen Umständen die verschiedenen Gruppen und sozialen Kategorien ›eigentlich‹ bestimmte Ziele verfolgen würden, so daß wir die Fälle identifizieren könnten, in denen die Artikulation und Vertretung von Interessen unterdrückt wird.« (Wolfinger 1971, 1078)[*]

---

[*] Alle in dieser Einleitung angeführten Zitate aus englischsprachigen Publikationen sind von mir übersetzt. C. O.

Genau dieser Lösung, die ja auf eine subjektive oder gar objektive Hermeneutik der Interessen von Machtunterworfenen hinausliefe, widersetzt sich der rein verhaltenswissenschaftliche Machtbegriff, den Dahl zugrundelegt. Ihm zufolge liegt Macht dann vor, wenn A veranlassen kann, daß B etwas tut, was B anderenfalls nicht getan hätte. Soll das, was B anderenfalls getan oder nicht getan hätte, nicht bloß Sache bloßer Vermutung und Intuition bleiben, so würde man, dieser Definition zufolge, nur dann vom Vorliegen einer Machtbeziehung sprechen können, wenn sie sich in einer förmlichen Versuchsanordnung erwiesen hätte, die folgende Bedingungen erfüllen müßte: Es müßten unabhängig voneinander zwei identische Gruppen, Versuchsgruppe und Kontrollgruppe, gebildet und von der Umwelt isoliert werden; in der Versuchsgruppe müßte die Willensäußerung von A erzeugt werden, und daraufhin müßte das Verhalten von B in der Versuchs- und Kontrollgruppe Differenzen aufweisen, die als Bestätigung der Hypothese gewertet werden könnten. Es liegt auf der Hand, daß ein solches experimentelles Arrangement – mangels Isolierbarkeit und Vergleichbarkeit der interessierenden Phänomene – in politisch relevanten Zusammenhängen völlig unrealisierbar ist. Der Machtbegriff würde bei Verwendung so rigoroser empirischer Standards für die Kleingruppenforschung reserviert werden müssen.

Dahl beschreitet denn auch einen anderen Weg. Er unterstellt nämlich, daß immer dort, wo Machtbeziehungen vorliegen, die objektive Chance und die subjektive Disposition bei den Machtunterworfenen besteht, ihren abweichenden Präferenzen in einer Weise Ausdruck zu verleihen, die diese (z. B. durch Meinungsbefragung) der sozialwissenschaftlichen Beobachtung zugänglich macht. Er bewältigt also die genannte Schwierigkeit, nicht zu wissen, was denn die Machtunterworfenen im Falle der Abwesenheit einer Machtbeziehung tun würden, dadurch, daß er die Antwort auf diese Frage von den Machtunterworfenen selbst gewinnt. Was im strikten Experiment die Funktion der Kontrollgruppe wäre, muß von den Machtunterworfenen selbst wahrgenommen werden: die fiktive Konstruktion einer alternativen Realität, die Festlegung des Bezugspunktes, an dem Machtbeziehungen allein gemessen werden können. Dieses Verfahren präjudiziert *metho-*

disch, daß Macht nur in dem Umfang empirisch identifiziert werden kann, wie die Machtunterworfenen selbst durch ihre Worte und ihr Handeln deutlich machen, daß sie die Machtbeziehung als kontingent und reversibel betrachten. Macht kann nur in dem Ausmaß erkannt werden, wie sie nicht mächtig genug ist, alternative Willenskundgebung zu erdrükken, zu entmutigen und auf diese Weise von dem Bildschirm verschwinden zu lassen, auf dem der Sozialwissenschaftler sie zu identifizieren versucht. Es verwundert nicht weiter, daß ein Forschungsverfahren, welches aus methodischen Gründen nur zur Messung relativ »harmloser«, instabiler, kontingenter Machtverhältnisse geeignet ist, zu dem Forschungsergebnis führt, die Machtverhältnisse seien tatsächlich offen, inkohärent und »pluralistisch«.

Der ganze Methodenspuk kann die tautologische Natur der Ergebnisse, mit denen eine handlungswissenschaftlich und kausalanalytisch konzipierte Machttheorie empirisch aufzuwarten hat, nur beschönigen, nicht beheben. Instruktiv sind daran nur die Fehler, die eine alternative, strukturtheoretisch angelegte Machttheorie jedenfalls zu vermeiden hätte.

Das zentrale Gegenargument von Bachrach und Baratz besteht nun in der Konstruktion eines *zweistufigen Machtbegriffs.* Das eine Gesicht von Macht wird durchaus in der traditionellen handlungstheoretischen Begrifflichkeit analysiert: Die Willensbekundung von A setzt sich gegen die manifeste Opposition von B durch. Alternativen, die B vorziehen würde, werden damit ausgeschlossen, bleiben unrealisiert. Nun unterliegt aber der Bereich dieser ausgeschlossenen Alternativen selbst bestimmten Konstitutionsregeln und Restriktionen. Die Wirksamkeit dieser Konstitutionsregeln ist das, was Bachrach und Baratz als das »zweite Gesicht der Macht« hervorheben. Der Horizont von Alternativen, die durch Entscheidungshandeln ausgeschlossen werden, ist durch Normen und Institutionen bereits präformiert, und genau diese einschränkenden Effekte – so ihre These – müssen aus der Sichtweise eines handlungstheoretischen Machtbegriffs verborgen bleiben. An dem Punkt eines Machtprozesses, an dem diese ihre Beobachtungen aufnimmt, ist sozusagen das Wichtigste schon passiert: die Aussonderung von Alternativen, die dann auf der Ebene manifesten Entscheidungshandelns und beobachtbaren Widerstrebens keine Rolle mehr spielen. Bachrach und Baratz lassen keinen Zweifel daran, daß ihrer Auffassung zufolge die zweite Form der Machtausübung mindestens ebenso bedeutsam ist wie die erste, auf der Handlungsebene beobachtbare. In einer späteren Phase der Debatte (1975, 900/901) stellen sie fest: »In einem einigermaßen stabilen politischen System wird Macht vorwiegend nicht von denen ausgeübt, die politische Entscheidungen treffen oder darüber entscheiden, welche Entscheidungsthemen auf der politischen Tagesordnung stehen, sondern sie wird von solchen Personen und Gruppen ausgeübt, die ihre Anstrengungen darauf verwenden, die vorherrschenden Normen, Entscheidungskriterien, Institutionen und Verfahrensregeln zu gestalten und zur Geltung zu bringen, welche dann ihrerseits den politischen Prozeß stützen und prägen.« Man geht wohl nicht fehl in der Annahme, daß in diesem Modell eines zweistufigen Machtverhältnisses an eine substitutive Beziehung zwischen Stufe I und Stufe II gedacht ist: Je mehr Alternativen auf der Stufe institutioneller Präjudizierungen bereits »weggefiltert« werden, desto zuversichtlicher und unbesorgter können sich die Machthaber auf relativ offene, im Ausgang unbestimmte Machtkämpfe auf der Ebene manifesten Entscheidungshandelns einlassen. Umgekehrt gilt, daß »wichtige« politische Themen nur dann auf die Tagesordnung politischer Institutionen geraten können, wenn das politische System in dem Sinne instabil ist, daß institutionelle Filter nicht zuverlässig funktionieren. In diesem Fall müssen dann die versäumten »Nicht-Entscheidungen« durch manifeste »Entscheidungen« kompensiert werden.

Mit dieser Konstruktion eines zweistufigen Machtbegriffs ist, in einer traditionellen Terminologie gesprochen, das Verhältnis von Objektivität und Subjektivität, von Form und Inhalt, von Struktur und Handeln angesprochen. Aus zwei Gründen, einem theoretischen und einem methodischen, widerstehen Bachrach und Baratz der naheliegenden Lösung, Machtphänomene in vollem Umfang auf der Ebene »objektiver Verhältnisse«, institutioneller Formen und subjektloser gesellschaftlicher Strukturen anzusiedeln. Der theoretische Grund liegt darin, daß von Macht sinnvollerweise nur dann die Rede sein kann, wenn der Machthaber »im Prinzip« auch die Möglichkeit hätte, seine Macht nicht auszuüben; Macht kann jemand nur haben, wenn er sich nicht auf naturhafte Zwangsgesetze berufen kann, die ihm keine andere Wahl lassen, als »so und nicht anders« zu handeln. So ist es offenbar unsinnig, von der »Macht« des Wetters oder des Fallgesetzes zu sprechen. Folglich müssen, wo immer von der Macht von Institutionen und Normen die Rede ist, diese selbst als im Handeln kontingent, auch anders möglich vorgestellt werden. Dieser Gesichtspunkt veranlaßt die Autoren, das von ihnen entdeckte »zweite Gesicht der Macht« nun wiederum an Entscheidungshandeln rückzubinden und auch für jene verborgenen Vorentscheidungen Akteure zu unterstellen, welche die strukturellen Rahmenbedingungen des Handelns ihrerseits frei wählen. Dieser Gedankengang, der dann doch wieder auf eine Subjektivierung von Machtphänomenen hinausläuft und lediglich theoretisch vorsieht, daß bei der empirischen Erforschung von Machtverhältnissen nicht nur die Bühne betrachtet wird, sondern auch die Kulissen des offiziellen Entscheidungsprozesses auf Manipulationsakte und strategische Arrangements hin abgeleuchtet werden, ist nicht schlüssig.

Ein Vergleich mit der analogen Problematik im Historischen Materialismus zeigt, daß Machtverhältnisse begrifflich durchaus von der Kategorie des sozialen *Handelns* getrennt werden können, gesellschaftliche *Strukturen* als subjektlose Machtverhältnisse angenommen, als »sachliche Mächte, ja ... übermächtige Sachen, von den sich beziehenden Individuen selbst unabhängige Sachen« (Marx, *Grundrisse* 545) vorgestellt werden können, *ohne* daß man durch die Implikation der »Naturhaftigkeit« solcher Verhältnisse dem Mißverständnis Vorschub leisten müßte, sie seien nicht anders möglich und insofern keine *Macht*verhältnisse, sondern Naturgesetze. Die Vermeidung dieses Mißverständnisses kann freilich nur im Rahmen einer *historischen* Theorie der gesellschaftlichen Entwicklung gelingen, die den *Prozeß* der »Versachlichung« bzw. »Verselbständigung« gesellschaftlicher Verhältnisse nachzeichnet, andererseits aber die Ergebnisse dieses Prozesses als nicht irreversibel begreift. (Vgl. Vogt 1974)

Der zweite Grund dafür, daß Bachrach und Baratz die dem Entscheidungshandeln zugrunde liegenden Vorentscheidungen handlungstheoretisch auffassen, ist in dem methodischen

Gesichtspunkt zu sehen, daß anderenfalls sie sich dem – im Kontext der amerikanische Sozialwissenschaften vernichtenden – Vorwurf aussetzen müßten, mit Fiktionen zu operieren, die einer empirischen, an der Beobachtung von sozialem Handeln ausgerichteten Bestätigung prinzipiell nicht zugänglich seien. Diese Erwägungen führen die Verfasser in das Dilemma, daß sie sich einerseits aufgrund ihrer Einsicht in die objektiven und strukturellen Prämissen politischer Machtausübung von der Beobachtungs- und Handlungsebene so weit wie möglich entfernen möchten, andererseits aber nicht über eine klassentheoretische Fundierung ihres theoretischen Arguments verfügen und sich auch aus diesem Grund nicht leisten können, aus dem empiristischen Reglement vollends auszubrechen. Sie plädieren statt dessen für einen »weichen« Empirismus und appellieren sozusagen an die Großzügigkeit ihrer Gegner, zugunsten wichtiger theoretischer Einsichten auf die Forderung nach rigiden empirischen Beweisprozeduren jedenfalls vorläufig zu verzichten. »Empirische Bestätigung ist gewiß höchst wünschenswert, aber sie ist nicht das Wichtigste.« (1975, 904) Oder: »Lieber ein mangelhaftes Meßverfahren für ein äußerst wichtiges Phänomen als die vorzügliche Messung von Trivialitäten.« (Frey 1971, 1094)

Nun scheint allerdings die Sache zu wichtig zu sein, um auf dem Wege mehr oder weniger entgegenkommender methodischer Konventionen beigelegt werden zu können. Das Dilemma zeigt sich nämlich nicht erst bei dem Versuch, das Vorliegen jener verborgenen institutionellen Präjudizien für Machtverhältnisse empirisch zu bestätigen, sondern bereits bei der Begriffsbildung. Durch und durch unklar und widersprüchlich bleibt nämlich die Vorstellung von dem, was die Autoren mit dem Begriff »non-decisions« bezeichnen wollen: Handelt es sich um »*Entscheidungen, daß nicht . . .*« oder handelt es sich *um etwas anderes als Entscheidungen,* also um vorab Festgelegtes, objektiv Vorentschiedenes? Auf diese Frage, die in der Debatte verschiedentlich aufgetaucht ist (z. B. Eijk und Kok 1975, 279; Debnam 1975, 891) gibt es bei Bachrach und Baratz keine klare Antwort. In der ursprünglichen Formulierung ihres Gedankens, die in diesem Buch wiedergegeben ist, treffen wir überwiegend auf Formulierungen, die eine absichtsvolle, individuellen Akteuren zurechenbare Einschränkung der Entscheidungsthematik nahelegen. Hier bedeutet »non-decision-making«, daß bestimmte Themen und Konfliktstoffe strategisch aus dem politischen Entscheidungsprozeß herausgehalten werden. Es gelten also empirisch beobachtbare Handlungen, mögen sie auch als Manipulationsakte im Hintergrund ablaufen und der sozialwissenschaftlichen Beobachtung deshalb schwer zugänglich sein, als Substanz dessen, was unter »non-decisions« zu verstehen ist. Auf die Frage, ob jenes zweite Gesicht der Macht nicht auch durch strukturelle Imperative (»imperatives of the structural setting«, Debnam 891) begründet sein könnte, weichen sie zunächst der Alternative zwischen einem handlungs- und einem strukturtheoretischen Machtbegriff aus und weisen die Frage als »falsch« zurück, finden sich dann aber im folgenden doch bereit, auch andere Prozesse als die *bewußte* Unterdrückung von Themen und Einschränkung von Konfliktstoffen unter den Begriff des »non-decision-making« zu subsumieren. Einerseits insistieren sie, daß »non-decision-making« ein individuell zurechenbares Handeln sei, andererseits wird jetzt auch der Fall einer *»unbewußten«* Machtausübung sowie der Fall der *»indirekten«* Machtausübung einbezogen; Machtphänomene liegen, anders gesagt, auch dann vor, wenn das Entscheidungshandeln von A keineswegs absichtsvoll, sondern »unbewußt« darauf *hinausläuft,* den Thematisierungsspielraum von B einzuschränken; und/oder wenn zwischen A und B keine direkte Kommunikation stattfindet, vielmehr die Einschränkung von Themen und Konfliktstoffen auf indirektem Wege geschieht (Bachrach/Baratz 1975, 904). Hier können die Kritiker wiederum mit dem Argument einhaken, daß nun offen bleibe, ob der Machtbegriff an Absichten oder an Resultaten festgemacht werden solle (Eijk und Kok 1975, 279) oder etwa an der – soziologisch naiven – Annahme ihrer Koinzidenz (Wolfinger 1971, 1074).

Die Dehnung eines handlungstheoretischen Begriffs von Machtausübung, die Einbeziehung sowohl von »unbewußtem« wie von »indirektem« Handeln, kommt der Klarheit der theoretischen Konzeption offenkundig nicht gerade zugute. Das oben bezeichnete Dilemma wird nicht behoben, sondern mit unscharfen Formulierungen zugedeckt. Was völlig ungeklärt bleibt, ist die Frage, welche Eigenschaften von *Institutio-*

nen – etwa des parlamentarischen Regierungssystems oder der Verfügung über Produktionsmittel aufgrund von Eigentumstiteln – es eigentlich sind, die es bestimmten Akteuren erlauben, Interessenkonflikte zu präjudizieren und den politischen Thematisierungsprozeß unter restriktive Bedingungen zu stellen. Indem sie – an freilich extensiv gehandhabten – handlungstheoretischen Kategorien festhalten, suggerieren Bachrach und Baratz, daß die institutionellen Arrangements und Spielregeln, denen die Akteure folgen, gleichsam in jedem Augenblick von ihnen strategisch kreiert oder zumindest »unbewußt« bestätigt werden. »Bachrach und Baratz orientieren sich, ebenso wie die Pluralisten, an einer Vorstellung von Macht, die allzu sehr am methodischen Individualismus ausgerichtet ist« (Lukes 1974, 22). Auf der Basis einer solchen Vorstellung, die das Eigengewicht und die Objektivität institutioneller Strukturen und ihrer »Selektivität« (vgl. Offe 1972) leugnet, muß dann die unlösbare Frage übrigbleiben, welchen Umständen eigentlich die Akteure ihre Chance verdanken, durch »non-decisions« restriktive Prämissen politischer Machtausübung zu erzeugen. In Übereinstimmung mit nahezu der gesamten kritischen Tradition der angelsächsischen politischen Soziologie und ihren elitetheoretischen Konzepten (z. B. Bachrach 1967, Miliband 1972; zur Kritik vgl. Balbus 1971, 1975 und u. a., Poulantzas 1976) figurieren auch bei Bachrach und Baratz die gesellschaftlichen Akteure nicht als »Träger« bestimmter, von einer Produktionsweise vorgezeichneter Funktionen, nicht als Exekutoren struktureller Imperative, sondern ausschließlich als die Urheber von Normen und »Spielregeln«, durch die sie den gesellschaftlichen Verkehr lenken. So wenig nun die Nebelfelder einer rein objektivistischen, auf nicht-empirische Strukturen und »Bewegungsgesetze« abhebenden Konzeptualisierung gesellschaftlicher Macht als Gefahr unterschätzt werden dürfen, so gravierend sind andererseits die Defizite, die sich einstellen, wenn institutionelle Strukturen ohne Rest in strategisches Entscheidungshandeln aufgelöst werden; es bleibt dann nämlich unerfindlich, aufgrund welcher Gegebenheiten und »Vorentschiedenheiten« die Akteure gesellschaftlich so plaziert sind, daß sie über die Hebel des »non-decision-making« verfügen können. Diesen Zusammenhang zwischen objektiven Diskriminerungseffekten von Institutionen einerseits und den Chancen, diese im Entscheidungshandeln anzuwenden und interessenspezifisch auszuwerten, haben etwa Cobb und Elder (1971, 906 ff.) im Auge. Angewendet auf die in ihren Anfängen in die Zeit vor dem Ersten Weltkrieg zurückreichende nationalökonomische Diskussion über »Macht oder ökonomisches Gesetz?« (Böhm-Bawerk 1914) läßt sich die Differenz zwischen den beiden Varianten, nach denen sich der Begriff der »nondecisions« auslegen läßt, folgendermaßen illustrieren: in der eher handlungstheoretischen Version könnte von ökonomischen Machtphänomenen nur in solchen Fällen die Rede sein, in denen die Entscheidungsprämissen für andere strategisch manipuliert, ihre Beteiligung an bestimmten Märkten, etwa durch Strategien der Konzentration und Kartellisierung von Angebot bzw. Nachfrage, reduziert würde. In einer mehr strukturtheoretischen Auslegung würde außerdem sichtbar, daß ökonomische Macht nicht erst aus (erfolgreichen) Konzentrationsstrategien resultiert, sondern daß – zumindest auf dem Arbeitsmarkt – die Basisinstitution privaten Produktionsmittel-Eigentums Machtpositionen erzeugt, insofern denjenigen, die über solches Produktionsmittel-Eigentum nicht verfügen, die Chance entzogen wird, über die Anwendungsbedingungen ihrer Arbeitskraft unabhängig von Art und Umfang der Nachfrage nach der »Ware« Arbeitskraft zu entscheiden. Selbstverständlich kann in einer historisch-genetischen Perspektive auch das Zustandekommen der Basisinstitution privaten Produktionsmitteleigentums auf Handlungen zurückgeführt und als Prozeß dechiffriert werden, in dem »nondecisions« zur Geltung gebracht worden sind. Das ändert indes nichts daran, daß es sich bei der Machtbildung durch Kartellierungsstrategien (z. B. zum Zwecke der Verhinderung des Marktzugangs Dritter) nicht nur um andere Akteure handelt, die zu anderen Zeitpunkten andere strategische Ziele verfolgen, sondern daß sie dies alles vor allem nur deshalb tun können, weil sie die inzwischen erfolgte Institutionalisierung des Privateigentums als gegeben voraussetzen und auf dieser Grundlage strategische »non-decisions« durchsetzen können.

Um einen anderen Illustrationsfall zu nehmen: in der soziologischen Gewerkschaftsforschung ist neuerdings eindrucksvoll herausgestellt worden, wie der Prozeß der innerverbandlichen Machtbildung durch »non-decisions« gesteuert wird, die sich im einzelnen bei der personellen Besetzung von Tarifkommissionen, der zeitlichen, organisatorischen und thematischen Gestaltung von Gewerkschaftstagen usf. nachweisen lassen (vgl. Bergmann et al. 1975, bes. Kap. VII; Bosch 1974). Solche Praktiken des Verschweigens, Verleugnens, Verhinderns usw. werden aber in ihrer Hartnäckigkeit sowie im Hinblick auf die Tatsache, daß sie nach ihren politischen Implikationen ja keineswegs kontingent und zufalls-verteilt sind, erst auf dem Hintergrund der Tatsache verständlich, daß – *bevor* die Organisations*spitze* Tagesordnungen manipulieren und wichtige Kommissionen mit »zuverlässigen« Kollegen besetzen kann etc. – die Organisation als ganze es mit dem *objektiven Zwiespalt* zwischen Einkommens- und Beschäftigungsinteressen der Arbeitnehmer, zwischen ihren ökonomischen und politischen Zielen zu tun hat; dieser Zwiespalt ergibt sich aus jenem – ebenso fundamentalen wie anonymen – Macht- und Erpressungsverhältnis, das durch die gesellschaftliche *Form* der Arbeitskraft als »Ware« selbst etabliert wird. Erst dieser Zwiespalt erklärt, daß der Katalog von Themen und Forderungen, den sich eine gewerkschaftliche Organisation unter gegebenen Bedingungen »leisten«, d. h. konsensuell verarbeiten kann, mehr oder weniger eng beschränkt *ist* und insofern durch »non-decision-making« beschränkt *werden muß*. – Aus diesem Zusammenhang ergibt sich dann das sozialtheoretische Grundsatzproblem, welches Bachrach und Baratz nur dadurch markieren, daß sie es immer wieder zu umgehen suchen. Es besteht in dem Dilemma, daß Macht (ebenso wie eine Reihe anderer soziologischer Grundbegriffe) weder *ohne* Rekurs auf objektive gesellschaftliche Formalstrukturen noch *allein durch* einen solchen Rekurs begriffen werden kann.

Es läge nahe, aus diesen Überlegungen die Schlußfolgerung zu ziehen, Bachrach und Baratz so zu interpretieren, daß sie keine zweistufigen, sondern – bei hinreichend rigoroser Weiterentwicklung ihres Arguments – einen dreistufigen Machtbegriff anpeilen. Diese Lösung ist von Lukes (1974, v. a. 21 ff.) versucht worden. Auf der obersten Ebene hätten wir es mit jenen manifesten Konflikten zu tun, in denen widerstrebende Willensäußerungen zutage treten und die eine Seite sich gegen die andere durchsetzt. Auf der zweiten Ebene hätten wir es mit jenen strategisch generierten Ausschließungs- und Unterdrückungsregeln zu tun, deren Erzeugung und Befolgung dafür sorgt, daß nur relativ »harmlose« Konfliktthemen die Chance haben, an der Oberfläche des manifesten Entscheidungsprozesses aufzutauchen. Innerhalb dieser zweiten Stufe können dann – im Anschluß an Vorschläge von Merelman (1968) und vor allem Eijk und Kok (1975) – verschiedene Stufen und Mechanismen unterschieden werden, an denen bzw. durch welche »gefährliche« Konfliktpotentiale abgefangen und ausgefiltert werden; ein besonders erfolgreicher Ansatz zur Analyse solcher Filterprozesse liegt in den Untersuchungen von Edelman (1976) vor, der eine Systematik politischer »Inszenierungs«-Strategien entwickelt. Für solche Strategien und Mechanismen wäre der Begriff »non-decision-making« im Sinne von »Entscheidungen, daß nicht . . .« zu reservieren. Hiervon wäre wiederum – im Gegensatz zu der Argumentationspraxis, an der die Autoren bisher festgehalten haben, aber durchaus im Interesse der Stärkung ihres Arguments – eine dritte Ebene zu unterscheiden, auf der die strukturellen Präjudizien angesiedelt sind, die als solche dadurch bestimmt sind, daß sie eines ausdrücklichen *Entscheidungsaktes überhaupt nicht bedürfen,* um wirksam zu sein, vielmehr kraft ihrer subjektlosen Geltung die Voraussetzungen dafür schaffen, daß von bestimmten Positionen der Sozialstruktur aus das Instrumentarium des »non-decision-making« betätigt wird. Wollte man diesen Gedanken weiterverfolgen und ausarbeiten, so ergäbe sich freilich die Notwendigkeit, auf der dritten Stufe eine Theorie der »Produktionsweise«, d. h. der strukturbestimmenden Kernelemente einer Gesellschaft, anzubieten, die erklärt, aus welchen Gründen bestimmte Akteure, sei es zur Durchsetzung ihres Willens, sei es zur Unterdrückung für sie »riskanter« Themen, überhaupt ermächtigt sind. Ihr Verzicht auf die Entwicklung einer solchen Theorie scheint jedenfalls der Grund dafür zu sein, daß der wichtige Kerngedanke ihrer Beiträge dann doch in einer Reihe von – als solchen instruktiven – Vagheiten hängenbleibt.

II.

Analoge Schwierigkeiten tauchen auf, wenn der Versuch unternommen wird, Machtphänomene der zweiten Stufe, also »non-decisions«, an empirischen Kriterien festzumachen, die sich auf die Seite der Macht*unterworfenen* beziehen. Ebenso wie (jedenfalls »im Prinzip«) die Unterdrückung von Entscheidungsthemen an individuell zurechenbaren Entscheidungsakten (allenfalls »unbewußter« Art) von Machthabern festgemacht werden soll, kann von »non-decisions« nur unter der zusätzlichen Bedingung die Rede sein, daß in relevantem Umfang bei den Machtunterworfenen das Interesse daran sichtbar wird, das ausgeschlossene Thema auch tatsächlich zu verfolgen und durchzusetzen. Nach Ansicht der Verfasser kann begrifflich von »non-decisions« nur dort die Rede sein, wo sich empirische Anhaltspunkte dafür anführen lassen, daß die präsumptiven Machtunterworfenen »anders gewollt hätten«; nur so kann der Einwand entkräftet werden, die beobachtete »Unterlassung« sei gar keine politisch relevante »non-decision«, weil sie einem »autonomen Desinteresse« (Frey 1971, 1092) der Betroffenen korrespondiere. Die Beweislasten, die sich die Verfasser mit einer solchen Begriffsbildung einhandeln, sind eingermaßen entmutigend. Wenn etwa die Machtunterworfenen für den Fall ihres Versuchs, bestimmte Themen aufzubringen und sich für bestimmte politische Forderungen einzusetzen, negative Sanktionen erwarten und deshalb sich von entsprechenden Versuchen abschrecken lassen, wäre die Machtausübung als solche gar nicht identifizierbar; es fehlte ja das Kriterium demonstrierten und sozialwissenschaftlich demonstrierbaren Widerstrebens. Je perfekter die Machtausübung, desto schwieriger wäre sie zu identifizieren.

Zu dieser in jedes handlungstheoretisch fundierte Machtkonzept eingebauten Paradoxie kann man sich wiederum in zweierlei Weise verhalten. Entweder man beschränkt sich ausdrücklich darauf, von Machtausübung nur in solchen Fällen zu sprechen, in denen zumindest rudimentäre Anzeichen für Widerstand sichtbar (vgl. im vorliegenden Text S. 84) und die präventiven Mechanismen, die zur Unterdrückung von Alternativen führen, nachweisbar sind (vgl. Frey 1971, 1091 ff.); dann nimmt man nicht nur das Risiko in Kauf, daß »wichtige« Machtphänomene, auf welche die verhaltenswissenschaftlichen Meßinstrumente sozusagen nicht ansprechen, unerkannt bleiben. Man läuft außerdem Gefahr, daß die festgestellten Spuren von Opposition und Dissens nicht nach ihrer relativen Bedeutung beurteilt und gegebenenfalls als irrelevant vernachlässigt werden können. Jede politische Ordnung, jede Institution und jede Verfahrensregel diskriminiert eine Vielfalt von Interessengesichtspunkten, die sämtlich oder doch zum großen Teil als Oppositionsphänomene auffindbar sein mögen; »non-decisions würde man zu jeder Zeit und in jedem Regime finden« (Wolfinger 1971, 1069). Kann man daraus schließen, daß allen solchen Bekundungen von Nicht-Einverständnis das gleiche Gewicht für die Analyse politischer Machtverhältnisse zukommt? Dann entfiele die Pointe der ganzen Konstruktion, die ja nur unter der Erwartung zu halten ist, daß das Volumen von Macht variabel, d. h. reduzierbar ist. – Bachrach und Baratz reagieren auf diese beiden Schwierigkeiten mit zwei Gegenargumenten: Sie plädieren erstens für lockere empirische Kriterien, nach denen Oppositionsphänomene registriert werden sollen; »ein Forschungsergebnis mag sehr wohl impressionistisch und nur mangelhaft durch Daten gestützt sein, aber das ist immer noch besser, als wenn man den Irrtum begeht, solche verborgenen Elemente völlig zu ignorieren« (1975, 901). Das theoretische Argument lebt dann allerdings, ein wenig vereinfacht gesagt, nur von der forschungsmethodischen Großzügigkeit seiner Gegner. – Dem anderen der beiden genannten Einwände, daß nämlich Oppositionsphänomene nicht mehr gewichtet werden, z. B. sich abzeichnende revolutionäre Alternativen nicht mehr von hinterwäldlerischem Querulantentum unterschieden werden können, halten sie entgegen, daß besonders solchen Oppositionsphänomenen Gewicht beizumessen sei, die im Falle ihres Erfolges den »status quo« verändern und die Privilegien der Verteidiger des status quo tangieren würden. Ähnlich formulierten Eijk und Kok (1975, 189): »Wichtige Bedürfnisse sind alle solche, die im Falle ihrer Erfüllung eine Veränderung der bestehenden Macht- und Einflußstruktur des Systems nach sich ziehen würden.« Um ein solches Argument haltbar zu machen, müßte man freilich zunächst einmal wissen, was denn unter dem »status quo« bzw. der »bestehenden Macht- und Einflußstruktur eines Systems« soziologisch zu verstehen ist

– eine Frage, die ihrerseits offensichtlich nur im Lichte von alternativen Konstruktionen eines Gesellschaftssystems zu klären ist.

Ein zweiter möglicher Ausweg aus solchen Verlegenheiten und Zirkelschlüssen bestünde in der Zugrundelegung einer Theorie objektiver Interessen, deren Verletzung sich unabhängig vom Sprechen und Handeln der Machtunterworfenen feststellen und somit als Indikator für Machtverhältnisse in Anspruch nehmen ließe. Im Anschluß an die »non-decisions«-Debatte ist der hier anknüpfende Gedankengang am weitesten von Lukes (1974) vorangetrieben worden. Er basiert auf mehr oder weniger systematisierten *kontrafaktischen* Annahmen über die Normen und Interessen, die die Menschen in einer Gesellschaft als ihre eigenen erkennen und verfolgen *würden*, wenn nicht die bestehenden Machtverhältnisse sie daran hindern würden, dies zu tun. Freilich setzen sich Machttheorien, die mit solchen normativen Kontrastvorstellungen über die »objektiven«, »eigentlichen« Interessen operieren, ebenfalls einem doppelten Einwand aus. Sie geraten nämlich erstens in den Verdacht einer perspektivischen Beliebigkeit, insofern jene Interessen, die kontrafaktisch als maßgeblich unterstellt werden, von einem sozialwissenschaftlichen Beobachter zum anderen variieren. Der Vorwurf des normativen Subjektivismus ist denn auch ein Standard-Argument in den Polemiken und methodischen Analysen zum Thema. »In welcher Hinsicht man Einschränkungen an einem politischen System feststellt, hängt davon ab, wie es sich von dem unterscheidet, was man sich als ideale politische Ordnung vorstellt« (Wolfinger 1971, 1077). Abgesehen vom Vorwurf mangelnder »Wertfreiheit« bekommen es Machttheorien, die theoretische Annahmen normativer Natur zum Angelpunkt nehmen, mit der Schwierigkeit zu tun, daß, »wenn eine beobachtbare Gruppe *anders* handelt als vorausgesagt, dies entweder auf der Unterdrückung ihrer Interessen oder aber darauf beruhen könnte, daß die unterstellte (normative) Theorie falsch war; es gibt keine Möglichkeit, zwischen diesen beiden Interpretationen zu entscheiden« (ebda., 1078). Aussagen über Machtphänomene bleiben dann ebenso unverbindlich wie die normativen Alternativprojektionen, an denen sie gewonnen werden. Jede Konstruktion dieser Art hat dem Einwand zu begegnen, daß

»subjektive, ideologisch erzeugte Zuschreibungen eines ›realen‹ Interesses als objektive, wissenschaftliche Ergebnisse maskiert und so zum schwankenden Boden gemacht werden, auf dem die Erforschung von Machtverhältnissen aufbaut« (Frey 1971, 1099).

Angesichts dieser Schwierigkeit werden häufig mehr suggestive als systematisch ausgearbeitete Bedürfnis- und Wohlfahrtstheorien zu Rate gezogen, in denen Minimalnormen für physische Lebensbedingungen und individuelle Entfaltung (vgl. Galtungs Begriff der »strukturellen Gewalt«) fixiert sind. Solche Lösungen entgehen dem Relativismus-Einwand nur scheinbar, weil sie – wenn nicht von vornherein »bescheiden« und im Ergebnis trivial – blind sind für die *historische* Bestimmtheit und Veränderlichkeit dessen, was in einer Gesellschaft an (auch materiellen) Bedürfnissen und Interessen objektiv »in Betracht kommt« und somit zur theoretischen Grundlage eines Begriffs von »Armut« tauglich ist. Eine andere Scheinlösung, von der auch Bachrach/Baratz Gebrauch machen, stützt sich auf die Gleichheitsnorm; sie scheitert daran, daß es in jeder Gesellschaft relevante *und* unerhebliche Ungleichheiten gibt und es an theoretischen Gesichtspunkten fehlt, die einen von den anderen zu unterscheiden. Theoretisch eleganter, aber in der empirischen Anwendung wohl kaum aussichtsreicher, ist das von Barry (1965) unterstellte »Meta-Interesse« daran, überhaupt über die eigenen Interessen entscheiden und sie befriedigen zu können; hier wäre eine Theorie über die Medien zu fordern, die jeweils solche generalisierte Handlungsfähigkeit verbürgen – und darunter könnte sehr wohl wiederum »Macht« auftauchen (vgl. unten, Abschnitt III). – Ein zweiter Einwand bezieht sich darauf, daß jene normativen Maßstäbe, die die Forschung für die Identifizierung von Machtphänomenen benötigt, nicht nur einer verbindlichen Festlegung unzugänglich, sondern darüber hinaus – wie immer sie im einzelnen formuliert werden mögen – als das »Jenseits« der gesellschaftlichen Wirklichkeit konzipiert werden müssen, zu dem keine Brücke führt. (Als Beispiel für diesen Einwand vgl. die Polemik von Tenbruck 1975 gegen Galtung 1972.)

Wenn die Theorie der Macht solche kontrafaktischen Kriterien in Anspruch nehmen und an solchen Einwänden gleichwohl nicht auflaufen will, dann müßte sie zunächst den Nachweis zu führen versuchen, daß die von ihr unterstellten »wirklichen«, aber latenten Interessen keineswegs bloß Bestandteil einer gedachten Welt sind, sondern unter bestimmten empirischen Bedingungen zur Manifestation drängen. Hier könnte methodisch der Gedanke weiterhelfen, den Lukes (1974, 47) im Anschluß an Gramsci entwickelt: daß nämlich in gewissen Ausnahmesituationen, in denen »der Machtapparat außer Kraft gesetzt oder gelockert ist«, die unterstellten Interessen an Freiheit und Selbstbestimmung manifest werden. Der Erkenntniswert solcher Ausnahmesituationen müßte, wenn man diesem Gedankengang folgen will, freilich seinerseits ausgewiesen werden. Das kann nur dadurch geschehen, daß die Regeln aufgedeckt werden, die solche Ausnahmefälle, in denen äußere Zwangsmittel wie innere restriktive Deutungen der eigenen Interessen außer Kraft treten, systematisch hervorbringen. Dieser Beweisgang läuft also auf die Analyse systematisch erzeugter ökonomischer, politischer und motivationaler (vgl. Habermas 1973) Krisenphänomene hinaus, die ihrerseits mit einer rekonstruierbaren Regelmäßigkeit und Zwangsläufigkeit »Ausnahmefälle« generieren, an denen empirisch überprüfbar ist, ob es sich bei den kontrafaktisch unterstellten »objektiven Interessen« um Hirngespinste und (möglicherweise sogar aktionistisch in Umlauf gesetzte) Projektionen gehandelt hat oder nicht. Es würde aber nicht genügen, »außergewöhnliche Zeitpunkte, zu denen äußere und innere Unterwerfung« gelockert oder aufgelöst sind (Lukes), zur wissenschaftlichen Demonstration der »wahren Interessen« heranzuziehen, sondern es müßte zusätzlich gezeigt werden, daß und aus welchen Gründen das Eintreten solcher anomalen Konstellationen etwas durchaus Normales ist. Wiederum scheint nur der Rekurs auf die Strukturebene – hier: die Ebene struktureller *Krisentendenzen* – die theoretischen Voraussetzung dafür zu bieten, daß das Argument der »non-decisions« weder in empiristischen Aporien noch in normativistischen Unverbindlichkeiten versandet. Diese Lösung freilich würde den Nachweis erfordern, daß die ökonomischen, politischen und ideologischen Teilstrukturen eines Gesellschaftssystems systematische (und nicht nur akzidentelle) Bruchstellen aufweisen, die den Blick auf jene Interessen und Bedürfnisse freigeben, welche dann als objektive Bezugspunkte der Machtanalyse in Anspruch genommen werden können.

Ein solcher theoretisch-empirischer Aufwand, welcher die »non-decision«-Theorie in eine umfassende Theorie der Sozialstruktur und ihrer Evolution einbauen würde, ist bisher von den Protagonisten des Konzepts der »non-decisions« auch nicht andeutungsweise unternommen worden. Einen theoretisch weniger anspruchsvollen, dafür empirisch höchst einfallsreichen und originellen Beitrag zur forschungspraktischen Bewältigung des Problems hat statt dessen Crenson (1972) vorgelegt. Er verfolgt die – in der amerikanischen Sozialforschung nicht selten anzutreffende – Notlösung, theoretische Defizite behelfsweise durch Komparatistik auszugleichen. Konkret untersucht er die Frage, weshalb Konfliktstoffe, die in *einigen* kommunalen politischen Systemen durchaus Zugang zur Oberfläche des manifesten politischen Entscheidungsprozesses gefunden haben, trotz vergleichbarer objektiver Randbedingungen in *anderen* Gemeinden von der Szene verdrängt und als Thema nicht zugelassen worden sind. Ein solcher quasi-experimenteller Forschungsansatz wurde auch in einer unveröffentlichten Studie von Eijk und Kok (vgl. 1975, 297, Anm. 1) angewandt. Zwar mag dieser Ansatz eine Fülle von wichtigen Hypothesen über die Mechanismen erzeugen, die den Prozeß der Erwartungsbildung und der Konfliktprävention steuern, doch setzt er sich immer dem Einwand aus, daß ein »strikt kontrollierter Vergleich zwischen kommunalen politischen Systemen kaum jemals möglich« sei (vgl. Wolfinger 1971, 1075). In der Tat läßt sich nicht bestreiten, daß Crenson einen ziemlich generösen Gebrauch von ceteris paribus-Annahmen macht, von deren Plausibilität wiederum die Aussagekraft seiner Ergebnisse abhängt, daß nämlich große Industrieunternehmen durch ihre bloße Existenz die »Tagesordnung« des kommunalen politischen Prozesses auf für sie ungefährliche Punkte reduzieren können.

Ein alternativer empirischer Forschungsansatz wird von Parenti (1070) vorgeführt und methodisch in den Zusammenhang der »non-decisions«-Debatte gestellt. Er vertritt die These, daß restriktive Effekte, die sich aus der Funktionsweise des ökonomischen und politischen Systems ergeben, selbst dann empirisch identifizierbar sind, wenn sie im System der »offiziellen« politischen Institutionen (Regierungen, Parteien, Organisation, Medien usw.) erfolgreich und restlos ignoriert werden. Dies ist allerdings, wie seine Fallstudien zeigen, nur dort der Fall, wo nach dem Muster engagierter »Untersuchungsarbeit« oder »Aktionsforschung« Forschungspraxis und politische Mobilisierungspraxis mehr oder weniger bewußt und weitgehend miteinander verschmelzen. Dabei bleibt allerdings – nicht ohne Folgen für die Frage der politisch-strategischen Legitimierbarkeit solcher Forschungsaktionen – die Frage unentscheidbar, ob die so mobilisierten Bedürfnisse und Interessen der Machtunterworfenen durch diese Forschungspraxis tatsächlich bloß »aufgedeckt« und »bewußt gemacht« oder vielmehr erst erzeugt worden sind.

III.

Die Zahl und die Hartnäckigkeit der empiristischen Angriffe (Polsby 1963, 96 ff.; Merelman 1968; Wolfinger 1971) gegen das Konzept der »non-decisions«, gegen welche sich die Verteidiger dieser Theorie bisher nur mit mehr oder weniger unschlüssigen und aporetischen Erläuterungen zur Wehr setzen konnten, erklärt sich weder allein aus methodologischen Vorurteilen noch aus »pluralistischen« politischen Werturteilen, deren Haltbarkeit ja für den Fall, daß ein zwei- oder gar dreistufiges Machtkonzept wissenschaftlich akzeptiert würde, durchaus auf dem Spiele stünde. Vielmehr stoßen wir hier auf eine, bei den meisten der an der Debatte teilnehmenden Autoren allerdings nur hintergründig anklingende Kontroverse über die gesellschaftlichen *Funktionen von Macht*. Es liegt auf der Hand, daß die Arbeiten von Bachrach und Baratz sowie derjenigen, die ihren Ansatz zu verteidigen und weiterzuentwickeln suchen, in dem Sinne macht-kritisch (vgl. Mokken 1976, 35) sind, daß sie verborgene gesellschaftliche Machtverhältnisse methodisch identifizierbar machen und diese damit dem Zweifel an ihrer Legitimität aussetzen wollen. Die Unhaltbarkeit der pluralistischen Doktrin, jedenfalls insofern sie sich als eine Beschreibung der amerikanischen Gesellschaft versteht, soll aufgedeckt, das analytische Repertoire der Kritiker dieser Gesellschaft und deren politische Ideologie sollen mit neuen Argumenten ausgestattet werden.

Dabei ist zweifellos ein konflikttheoretischer Machtbegriff unterstellt: Machtverhältnisse haben die Funktion, die Lebenschancen von Menschen in einer Gesellschaft zugunsten der Privilegien und Interessen einer Minorität, einer »Elite«, einzuschränken, und die Erkenntnis solcher Machtverhältnisse ist die notwendige Voraussetzung dafür, sie politisch aufzulösen. Ganz anders ist ein Machtbegriff konstruiert, der in der soziologischen Theorie insbesondere auf Parsons (1957, 1963) zurückgeht und neuerdings von Luhmann (1975) im Rahmen einer umfassenden Theorie »sozialer Medien« aufgenommen worden ist. Mit diesem Machtbegriff verbindet sich die Vorstellung, daß Macht keine Eigenschaft von Individuen oder Gruppen, sondern eine Eigenschaft von sozialen Systemen sei; daß Macht nicht als Nullsummenverhältnis aufgefaßt werden kann. An der konflikttheoretischen Auffassung wird kritisiert, daß diese »die eigentümliche Ordnungsleistung der Macht« (Luhmann 1975, 31) verkenne. In ähnlichem Sinne und zugespitzt kritisiert Tenbruck an der Vorstellung, die Galtung von Macht bzw. »struktureller Gewalt« entwickelt (»Gewalt liegt dann vor, wenn Menschen so beeinflußt werden, daß ihre aktuelle somatische und geistige Verwirklichung geringer ist als ihre potentielle Verwirklichung«, Galtung 1972, 57), daß hier ein ganz unsinniger Nachdruck auf die von Machtverhältnissen ausgeschlossenen Chancen der Befürnisbefriedigung gelegt werde. Dem hält er mit Emphase entgegen: »Leben heißt immer, auf Möglichkeiten verzichten, sich festlegen, . . . wer mit allen seinen Möglichkeiten spielt . . ., wird es mit sich zu nichts bringen. . . . Der Mensch wird seiner Fülle im Ernst der Beschränkung inne. . . . Die Differenz zwischen unserer Wirklichkeit und unseren Möglichkeiten kennen wir nicht« (Tenbruck 1975, 435).

Die These, daß die mit Machtverhältnissen einhergehenden Ausschließungsregeln nicht per se ein Argument gegen solche Machtverhältnisse sein können, vielmehr der Macht die positive Funktion zugeschrieben werden müsse, aus dem weiten Horizont gesellschaftlicher Handlungsmöglichkeiten den größten Teil auszuscheiden, die verbleibenden Optionen verbindlich zu machen und so »Ordnung« herzustellen, taucht auch in verschiedenen Varianten kritisch in der »non-decisions«-Debatte auf. So wird hervorgehoben, daß eben die

»Verarbeitungs- und Aufmerksamkeitskapazitäten jeder menschlichen Ordnung notwendig begrenzt« seien (Cobb und Elder, 901), daß die Zivilisation selbst gleichbedeutend sei mit der einseitig selektiven Lizensierung von Bedürfnissen (Debnam 1975, 894); oft und gern wird auf die klassische Formulierung von Schattschneider (1960, 71) zurückgegriffen, die besagt, daß politische Organisation eben nichts anderes sei als die Durchsetzung von Einseitigkeiten (»mobilization of bias«). Für jede politische und staatliche Organisation gelte, daß manche Themen zugelassen sind und andere nicht.

Aus der Sicht der Vertreter eines solchen integrationstheoretischen Machtkonzepts (vgl. a. Lukes 1974, 27 ff.) muß der Versuch, den Diskriminierungseffekt, die »Schlagseite« jeder politischen Ordnung aufzudecken, entweder als Trivialität oder – im Hinblick auf die kritischen Intentionen eines solchen Versuchs – als dilettantisches Mißverständnis von der Natur jeglicher sozialer Ordnung erscheinen. Das konflikttheoretische Gegenargumente, daß solche Behauptungen über die unverzichtbare, weil ordnungstiftende Funktion der Macht von konservativen und reaktionären Interessen motiviert seien, ist in den meisten Fällen sicher zutreffend. Aber es ist theoretisch nicht triftig. Denn die Praxis systemkritischer politischer Bewegungen, vor allem der sozialistischen Arbeiterbewegung, zeigt, daß sie in ihren politischen Zielen und theoretischen Selbstauslegungen ohne einen »positiven«, auf die Errichtung einer alternativen gesellschaftlichen Ordnung bezogenen Machtbegriff nicht auskommt und nicht auskommen kann. Von der Parole »Alle Macht den Räten« bis zum Konzept einer »Diktatur des Proletariats« erweist sich, daß ein einseitig konflikttheoretischer, Machtphänomene als auflösbar diskriminierender Machtbegriff weder theoretisch noch praktisch durchgehalten werden kann und somit auf Täuschung oder Selbsttäuschung beruht. Solche Formeln bringen die Anerkennung der Tatsache zum Ausdruck, daß Macht auch benötigt wird zur Auflösung der Restriktionen, die auf Macht beruhen – ja zur Erhaltung der Lebenschancen in sozialen Systemen. Gerade wenn, wie es den Verfechtern eines konflikttheoretischen Machtbegriffes vorschwebt, die repressiven Funktionen von Machtverhältnissen aufgelöst werden sollen, ist dieser Destruktionsprozeß nicht ohne organisierte politische (und sogar staatliche) Machtverhältnisse vorstellbar.

Hier haben wir es freilich schon mit einer anderen Art von »Doppelgesichtigkeit« des Machtbegriffs zu tun, als der, auf die sich das zentrale Argument dieses Buches bezieht. Die Heftigkeit der Debatte, die dieses Argument ausgelöst hat, ist nur zu verstehen vor dem Hintergrund der grundsätzlicheren soziologischen Kontroverse darüber, ob Macht ihrer gesellschaftlichen Funktion nach als Beeinträchtigung von Handlungschancen oder als unverzichtbare Gewähr für gesellschaftliche Ordnungsleistungen begriffen werden soll. Diese Kontroverse könnte nur durch eine Machttheorie beigelegt werden, die für konkrete Gesellschaftssysteme das Verhältnis der »repressiven« und »ordnenden« Funktionen von Macht klärt – d. h. aber: das Verhältnis von Macht und legitimierbarer *Herrschaft*.

Bibliographie

Die folgende Bibliographie enthält die in der Einleitung erwähnten Titel sowie einige weitere im Umkreis der »non-decisions«-Debatte relevante Schriften:

T. J. Anton, 1963, *Power, Pluralism and Local Politics*, ASQ 7 pp. 425-457

I. Balbus, 1971, *The Concept of Interest in Pluralist and Marxian Analysis*, Politics and Society 1, 151-177

I. Balbus, 1975, *Elitentheorie oder marxistische Klassenanalyse*, in: W. D. Narr, C. Offe (Hrsg.), *Wohlfahrtsstaat und Massenloyalität*, Köln: Kiepenheuer und Witsch, S. 235-245

P. Bachrach, 1967, *The Theory of Democratic Elitism*, Boston: Little, Brown & Co (dt. Frankfurt 1970)

P. Bachrach, 1975, *Interest, Participation and Democratic Theory*, in: Pennock and Chapman (Hrsg.), *Participation*, New York: Atherton Press

P. Bachrach, M. S. Baratz, 1970, *Power and Poverty. Theory and Practise*, New York: Oxford University Press

P. Bachrach, M. S. Baratz, 1975, *Power and its Two Faces Revisited: A Reply to Geoffrey Debnam*, APSR 69, 900-904

B. Barry (Hrsg.), 1976, *Power and Political Theory: Some European Perspectives*, New York: Wiley

J. Bergman, O. Jacobi, W. Müller-Jentsch, 1975, *Gewerkschaften in der BRD*, Frankfurt: EVA, Kap. VII

G. Bosch, 1974, *Wie demokratisch sind Gewerkschaften?* Berlin: Verlag Die Arbeitswelt

S. Clegg, 1975, *Power, Rule and Domination*, London: Routledge & Kegan Paul

R. W. Cobb, C. D. Elder, 1971, *The Politics of Agenda Building: An Alternative Perspective for Modern Democratic Theory*, The Journal of Politics 33, pp.

W. E. Conolly, 1972, *On »Interests« in Politics, Politics and Society* 2, pp. 459-477

W. E. Conolly, 1974, *The Terms of Political Discourse*, Lexington: Heath

M. A. Crenson, 1971, *The Un-Politics of Air Pollution: A Study of Non-Decision-making in the Cities*, Baltimore: Johns Hopkins

R. A. Dahl, 1961, *Who Governs? Democracy and Power in an American City*, New Haven: Yale UP

G. Debnam, 1975, *Nondecisions and Power: The Two Faces of Bachrach and Baratz*, *APSR* 69, pp. 889-899

M. Edelman, 1976, *Politik als Ritual – Die symbolische Funktion staatlicher Institutionen und politischen Handelns*, Frankfurt: Campus

C. van der Eijk, W. J. P. Kok, 1975, *Nondecisions reconsidered, Acta Politica* No. 4

F. W. Frey, 1971, *Comment: On Issues and Non-Issues in the Study of Power, APSR* 65, pp. 1081-1101

J. Galtung, 1971, *Gewalt, Frieden und Friedensforschung*, in: D. Senghaas (Hrsg.), *Kritische Friedensforschung*, Frankfurt: edition suhrkamp, pp. 55-104

W. A. Gamson, 1968, *Stable Unrepresentation in American Society, American Behavioral Scientist* 12, pp. 15-21

J. Habermas, 1973, *Legitimationsprobleme im Spätkapitalismus*, Frankfurt: edition suhrkamp

F. Hunter, 1953, *Community Power Structure*, Chapel Hills: Univ. of North Carolina Press

N. Luhmann, 1975, *Macht*, Stuttgart: Enke

S. Lukes, 1974, *Power. A Radical View*, London: Mac Millan

S. McFarland, 1969, *Power and Leadership in Pluralist Systems*, Stanford: Stanford UP

J. G. March, 1966, *The Power of Power*, in: D. Easton (Hrsg.), *Varieties of Political Theory*, Englewood Cliffs: Prentice Hall

R. M. Merelman, 1968, *On the Neo-Elitist Critique of Community Power, APSR* 62, pp. 451-460

R. Miliband, 1972, *Der Staat in der kapitalistischen Gesellschaft*, Frankfurt: Suhrkamp

R. Miliband, N. Poulantzas, 1975, *Kontroverse über den kapitalistischen Staat*, Berlin: Merve

R. J. Mokken, F. N. Stokman, 1976, *Power and Influence as Political Phenomena*, in: Barry, pp. 33-54

K. Newton, 1972, *Democracy, Community Power and Non-Decisionmaking, Political Studies* 20, pp. 484-547

C. Offe, 1972, *Strukturprobleme des kapitalistischen Staates*, Frankfurt: edition suhrkamp, S. 65-105

M. Parenti, 1970, *Power and Pluralism, The Journal of Politics* 32, pp. 501-530

T. Parsons, 1957, *The Distribution of Power in American Society, World Politics* 10, pp. 123-143

T. Parsons, 1973, *On the Concept of Political Power, Proceedings of the American Philosophical Society* 107, pp. 232-262

N. Polsby, 1963, *Community Power and Political Theory*, New Haven: Yale UP

E. Preiser, 1952, *Property, Power, and the Distribution of Income, International Economic Papers* 2, pp. 206-220; neu gedruckt in: K. W. Rothschild (Hrsg.), *Power in Economics*, Penguin 1971

W. H. Riker, 1964, *Some Ambiguities in the Notion of Power, APSR* 58

E. E. Schattschneider, 1960, *The Semi-Sovereign People: A Realist's View of Democracy in America*, N. Y.: Holt, Rinehart & Winston

F. Tenbruck, 1975, *Frieden durch Friedensforschung*, in: M. Funke (Hrsg.), *Friedensforschung – Entscheidungshilfe gegen Gewalt*, Bonn: Bundeszentrale f. pol. Bildung

W. Vogt, 1973, *Das ökonomische Gesetz als Macht*, in: H. K. Schneider, C. Watrin (Hrsg.), *Macht und ökonomisches Gesetz*, Schriften d. Vereins f. Socialpolitik N. F. 74/II, Berlin

R. E. Wolfinger, 1971, *Nondecisions and the Study of Local Politics*, APSR 65, pp. 1063-1080

Vorwort

Wie so viele Bücher dieser Art wurde auch das vorliegende in einem Seminar aus der Taufe gehoben. Mehr als zehn Jahre haben wir daran gearbeitet. Es entstand aus einem gemeinsam abgehaltenen Kolleg für nichtgraduierte Studenten der Politikwissenschaft und Ökonomie am Bryn Mawr College. Das Buch – Produkt von zahllosen Diskussionen, vor Forschungsarbeit und einer Reihe von niedergeschriebenen, nach Klärung wieder verworfenen und erneut niedergeschriebenen Entwürfen – ist ein wirkliches Gemeinschaftsprodukt. Anders gesagt: Alles an diesem Buch trägt unsere gemeinsame Handschrift, obwohl unser jeweils individueller Beitrag in der endgültigen Fassung durchaus identifizierbar bleibt.

Unser ursprüngliches Interesse am Gegenstand läßt sich sehr gut durch das Thema unseres Kurses zum Ausdruck bringen: »Das Problem der Macht in der Gesellschaft der Gegenwart«. Neugierig geworden durch den Streit zwischen Studenten, die sich mit der Frage nach den Machtverhältnissen einer Gemeinde befassen und entweder den »Elitetheoretikern« oder den »Pluralisten« folgen – beide Richtungen lassen sich am ehesten durch die Namen Floyd Hunter und Robert Dahl charakterisieren –, richteten wir unsere Aufmerksamkeit anfangs auf die jeweiligen Beschränktheiten der genannten Forschungsansätze. Aus dieser Beschäftigung heraus entstand unser erster gemeinsamer Aufsatz *Two Faces of Power,* der fast unverändert als erstes Kapitel im vorliegenden Band abgedruckt ist.

Beim nächsten Schritt ging es um ein Definitionsproblem. Zunächst waren wir beeindruckt von den vielen Bedeutungen, die man dem Begriff der Macht zuwies, Bedeutungen, die freilich ebenso häufig am Sachverhalt vorbeizielten, wie sie ihn trafen. Wir mußten feststellen, daß die Begriffe Macht, Autorität und Einfluß beliebig auswechselbar benutzt wurden, was zu ungenauen Analysen und häufig zu Konfusionen führte. Das Produkt unseres Nachdenkens über jene Fragen war der Aufsatz *Decisions and Nondecisions: An Analytical Framework,* zuerst veröffentlicht im Jahre 1963 und in überarbeiteter Form hier wiederabgedruckt im zweiten und in einem Teil des dritten Kapitels.

Bei ihrem ersten Erscheinen vermochte keiner der Aufsätze sonderliche Aufmerksamkeit zu erregen. Innerhalb weniger Jahre jedoch wurden sie gewissermaßen Mode; sie fanden sowohl begeisterte Anhänger als auch strenge Kritiker. Letztere erkannten zwar im großen und ganzen die theoretische Signifikanz des Begriffs der Nicht-Entscheidung an, der das eigentlich Neue unserer Konzeption darstellt, zogen (und ziehen) aber den empirischen Wert des Begriffs heftig in Zweifel. Wie kann man, so fragten sie, die Existenz eines »Nicht-Ereignisses« behaupten?

Obwohl wir Kritik erwartet hatten und obwohl sie in unangemessener Weise vorgetragen wurde (Nicht-Entscheidungen sind beileibe nicht das gleiche wie Nicht-Ereignisse), akzeptierten wir sie, indem wir Konsequenzen daraus zogen. Sobald wir anderweitige Verpflichtungen erledigt hatten, machten wir uns an die empirische Untersuchung der Beziehungen zwischen dem Kampf gegen die Armut und der politischen Entwicklung in Baltimore im Bundesstaat Maryland. Unser wichtigstes Ziel dabei war, den Begriff *nondecision-making* zu klären, seinen empirischen Nutzen aufzuzeigen und die verschiedenen Mittel der Ausübung und des Einflusses von Macht sowie deren Beziehung zu politischen Ideologien und Institutionen in einer im Umbruch befindlichen Gemeinde zu untersuchen. Für diesen Zweck bot sich die Stadt Baltimore als geradezu ideal an. Während der Zeit unserer Forschungsarbeit kam es zu Ausbrüchen lang unterdrückter Spannungen, die schließlich in größeren Rassenunruhen kulminierten, welche den Beginn eines offenen politischen Konflikts zwischen den Führern der schwarzen »innerstädtischen« Bevölkerung und den weißen politischen Eliten anzeigten.

Unsere Arbeit in Baltimore, Teil einer umfangreichen Auswertung des »Kampfs gegen die Armut«, den die Stadt führte, gingen wir in zwei Schritten an. Als erstes entwickelten wir ein analytisches Modell des politischen Prozesses und eine Reihe von Techniken der empirischen Untersuchung. Das Ergebnis dieser Arbeit, zuerst in mimeografierter Form in einem Band mit dem Titel *Planning Programs for the Reduction of Poverty: Design Report* (Philadelphia 1967) abgedruckt, findet sich erheblich überarbeitet und erweitert in den Kapiteln 3 und 4 dieses Buches. Die von uns gefundenen Fakten sowie deren Interpretationen finden sich in den Kapiteln 5-7 (die Appendizes am Ende des Buches wurden ursprünglich nur in begrenzter Anzahl in mimeografierter Form verbreitet).

Das Material, das in den Kapiteln 5-7 ausgebreitet ist, haben wir während der Jahre 1966-1968 gesammelt. Wie in dem allgemeinen Vertrag für das Projekt gefordert, konzentrierten wir unsere Studie auf »das vorherrschende politische Klima« im Stadtkern von Baltimore und auf die Art und Weise, in welcher dieses Klima das Anti-Armut-Programm beeinflußte und seinerseits von ihm beeinflußt wurde.

Übereinstimmend mit dem Ansatz, der in Kapitel 3 dargelegt wird, begannen wir die empirische Phase der politischen Analyse damit, daß wir uns auf verschiedene Vorgänge konzentrierten, die in der politischen Entscheidungsarena entweder jüngst beschlossen worden waren oder aber zur baldigen Entscheidung anstanden. Es handelte sich dabei um folgende Dinge: Neuaufteilung der städtischen Stimmbezirke, die im November 1966 durch ein Referendum beschlossen worden war; noch schwebende Entwürfe zur Annahme einer lokalen Verordnung über »angemessene Wohnverhältnisse«; Forderung nach stärkerer Repräsentation der armen Bevölkerungsteile in der *Community Action Commission,* dem ausführenden Organ der *Community Action Agency;* Kampf für die Kontrolle der flügge werdenden *Model Cities Agency* in Baltimore; schließlich Verwirklichung des jüngst etablierten zentralen Beschäftigungsprogramms. Außerdem brachten wir Untersuchungen in Gang, die sich mit Struktur und Funktion der Stadtverordnetenversammlung von Baltimore, der *Community Action Commission* und ihrer Exekutive, der *Community Action Agency,* befaßten.

Das Rohmaterial unserer Untersuchung haben wir hauptsächlich aus zwei Quellen gewonnen: Einmal aus schriftlichen Berichten (z. B. aus offiziellen Dokumenten, Veröffentlichungen privater Organisationen und lokaler Zeitungen), zum andern aus direkten Interviews mit mehr als 175 aus Baltimore stammenden Personen: gewählte und ernannte Vertreter der Stadt, Verwaltungsbeamte und Sprecher (selbsternannte oder sonst welche) der identifizierbaren Interessengruppen Baltimores. Außerdem veranstalteten wir Befragungen, die die politische Einstellung und das politische Verhalten betrafen. Unsere Fragen betteten wir in eine Erhebung ein, die in nach Zufallskriterien ausgesuchten städtischen Haushaltungen, freilich unter Gesichtspunkten der Stratifikation, durchgeführt wurde.

Unser Interviewverfahren verdient schon deshalb eine kurze Beschreibung, weil die Interviews für uns die ergiebigste Quelle der Information waren. Wie in Kapitel 3 gezeigt wird, ist die Analyse des politischen Entscheidungsprozesses ein Mittel nicht allein zur Bestimmung dafür, wer Macht-Autorität-Einfluß ausübt und wie er das tut, sondern auch dafür, Aufschluß über Natur und Ausdehnung von Nicht-Entscheidungsprozessen zu erhalten. Diese beiden Ziele im Kopf, haben wir es bewußt vermieden, vorgefertigte Interview-Formulare zu benutzen. Alle Interviews waren unstrukturiert, die Fragen zwanglos. Um es explizit zu sagen: Die Vorgabe, die wir somit leisteten, sollte unseren Interviewpartnern Mut machen, von ihrem je eigenen Standpunkt aus zu berichten, wie der politische Prozeß in Baltimore funktioniert, welche Angelegenheiten in den Prozeß der politischen Entscheidung eindringen und welche nicht, warum es die einen tun und die anderen nicht; wer was wann und warum fordert; und wer was wann und wie erhält. Nachdem wir uns einmal auf dieses Verfahren geeinigt hatten, gaben uns die Befragten Antworten »frei von der Leber weg«; die Interviewer beschränkten sich auf Nachfragen, um gewisse Dinge klarzustellen oder ausführlichere Antworten zu erhalten – sie erkundigten sich allenfalls nach den Implikationen verschwiegener Wahrnehmungen.

Fast alle Interviews mit prominenten Personen, etwa mit dem Bürgermeister, dem Präsidenten der Stadtverordnetenversammlung, den führenden Personen der Bezirke und den wichtigsten Privatpersonen, wurden von einem älteren Befrager durchgeführt. Diese Praxis wurde deshalb geübt, weil wir das Risiko vermeiden wollten, daß die Befragten das Interview zu leicht nähmen. Darüber hinaus nahmen, von wenigen Fällen abgesehen, immer zwei oder mehrere Mitglieder unseres Stabes an den Interviews teil. Dies geschah aus zwei Gründen: Es sollte einmal die Möglichkeit gegeben sein, daß

Einzelheiten, die ein Interviewer vergaß, von dem anderen bemerkt und weiterverfolgt wurden; außerdem konnte man Eindrücke und Urteile, die man ex post gewann, besser miteinander vergleichen und kontrastieren. Jeder Interviewer machte von jeder Sitzung, an der er teilnahm, eigene Aufzeichnungen, aus denen er später ein schriftliches Memorandum über das fertigte, was gesagt worden war und wie seine eigenen Reaktionen darauf aussahen.

Die obigen Ausführungen dürften hinreichend deutlich gemacht haben, daß der empirische Aufwand weder zu oberflächlich noch allzu übertrieben war. Trotzdem bleibt einiges daran zu wünschen übrig. So z. B. dies, daß wir, obwohl wir dank der Tatsache, daß wir unser Stabsquartier in Baltimore hatten und uns häufig dort aufhielten, in ständigem Kontakt zur politischen Szene in Baltimore standen, »Außenseiter« blieben: es fehlte uns einfach jene lockere Familiarität im Umgang mit den Leuten und den sie betreffenden Umständen – eine Familiarität, die nun einmal unabdingbar ist, um Nuancen und Subtilitäten wahrzunehmen. Zum andern war unser Kontakt mit den »Schlüsselpersonen« der Stadt zwar extensiv, aber immer noch nicht weitreichend genug. Aus dem einen oder andern Grund gelang es uns nicht, gewisse Mitglieder der Stadtverordnetenversammlung und Vertreter bestimmter privater Interessengruppen zu interviewen. Obwohl wir eine ganze Reihe von Führern politischer Organisationen in der Stadt und ihrer Umgebung befragt hatten, fehlte es uns am Ende – und das ist vielleicht das Wichtigste – an Zeit und Geld, um uns angemessen über die Sicht dessen, »der unten steht«, zu informieren – über die politischen Ansichten und Einstellungen des sprichwörtlichen »Mannes von der Straße«. Immerhin gelang es uns wenigstens in gewissem Ausmaß, sein politisches Verhalten zu beobachten.

Wir maßen uns nicht die Behauptung an, hinsichtlich des theoretischen Aspekts der Machtverteilung in Kommunen oder im Hinblick auf den politischen Prozeß in Baltimore das letzte Wort gesprochen zu haben. Es bleibt genug für jene zu tun übrig, die unser Konzept, unsere Generalisierungen und die empirischen Methoden, die wir angewandt haben, verbessern und erweitern wollen. Freilich halten wir an der Überzeugung fest, daß der Weg, den wir beschritten haben, in der

Tat geeignet ist, demjenigen, der den politischen Prozeß studiert, zum vollständigen Begreifen des Phänomens der Macht und seiner Korrelate, wie Macht ausgeübt wird, wie sie auf das politische System einwirkt bzw. in ihm wirkt, zu verhelfen.

Wir sind all jenen »Schlüsselakteuren« zu tiefem Dank für ihr Entgegenkommen verpflichtet, daß sie sich von uns interviewen ließen und uns so großzügig über die politischen Verhältnisse in ihrer Stadt aufgeklärt haben. Ebenso möchten wir Michel Chevalier, Brenda Davies, Ronnie Goldberg, Margaret Levi, Peter Lyman und James Taylor danken, die uns bei der Erstellung der Interviews unterstützt und sich in mancherlei Hinsicht bei unserem Projekt engagiert haben (vgl. die Anhänge). Am wertvollsten für uns waren vielleicht die Erkenntnisse, die die genannten Personen in verschiedenen internen Diskussionen über die theoretische Fundierung des Projekts und über die Stichhaltigkeit des von uns gesammelten Datenmaterials beigesteuert haben.

Den Professoren Homer Favor vom Morgan State College und William Grigsby von der University of Pennsylvania schulden wir Dank für wertvolle Vorschläge und Kritik, mit denen sie unser Projekt begleitet haben. Unser Dank gilt ebenso dem Herausgeber der *American Political Science Review* für die Erlaubnis zum Nachdruck der Aufsätze *Two Faces of Power* (Vol. LVI, 1962, Seite 947-952) und *Decisions and Nondecisions: An Analytical Framework* (Vol. LVII, 1963, Seite 641-651). Schließlich danken wir dem Herausgeber von *Public Politic* für die Wiederverwendung des Aufsatzes *A Power Analysis: The Shaping of Anti-poverty Policy in Baltimore* (Vol. XVIII, 1970).

August 1969   P. B.
                                                         M. S. B.

Teil I

1 Zwei Gesichter der Macht

Trotz einer Reihe neuer und fruchtbarer Fallstudien zur Frage der Macht in städtischen Kommunen ist und bleibt der Begriff der Macht verschwommen. Seine Unschärfe tritt drastisch hervor bei dem regelmäßig stattfindenden Streit zwischen Soziologen und Politologen, wenn es um die Frage geht, wie die Machtverhältnisse in einer Gemeinde beschaffen sind. Soziologisch orientierte Forscher fanden übereinstimmend heraus, daß Macht hochgradig zentralisiert sei, während politologisch ausgebildete Wissenschaftler in ebensolcher Regelmäßigkeit schlossen, daß die Macht in »ihren« Gemeinden breit gestreut sei[1]. Dies erklärt vermutlich, warum die letzteren sich »Pluralisten« nennen, ihre Gegenspieler »Elitisten«.

Freilich ist unzweifelhaft, daß die stark voneinander divergierenden Forschungsergebnisse beider Gruppen nicht das Produkt reinen Zufalls, sondern fundamentaler Unterschiede sind – sowohl, was die Hypothesen, als auch, was die Forschungsmethoden angeht. Die Politologen behaupten, die differierenden Ergebnisse ließen sich anhand der falschen Methoden und Vorannahmen der Soziologen erklären.

Wir verfechten in diesem Buch die These, daß die Pluralisten selber nicht die volle Wahrheit der Sache begriffen haben; daß sie, obwohl ihre Kritik an den Elitisten durchaus stichhaltig ist, ähnlich wie jene mit Methoden und Voraussetzungen arbeiten, die ihre Schlüsse von vornherein festlegen. Unser Argument bewegt sich im Rahmen unserer zentralen Hypothese: Es gibt zwei Gesichter der Macht, wovon die Soziologen keines, die Politologen lediglich eines wahrnehmen.

I.

Die Methode der Elitisten, sich dem Problem der Macht zu nähern, läßt sich unterschiedlich kritisieren; dies ist auch bereits geschehen[2]. Einer dieser Kritikpunkte beschäftigt sich mit der basalen Prämisse, daß in jeder menschlichen Institution ein geordnetes System von Macht, eine »Machtstruktur« existiere, die einen integralen Teil und das Spiegelbild der sozialen Schichtung einer Organisation bilde. Diese Vorstellung wird von den Pluralisten – unseres Erachtens zu Recht – emphatisch zurückgewiesen, und zwar aufgrund der Tatsache, daß

man nichts Absolutes über die Machtverteilung in einer Gemeinde ausmachen kann . . . Es gibt unter den Pluralisten offenbar ein stillschweigendes Einverständnis darüber, daß zunächst *niemand* in einer Stadt die Macht innehat, so daß ihre erste Frage nicht etwa lautet: »Wer übt die Macht in dieser Gemeinde aus?«, sondern eher: »Gibt es überhaupt jemanden, der Macht hier ausübt?« Die erste Frage klingt etwa folgendermaßen: »Haben Sie aufgehört, Ihre Frau zu verprügeln?« Jede nur mögliche Antwort darauf – außer der totalen Aussageverweigerung – stützt die Annahme des Forschers, es gebe eine »Machtelite«, wie sie die Stratifikationstheorie voraussetzt.[3]

Die soziologische Hypothese, daß Machtstrukturen dazu tendieren, sich über längere Zeit hinweg stabil zu halten, ist für die Pluralisten wie für uns selber angreifbar.

Nach Ansicht der Pluralisten ist Macht an Probleme gebunden, die von transitorischem oder dauerhaftem Charakter sein können und kurz- bis mittelfristige Bündnisse von Interessengruppen und einzelnen Bürgern bewirken . . . Wenn man aber voraussetzt, daß bestehende Koalitionen innerhalb einer Gemeinde ein zeitloser, stabiler Aspekt der Sozialstruktur seien, so schleicht sich in die Beschreibung der sozialen Wirklichkeit ein systematischer Fehler ein.[4]

Ein dritter Kritikpunkt am elitistischen Modell richtet sich dagegen, daß es falsch sei, reputierte und tatsächlich ausgeübte Macht in eins zu setzen:

Wenn die hauptsächliche Lebensaufgabe eines Mannes das Bankgeschäft ist, geht der Pluralist davon aus, daß er seine Zeit in der Bank verbringt und nicht damit, kommunale Entscheidungen zu beeinflussen. Diese Annahme hält er so lange aufrecht, bis die Aktivitäten und Partizipationen des Bankers etwas anderes anzeigen . . . Wenn man a priori davon ausgeht, daß der Banker »tatsächlich« in der Gemeindepolitik engagiert ist, so kann man das praktisch nicht widerlegen, selbst dann nicht, wenn es in keiner Weise zutrifft. Geht man andererseits davon aus, daß der Banker, der *tatsächlich* in der Kommunalpolitik entscheidet, sich nicht engagiert, so ist es leicht, diesen Sachverhalt aufgrund seiner Aktivitäten durchsichtig zu machen.[5]

Dies alles ist noch keine erschöpfende Kritik; man könnte noch eine ganze Reihe von Einwänden gegen das soziologische Modell und seine Methodologie vorbringen[6] – einschließlich solcher Einwände, die die Pluralisten selber nicht gesehen haben. Dies würde uns aber von unseren eigentlichen Zwecken eher fortführen. Uns soll genügen, daß die Pluralisten, was auch immer die Verdienste ihres eigenen Ansatzes zur Erklärung der Macht sein mögen, die wesentlichen Schwachstellen des elitistischen Modells überzeugend nachgewiesen haben.

Die Pluralisten konzentrieren ihre Aufmerksamkeit, wie oben gezeigt, nicht auf die Quellen von Macht, sondern auf ihre Praktizierung. Für sie bedeutet Macht »Teilnahme am Entscheidungsprozeß«[7]; sie kann nur nach »sorgfältiger Prüfung einer Reihe konkreter Entscheidungen«[8] analysiert werden. Dies hat zum Ergebnis, daß der pluralistische Forscher kein Interesse am reputierten Inhaber von Macht hat. Statt dessen beschäftigt er sich (a) mit der Auswahl von politischen »Schlüsselentscheidungen«, nicht mit »routinemäßigen« politischen Entscheidungen, (b) mit der Identifizierung derjenigen Individuen, die aktiv am Entscheidungsprozeß teilnehmen, (c) mit dem vollständigen Erfassen ihres tatsächlichen Verhaltens während der Lösung eines politischen Konflikts und (d) mit der Bestimmung und Analyse des besonderen Ausgangs des Konflikts.

Es bedarf keiner weiteren Erklärung, welcher Art die Vorzüge dieses Ansatzes im Vergleich zu dem der Elitisten sind. Gleiches kann man freilich nicht für seine Mängel sagen, von denen u. E. zwei von grundsätzlicher Bedeutung sind. Der eine Mangel liegt darin, daß das Modell nicht den Umstand berücksichtigt, daß Macht ausgeübt werden kann und oft auch ausgeübt wird, indem der Bereich, in dem Entscheidungen gefällt werden, auf einigermaßen »sichere« Fragen begrenzt wird. Der andere Mangel besteht darin, daß dieses Modell keine *objektiven* Kriterien vorsieht, die es zuließen, die in der politischen Arena auftauchenden »wichtigen« von »unwichtigen« Problemen zu unterscheiden.

II.
Unleugbar ist eine Analyse, die ganz darauf beruht, was für den außenstehenden Beobachter greifbar und sichtbar ist, »wissenschaftlicher« als eine auf blanker Spekulation basierende Analyse. Oder anders ausgedrückt:

Wenn wir das soziale Leben ausschließlich mit Begriffen des beobachtbaren Handelns erfassen, so sind wir zwar noch nicht in der Lage, es zu messen, aber wir haben immerhin eine Grundlage, auf der wir ein kohärentes Meßsystem errichten können ... Wir wären in diesem Fall nicht durch nichtmeßbare Faktoren behindert, Faktoren, die für sich beanspruchen, die wahre Ursache alles Geschehens zu sein und deren völlige Arbitrarität es verhindert, zu einem gesicherten Wissen vorzustoßen.[9]

Die Frage lautet jedoch, wie man in einer gegebenen Situation sicher sein kann, daß die »nichtmeßbaren Elemente« keine Konsequenzen, kein entscheidendes Gewicht besitzen. Mit anderen Worten: Kann ein verläßlicher Begriff von Macht auf der Annahme beruhen, daß sich Macht völlig in »konkreten Entscheidungen« verkörpert und widerspiegelt oder in Handlungen, die direkt auf sie einwirken?

Wir sind anderer Meinung. Selbstverständlich wird Macht ausgeübt, wenn A an einer Entscheidung beteiligt ist, die B betrifft. Macht wird aber auch dann ausgeübt, wenn A seine Energien darauf konzentriert, soziale und politische Wertvorstellungen sowie institutionalisierte Formen von Handeln zu schaffen oder zu verstärken, die das Feld politischer Prozesse derart einschränken, daß nur die für A vergleichsweise harmlosen Probleme öffentlich erörtert werden. In je höherem Maße A solches gelingt, desto mehr sieht sich B daran gehindert, irgendwelche Streitpunkte vorzubringen, deren Lösung den Präferenzen von A ernsthaft entgegenwirkt.[10]

Situationen dieser Art kommen täglich vor. Betrachten wir beispielsweise den – dem Leser gewiß nicht unbekannten – Fall eines unzufriedenen Mitglieds einer Fakultät in einer akademischen Institution, der ein traditionalistisches Rektorat vorsteht. Deprimiert von der bestehenden, seit langem auf wohlerworbenen Rechten gegründeten Politik, nimmt der Professor sich vor, auf der nächsten Fakultätsversammlung einen Angriff auf diese Politik zu starten. Freilich, wenn die Stunde der Wahrheit gekommen ist, erstarrt er in Schweigen. Warum? Von den vielen möglichen Gründen können einer oder auch mehrere von entscheidender Wichtigkeit gewesen sein: (a) der Professor befürchtete, daß die beabsichtigte Aktion als Zeichen mangelnder Loyalität gegenüber der Institution hätte interpretiert werden können; oder (b) er erkannte, daß er aufgrund der Überzeugung und Haltung seiner Kollegen in der Fakultät in diesem Fall voraussichtlich isoliert dastehen würde; oder (c) er kam zu dem Schluß, daß wegen der Natur des Gesetzgebungsprozesses in dieser Institution seine Reformvorschläge für immer beiseitegelegt worden wären. Was immer auch die Gründe waren, der zentrale Punkt ist derselbe: Eine Person oder Gruppe besitzt in dem Maße Macht, wie sie, bewußt oder unbewußt, Hindernisse gegen das öffentliche Austragen von Konflikten aufbaut oder verstärkt. Oder in der großartigen Formulierung von Schattschneider:

Alle Arten von politischen Organisationen haben die Tendenz, bestimmte Konflikte auszubeuten, andere dafür zu unterdrücken, denn *Organisation heißt, Vorurteile zu mobilisieren.* Einige Probleme werden in der Politik gezielt bevorzugt, andere gezielt ausgeschlossen.[11]

Sind solche Tendenzen nicht notwendig für eine Untersuchung der Macht? Sollte sich der Forscher nicht ständig darüber im klaren sein, daß in den menschlichen Institutionen, die er untersucht, derartige Tendenzen möglicherweise vorhanden sind, und daher immer bereit sein, die sie bewirkenden und fördernden Kräfte zu erforschen? Kann er zum Beispiel wirklich die Möglichkeit ignorieren, daß ein Individuum oder eine Gruppe in einer Gemeinde wirksamer am *Nicht-Ent-scheidungs*prozeß als an tatsächlich gefällten Entscheidungen partizipiert? Darf m. a. W. der Forscher die Möglichkeit außer Betracht lassen, daß eine Person oder Gruppe dadurch, daß sie die Wertvorstellungen, politischen Verfahrensweisen und Rituale in einer Gemeinde beeinflußt, den Entscheidungsprozeß auf vergleichsweise nicht-kontroverse Gegenstände beschränken kann, obschon es in der betreffenden Gemeinde ernsthafte, wenn auch nur latente Machtkonflikte gibt?[12] Läßt er dies alles außer acht, so übersieht er das zwar weniger offenkundige, freilich um so bedeutsamere Gesicht der Macht.

III.

In seiner Kritik am »Modell der herrschenden Elite« schreibt Dahl, daß »die Annahme der Existenz einer herrschenden Elite nur dann streng geprüft werden kann, wenn es einen repräsentativen *sample* von Fällen gibt, der politische Schlüsselentscheidungen involviert, in welchen die Präferenzen der unterstellten herrschenden Elite mit denen einer ähnlichen Gruppe kollidieren.«[13] Diese Aussage ist doppelt anfechtbar. Die irrtümliche Annahme, Macht spiegele sich allein in konkreten Entscheidungen wider, haben wir bereits oben angedeutet. Hierbei schließt Dahl die Möglichkeit aus, daß in der betreffenden Gemeinde eine Gruppe in der Lage ist, das Auftauchen wichtiger Streitpunkte zu verhindern. Darüber hinaus sind Dahl und all jene, die seinem pluralistischen Ansatz folgen, dadurch, daß sie das weniger offenkundige Gesicht der Macht ignorieren, nicht in der Lage, in angemessener Weise zwischen einer politischen »Schlüsselentscheidung« und einer politischen »Routineentscheidung« zu unterscheiden.

So schreibt etwa Nelson Polsby, »daß die pluralistischen Forscher dadurch, daß sie eine Vor-Auswahl der zu untersuchenden Streitfälle, die nach allgemeiner Übereinstimmung als signifikant gelten, die Schichtentheorie testen können.«[14] Freilich läßt er sich nicht weiter darüber aus, wie der Forscher bestimmen soll, *welche* Streitfälle »nach allgemeiner Übereinstimmung als signifikant gelten«, und wie er die Zuverlässigkeit der Übereinstimmung einschätzen soll. Polsby macht sich hier in der Tat des gleichen Fehlers schuldig, den er den elitistischen Methodologen angelastet hat: Seine Unterstellung, daß es in der politischen Arena jeder Gemeinde signifikante Streitfragen gibt, stellt das durchaus Zweifelhafte als gesichert hin. Er akzeptiert als Streitfrage, was als Streitfrage gilt; was heißt, daß seine Ergebnisse von vornherein feststehen. Selbst wenn es in der aktuell untersuchten Gemeinde keine »echten« signifikanten Streitfälle gibt, wird Polsby (oder der ihm gleichgesinnte Forscher) irgendwelche aufspüren und nach sorgfältiger Untersuchung zu einem Resultat gelangen, das die pluralistischen Konklusionen bestätigt.[15] Auf Dahls Definition der »politischen Schlüsselstreitfragen«, die er in seinem Aufsatz über das Modell der herrschenden Elite gegeben hat, trifft die gleiche Kritik zu. Er behauptet, daß es »eine notwendige, wenngleich nicht unbedingt hinreichende Bedingung ist, daß die (Schlüssel-)Streitfrage aktuelle Nichtübereinstimmung bei Präferenzen zwischen zwei oder mehreren Gruppen beinhalten sollte.«[16] Wir meinen, daß dies eine inadäquate Bestimmung einer »politischen Schlüsselstreitfrage« ist, und zwar einfach deshalb, weil verschiedene Gruppen über belanglose wie auch über wichtige Angelegenheiten Unstimmigkeiten aufweisen können, was die Präferenzen anbelangt. So gut wie belanglose Präferenzen einer Elite sind sicherlich nicht signifikant, wenn man feststellen will, ob in einer bestimmten Gemeinde eine monolithische oder eine breitgestreute Machtverteilung vorherrscht. Wenn man Dahls Definition der »politischen Schlüsselstreitfragen« benutzt, hat man kaum Schwierigkeiten, derartige Probleme in praktisch jeder Gemeinde ausfindig zu machen; es sollte dann auch nicht überraschen, wenn der Forscher am Ende zu dem Schluß gelangt, daß die Macht in der Gemeinde breit gestreut ist.

Die Unterscheidung zwischen wichtigen und unwichtigen Sachverhalten kann nach unserer Meinung einsehbarerweise nicht ohne eine Analyse der »Mobilisierung von Vorurteilen« in der Gemeinde geleistet werden; nicht ohne eine Analyse der vorherrschenden Wertvorstellungen, der politischen Mythen, Rituale und institutionalisierten Praktiken, die dazu tendieren, erworbene Ansprüche einer oder mehrerer Gruppen im Vergleich zu den Interessen anderer Gruppen zu begünstigen. Hat man diese Erkenntnis, so könnte man schlußfolgern, daß jeder Kampf gegen die herrschenden Werte oder etablierten »Spielregeln« zu einer »wichtigen« Sache wird; alles andere wäre unwichtig. Urteile dieser Art können gewiß nicht völlig objektiv sein. Wenn man sie aber bei der Untersuchung von Macht vermeidet, so wird ein hochgradig signifikanter Aspekt der Macht vernachlässigt und damit die einzig tragfähige Basis zur Diskriminierung von »Schlüsselentscheidungen« und »Routineentscheidungen« unterminiert. Wir sind der Meinung, daß die Pluralisten tatsächlich alle diese Fehler begangen haben. Sie haben sozusagen das getan, was Kaufman und Jones an Floyd Hunter so scharf kritisiert haben: sie haben »ihr Gebäude mit dem Zwischenstockwerk begonnen, ohne eine Eingangshalle oder ein Fundament zu legen«[18], d. h. sie haben sich darauf beschränkt, die Streitpunkte zu untersuchen statt die Wertvorstellungen und Tendenzen, die in das politische System eingelassen sind und die dem, der das Phänomen Macht erforscht, erst die wirkliche

Bedeutung der auf der politischen Szene auftauchenden Streitfragen entschlüsseln.

IV.
Es gibt keinen besseren Ansatz für unsere Kritik des pluralistischen Modells als Dahls Untersuchung der Machtverhältnisse
in New Haven.[19]

Wir wollen gleich darauf hinweisen, daß Dahl in dieser
Arbeit gar nicht erst den Versuch unternommen hat, seinen
Begriff der »politischen Schlüsselentscheidung« zu definieren.
Bei der Frage, ob die »Notablen« von New Haven »offen oder
verdeckt die Regierungsentscheidungen beeinflussen«, merkt
er schlicht an, daß er lediglich »drei verschiedene ›Problembereiche‹, in denen wichtige öffentliche Entscheidungen getroffen wurden, untersuchen will: Kandidatennominierung der
beiden politischen Parteien, Stadtplanung und öffentliches
Schulwesen«. Gerechtfertigt wird diese Auswahl dadurch, daß
»Nominierungen darüber entscheiden, welche Personen öffentliche Ämter bekleiden werden. Das Stadtplanungsprogramm von New Haven, mißt man es an den Gesamtkosten
– den gegenwärtigen und den zukünftigen –, ist das umfang-
reichste in diesem Bundesstaat. Das öffentliche Schulwesen
ist, abgesehen von seiner sowieso gegebenen Bedeutung, der
kostspieligste Titel im Stadthaushalt. Deshalb, so schließt
Dahl, »muß man vernünftigerweise erwarten..., daß der
relative Einfluß der Notablen auf die öffentlichen Bedienste-
ten ... durch eine Untersuchung ihrer Partizipation an diesen
drei Bereichen des Handelns aufgedeckt wird«.[20]

Die Problematik dieser letzteren Aussage liegt darin, daß aus
Dahls eigenen Worten klar hervorgeht, daß die Notablen in
Wirklichkeit an zwei der drei von ihm gewählten »Schlüsselentscheidungen« gar kein Interesse haben. Was beispielsweise
den Bereich des öffentlichen Schulwesens angeht, so weist
Dahl darauf hin, daß ein Großteil der Notablen in den Voror-
ten lebt, und daß diejenigen, die in der Stadt leben, ihre Kinder
hauptsächlich auf Privatschulen schicken. »Folglich«, so
schreibt er, »ist ihr Interesse an öffentlichen Schulen ziemlich
gering.«[21] Mit der Kandidatennominierung der beiden politischen Parteien, gleichfalls ein wichtiger »Sachbereich«, steht
es insofern ganz ähnlich, als das offenkundige Desinteresse der

Notablen an diesem Bereich teilweise darauf beruht, daß sie in Vorstädten leben, was bedeutet, daß sie für die Übernahme eines öffentlichen Amts in New Haven nicht qualifiziert sind. In der Tat gesteht Dahl selber zu, daß bei den Notablen den beiden erwähnten Bereichen gegenüber eine weitgehende Indifferenz vorherrscht: »Geschäftsleute mögen das öffentliche Schulwesen und die politischen Parteien ignorieren, ohne ein klares Bewußtsein davon zu haben, daß solche Indifferenz unter Umständen an den Geldbeutel gehen kann . . .« Freilich fährt er dann fort, daß

die Aussicht auf weitreichende Veränderungen (als Folge des Stadtplanungsprogramms) der Eigentumsverhältnisse, des Stadtbildes, der Nutzung von Grundbesitz im Bereich der Innenstadt und die Folgen dieser Veränderungen für die kommerzielle und industrielle Entfaltung von New Haven alle in augenfälligem Zusammenhang standen mit den alltäglichen Belangen der Geschäftswelt.[21]

Wenn man also – wie Dahl in seiner Kritik am Modell der herrschenden Elite – glaubt, daß ein Problembereich, um als wichtig angesehen werden zu können, »im Hinblick auf die Präferenzen wirkliche Nichtübereinstimmung zwischen zwei oder mehreren Gruppen involvieren müsse«,[22] dann hat er hier eindeutig das öffentliche Erziehungswesen und die Kandidatenaufstellung durch die Parteien voreilig zu »Schlüsselbereichen« erklärt. Abgesehen davon erscheint es wohl zweifelhaft, ob »der relative Einfluß, den die Notablen auf die öffentlichen Angelegenheiten nehmen«, mittels Untersuchung ihrer *Nicht*partizipation an Bereichen, an denen sie gar kein Interesse haben, aufgedeckt zu werden vermag.

Darüber hinaus möchten wir nicht die Möglichkeit ausschließen, daß die Notablen selbst auf solche Bereiche, denen sie scheinbar indifferent gegenüberstehen, ein signifikantes Maß an *indirektem* Einfluß ausüben. Wir nehmen beispielsweise an, daß sie, obwohl sie ihre Kinder auf Privatschulen schicken, sehr wohl wissen, daß die Ausgaben für das öffentliche Schulwesen unmittelbar mit ihrem eigenen Steueraufkommen zusammenhängen. Unter dieser Voraussetzung und aufgrund ihrer starken Repräsentanz im Finanzausschuß von New Haven[23] muß man erwarten, daß es in ihrem unmittelbaren Interesse liegt, eine aktive Rolle in der städtischen Finanzpolitik zu spielen, insbesondere da, wo es um das Budget fürs Erziehungswesen geht. Aber hierüber gibt Dahl keine Auskunft: Weder untersucht er die das Schulwesen betreffenden Entscheidungen des Finanzausschusses noch deren Auswirkungen auf die öffentlichen Schulen.[24] Indem wir dies betonen, wollen wir nicht Dahls Behauptung, die Notablen von New Haven besäßen nur wenig Macht, zu widerlegen versuchen. Wir *wollen* freilich zum Ausdruck bringen, daß diese Schlußfolgerung durch Dahls Analyse der »Problembereiche« öffentliches Schulwesen und Parteinominierungsverfahren nicht adäquat abgesichert wird.

Dies gilt nicht für den Bereich der Stadtplanung. Dieser Problemkomplex ist, an welchem Standard auch immer gemessen, wichtig, um bestimmen zu können, ob New Haven von »der verborgenen Hand einer Wirtschaftselite« beherrscht wird[25]. Die Wirtschaftsnotablen nahmen aktiven Anteil am Planungsprozeß; außerdem stimmen die sozioökonomischen Implikationen, die damit gegeben sind, nicht notwendigerweise mit den Hauptinteressen und Wertvorstellungen der Wirtschaft und ihrer Repräsentanten überein.

Um sicher sein zu können, daß das Stadtplanungsprogramm für diejenigen, die Bürgermeister Lee scherzhaft »the biggest muscles« von New Haven titulierte, auch akzeptiert würde, rief er die *Citizens Action Commission* (CAC) ins Leben, in die er in erster Linie Vertreter der Wirtschaftselite hereinnahm. Die Aufgabe der CAC bestand darin, die Arbeit des Bürgermeisters und anderer städtischer Bediensteter, die mit der Stadtplanung befaßt waren, zu überwachen, wie auch, die Verantwortung dafür zu übernehmen, daß durch eine Vielzahl von Komitees die Teilnahme der Bürger an dem Programm organisiert und bestärkt wurde.

Um den relativen Einfluß des Bürgermeisters, anderer wichtiger Personen der öffentlichen Verwaltung und der Mitglieder der CAC zu messen, rekonstruiert Dahl »alle *wichtigen* Entscheidungen über Planung und Stadtsanierung, die zwischen 1950 und 1958 gefällt wurden, ... (um zu) bestimmen, von welchen Personen die meisten Vorschläge gemacht wurden, die später angenommen wurden, oder wer durch sein Veto am häufigsten erfolgreich die Vorschläge anderer blockierte«.[26] Die Ergebnisse dieses Tests zeigen an, daß der

Bürgermeister und der für die Planung zuständige Spitzenbeamte den bei weitem größten Einfluß hatten und daß die »muscles« der Kommission, mit Ausnahme von ein paar unbedeutenden Fällen, »niemals direkt die Initiative ergriffen, opponierten, Veto einlegten oder einen ihnen unterbreiteten Vorschlag abänderten . . .«[27]

Aus unserer Sicht ist dieses Ergebnis nicht deshalb unzuverlässig, weil Dahl sich genötigt sah, innerhalb der von ihm als *wichtig* angesehenen »Problembereiche« eine subjektive Auswahl von *wichtigen* Entscheidungen zu treffen, sondern deshalb, weil das Ergebnis auf einem außerordentlich dürftigen Einflußtest basiert. Wenn man den relativen Einfluß ausschließlich an dem Vermögen mißt, Vorschläge einzubringen oder sein Veto dagegen einzulegen, dann übersieht man die mögliche Anwendung von Einfluß oder Macht, die darin bestehen kann, den Bereich von Initiativen einzuschränken. Wie, so fragen wir, kann man zu einem Urteil über den relativen Einfluß des Bürgermeisters Lee und der CAC kommen, wenn man nicht (aufgrund vorhergehender Untersuchungen der politischen und sozialen Einstellung der Betroffenen) die Vorschläge kennt, die Lee *nicht* einbrachte, weil er entweder explizit davor gewarnt wurde oder weil er vorhersah, daß sie heftige Opposition und Sanktionen der CAC provozieren würden?[28]

Als Resümee kann man festhalten, daß Dahl, da er nicht *beide* Gesichter der Macht sieht, nicht in der Lage ist, den relativen Einfluß oder die relative Macht einerseits derjenigen, die Entscheidungen initiieren und fällen, andererseits derer, die unmittelbar oder mittelbar dazu beitrugen, potentiell gefährliche Streitpunkte gar nicht erst aufkommen zu lassen, richtig einzuschätzen.[29] Folglich wird die Bedeutung des Einbringens von Initiativen, des Fällens von Entscheidungen und des Einlegens eines Vetos über Gebühr hervorgehoben. Dies alles zieht die pluralistischen Konklusionen Dahls ernsthaft in Zweifel.

V.

Die Behauptung dieses Kapitels war, daß ein neuer Ansatz zur Untersuchung der Macht notwendig sei, ein Ansatz, der die Existenz von *Nicht*-Entscheidungen ebenso berücksichtigt wie die von Entscheidungen. Im dritten Kapitel wollen wir nachzuweisen versuchen, daß der Begriff der Nicht-Entscheidung nicht nur ein wertvolles theoretisches Konstrukt darstellt, sondern daß er darüber hinaus empirische Beobachtung und Analyse zuläßt.

2 Schlüsselbegriffe: Macht, Autorität, Einfluß, Gewalt

Die Schwemme von Fallstudien während der letzten Jahre über das Zustandekommen von Entscheidungen *(decision-making)* in Gemeinden korrespondierte mit einem auffälligen Mangel an darauf basierender Verallgemeinerung. Ein Grund für diese Erscheinung ist bereits Gemeinplatz: Wir verfügen über keine allgemeine Theorie, kein Weitspurmodell *(broad-gauge model)*, dessen begrifflicher Bezugsrahmen es uns erlaubte, stark differierende Fallstudien in systematischer Weise miteinander zu vergleichen und gegeneinander abzugrenzen.

Eines der Hindernisse auf dem Weg zu einer solchen Theorie ist das beträchtliche Ausmaß an Verwirrung über die Natur von Macht und dem, was sie von den gleichermaßen wichtigen Begriffen Gewalt, Einfluß und Autorität unterscheidet. Diese Begriffe haben verschiedene Bedeutungen, und sie sind von unterschiedlicher Relevanz; aber in fast allen bis jetzt veröffentlichten Studien über das Zustandekommen von Entscheidungen in Gemeinden werden Macht und Einfluß beinahe synonym verwendet, Gewalt und Autorität ganz vernachlässigt.[1] Die Forscher machen es sich dadurch selber schwer. Denn sie verwenden Begriffe, die einerseits zu weit, andererseits zu eng sind: zu weit, weil wichtige Unterschiede zwischen Macht und Einfluß über einen Kamm geschoren werden; zu eng, weil andere Begriffe unberücksichtigt bleiben, Begriffe, welche die Forschungsergebnisse radikal verändert hätten, wären sie zum Zuge gekommen.

Eine Reihe von Wissenschaftlern hat fälschlicherweise angenommen, daß Macht und ihre Korrelate sich in Tätigkeiten darstellen und nur in Situationen beobachtet werden können, in denen Entscheidungen zustande kommen. Gemäß unseren Darlegungen in Kapitel 1 haben diese Wissenschaftler den gleicherweise, wenn nicht noch wichtigeren Bereich der – so nannten wir es – Nicht-Entscheidungen übersehen: nämlich die Praxis, mit Hilfe der Manipulation vorherrschender Gemeindewerte, Mythen und politischer Institutionen und Prozeduren den Spielraum des faktischen Zustandekommens von Entscheidungen auf »sichere« politische Änderungsvorschläge zu beschränken. Dies übergehen hieße, das volle »Antlitz« der Macht[2] vernachlässigen.

Schließlich beruhen die Fallstudien auf häufig unartikulierten, vielleicht unbegründeten Voraussetzungen, die das Entdecken von Tatsachen[3] im vorhinein bestimmen. Eine Vielfalt komplexer Faktoren beeinflußt das Zustandekommen von Entscheidungen: der soziale, kulturelle, wirtschaftliche und politische Hintergrund der einzelnen Beteiligten; die Werte der Entscheidungen hervorbringenden Körperschaft, die eine geschlossene Einheit in sich ist; die Pressionen, die auf die Entscheidungsträger, als einzelne und kollektiv, ausgeübt werden; und so weiter. Die Behauptung einiger Leute, diese Faktoren seien von gleicher Bedeutung, geht ebenso am Ziel vorbei wie die, nur eine sei von überragender Wichtigkeit.[4]

Was not tut, ist folglich ein Modell, dessen begrifflicher Bezugsrahmen eine Einschätzung der Determinanten erlaubt, die das Zustandekommen von Entscheidungen wie von Nicht-Entscheidungen bestimmen und der Verschiedenheit der Begriffe Macht, Gewalt, Einfluß und Autorität voll Rechnung tragen. In diesem Kapitel sind wir nicht so ehrgeizig. Wir beabsichtigen lediglich, einen Teil des Fundaments für ein solches Modell zu legen, indem wir versuchen: 1) die Eigenschaften dessen zu klären, was wir für die Schlüsselbegriffe jeder Untersuchung des Zustandekommens von Entscheidungen wie Nicht-Entscheidungen und für die wesentlichen Unterschiede zwischen ihnen halten; und 2) zu zeigen, wie diese Begriffe systematischer und wirkungsvoller für Fallstudien verwendet werden können.

I.

Es ist verbreiteter Sprachgebrauch, zu sagen, diese Person oder Gruppe »hat Macht«, wobei damit impliziert wird, Macht sei, wie Reichtum, ein Besitz, der seinen Eigentümer in die Lage versetzt, ein als real erscheinendes zukünftiges Gut[5] für sich zu gewinnen. Man kann denselben Gesichtspunkt auf eine andere Weise ausdrücken, wenn man sagt, daß Macht eine »einfache Eigenschaft (sei), ... die einer Person oder Gruppe als solcher zugehören kann«.[6]

Aus mindestens drei Gründen ist diese Verwendungsweise inakzeptabel. Erstens: sie versagt darin, zwischen Macht über Menschen und Macht über Dinge klar zu unterscheiden; und »Macht im politischen (oder ökonomischen oder sozialen) Sinn kann nicht als die Fähigkeit aufgefaßt werden, beabsichtigte Wirkungen im allgemeinen hervorzubringen, sondern nur solche Wirkungen, die andere Personen betreffen . . .«[7] Zweitens: die Ansicht, die Macht einer Person bemesse sich an der vollständigen Anzahl von Bedürfnissen, die sie befriedigt, ist irrig; man kann Macht nicht im luftleeren Raum haben, sondern nur in Beziehung auf jemand anderen. Drittens und vor allem: der allgemein übliche Begriff von diesem Phänomen impliziert fälschlicherweise, daß der Besitz der (als solche erscheinenden) Instrumente der Macht identisch mit dem Besitz der Macht sei. Eine solche Auffassung ist deswegen falsch, weil sie die grundlegende relationale Eigenschaft von Macht außer acht läßt: daß sie nicht besessen werden kann; daß, ganz im Gegenteil, die erfolgreiche Ausübung von Macht auf der relativen Wichtigkeit konfligierender Werte *für das Bewußtsein des Adressaten* in der Machtbeziehung beruht.

Ein paar Beispiele sollen unsere Position klären und erweitern helfen. Erstens: Man stelle sich eine bewaffnete Schildwache vor, der sich ein unbewaffneter Mann in Uniform nähert. Die Schildwache richtet ihr Gewehr auf den Eindringling und ruft ihn an: »Halt oder ich schieße.« Der Befehl wird prompt ausgeführt. Hatte die Schildwache deswegen Macht, und übte sie diese aus? So könnte es scheinen; aber das Augenscheinliche mag täuschen. Angenommen, der Eindringling gehorchte, aber nicht, weil er sich angesichts drohender Sanktionen zu seinem Verhalten genötigt fühlte, sondern weil er selber ausgebildeter Soldat war, für den der sofortige Gehorsam gegenüber einem von einer Schildwache an ihn gerichteten Befehl Teil eines Wertesystems war, das er völlig akzeptierte.[8] Wenn das der Fall war, konnte es zu einem Konflikt zwischen Zielen und Interessen der handelnden Personen nicht kommen; die drohenden Sanktionen der Schildwache waren ohne Bedeutung, und es wäre zum gleichen Ergebnis gekommen, wäre sie, und nicht der Eindringling, unbewaffnet gewesen. Weil der Soldat Gehorsam gegenüber dem Befehl einer Schildwache an die Spitze seiner Wertskala stellte, war die Androhung ernster

Beeinträchtigungen ohne Gewicht für sein Verhalten. Unter solchen Umständen kann man nicht sagen, die Wache habe Macht ausgeübt.

Wir wollen jetzt annehmen, ein zweiter Mann nähere sich der Schildwache und erhielte, wie der erste, den Befehl, entweder anzuhalten oder erschossen zu werden. Der zweite Fremde ignoriert den Befehl; er versucht, sich gewaltsam Einlaß zu verschaffen und wird sogleich schwer verwundet. Wenn wir nun annehmen, daß es die Absicht des Eindringlings war, die Militäranlage zu sabotieren, dann kann kein Zweifel daran bestehen, daß seine Werte und die der Schildwache in unmittelbarem Konflikt standen. Trotzdem stellte der fatale Schuß der Schildwache *keine* Ausübung von Macht dar. Denn sie brachte keinen Gehorsam gegen ihren Befehl zustande – und das deswegen nicht, weil der Eindringling offensichtlich den Einlaß zum Stützpunkt höher bewertete als Gehorsam gegenüber dem Befehl der Schildwache oder seinem eigenen Wohlbefinden.

Nehmen wir schließlich an, daß ein dritter Mann sich dem Gehäuse der Schildwache nähere, ein Mann, der sterben möchte, aber es selbst nicht bis zum Akt der Selbstzerstörung bringen kann. Deshalb ignoriert er mit Vorbedacht den Befehl der Schildwache und wird folgerichtig erschossen. Besaß einer von ihnen Macht in dieser Lage, und übte er sie auch aus? Wir sahen es ja – das »Opfer« hatte Macht; denn es nutzte, in klarer Erkenntnis des Wertekonflikts zwischen ihm und der Wache, die von ihm vorausgesetzte Sanktion der letzteren aus, um sein eigenes Ziel zu erreichen.[9]

Wir wiederholen, daß Macht relational ist, eben nicht besitzbar oder substantiell. Ihre relationalen Kennzeichen sind dreifacher Art. Erstens: damit eine Machtbeziehung bestehen kann, bedarf es eines Konflikts von Interessen oder Werten zwischen zwei oder mehreren Personen oder Gruppen. Eine solche Divergenz ist eine notwendige Bedingung von Macht; denn wir haben ja gesagt, daß, falls A und B in den Zielen übereinstimmen, B dem von A vorgezogenen Handlungsweg aus freien Stücken zustimmen wird; in diesem Fall haben wir es mit einer Situation zu tun, wo es sich eher um Autorität als um Macht handelt.[10] Zweitens: eine Machtbeziehung besteht nur dann, wenn B sich tatsächlich den Wünschen von

A beugt. Ein Interessenkonflikt ist keine hinreichende Bedingung, denn A mag gar nicht in der Lage sein, B so zu beherrschen, daß dieser sein Verhalten ändert. Und wenn B sich nicht fügt, wird das Vorhaben von A entweder ein totgeborenes Kind sein oder es wird eher mittels Gewalt statt durch Macht durchgeführt werden.[11] Drittens: eine Machtbeziehung kann nur dann bestehen, wenn eine der Parteien mit dem Verhängen von Sanktionen drohen kann. Macht ist »derjenige Prozeß, der die Vorhaben anderer mit Hilfe (... angedrohter) ernstzunehmender Beeinträchtigungen bei Nichtkonformität mit den eigenen beabsichtigten Vorhaben beeinflußt«.[12] Es muß jedoch hervorgehoben werden, daß diese Verfügung über Sanktionen – d. h. jede versprochene Belohnung oder Strafe, deren sich ein Handelnder zur Aufrechterhaltung einer wirksamen Kontrolle über ein Vorhaben bedienen kann – wohl eine notwendige Bedingung von Macht ist, aber keine hinreichende. Sie ist einfach deswegen notwendig, weil die Androhung von Sanktionen das ist, was Macht von Einfluß unterscheidet;[13] sie ist nicht hinreichend, weil die Verfügung über Sanktionen A nur dann mit Macht über B ausstattet, wenn die folgenden Bedingungen erfüllt sind:

a) Die bedrohte Person ist sich im klaren darüber, was von ihr erwartet wird. In einer Machtsituation ist ein deutlicher Kommunikationsfluß zwischen der Person, die ein Vorhaben initiiert, und der Person, die zu willfahren hat, erforderlich.[14] Wenn unsere imaginäre Schildwache einen Mann anruft, der kein Englisch versteht oder vielleicht taub ist, dann besitzt die Schildwache – zumindest für den Augenblick, da sie den Befehl ausgibt – keine Macht. Mit anderen Worten: Macht eignet ein rationales Moment, denn sie ist vorhanden, wenn die bedrohte Person ausdrücklich die Alternativen erkennt, mit denen sie es bei der Wahl zwischen Gehorsam und Ungehorsam zu tun hat.

b) Die angedrohte Sanktion wird *faktisch* als Beeinträchtigung von der bedrohten Person verstanden. Die Drohung des Präsidenten, sich eines Kongreßmitglieds zu »entledigen«, falls es versäumen sollte, ein Gesetzesvorhaben der Administration zu unterstützen, wäre ohne Wirkung, wenn das Kongreßmitglied annähme, seine Chancen für die Wiederwahl würden durch die Intervention des Präsidenten eher steigen als sinken.

c) Die bedrohte Person schätzt den Wert, der geopfert würde, wenn sie nicht gehorchte, höher ein als einen anderen Wert, auf den sie verzichten müßte, falls sie gehorchte. Furcht vor körperlichem Schaden wirkte auf jene zum »sit-in« versammelten Südstaatenneger nicht abschreckend, denn sie stellten die Rechtmäßigkeit ihrer Sache höher. Es ist auf dieser Stufe von Wert, zu sehen, daß angedrohte Beeinträchtigungen oft deswegen unwirksam sind, weil der Initiator eines politischen Vorhabens, während er darüber entscheidet, welche Sanktionen verhängt werden sollen, fälschlicherweise seine eigenen Werte in das Bewußtsein der von ihm Betroffenen projiziert.[15]

d) Die bedrohte Person ist überzeugt, daß die gegen sie gerichtete Drohung nicht vorgetäuscht ist, sondern daß ihr Widerpart nicht zögern würde, Sanktionen am Ende faktisch zu ergreifen. Wir wollen das verdeutlichen: Wenn ein berühmter General damit rechnet, daß es dem Präsidenten an Willensstärke oder öffentlicher Unterstützung zur Ausschöpfung seiner verfassungsmäßigen Prärogative mangelt, dann mag er die politischen Weisungen seines Präsidenten ignorieren oder ihnen sogar Trotz bieten.[16] Oder aber: Der Erfolg einer auf Gewaltlosigkeit basierenden Widerstandsbewegung stützt sich zum großen Teil auf die Annahme, daß diejenigen, die Sanktionen verhängen können, davon Abstand nehmen werden, d. h. daß die Wertekonflikte in A ihn von dem Wahrmachen seiner Drohung abhalten. Das machten sich jene Inder zunutze, die auf den Eisenbahnschienen saßen, um die Engländer herauszufordern, und davonkamen, weil die Engländer (wie die Inder sehr wohl wußten) Menschenleben höher bewerteten als Gehorsam gegenüber ihren Verordnungen.[17]

Wir sind jetzt in der Lage, die verschiedenen Bestandteile unserer Konzeption der Macht zusammenzufassen. Eine Machtbeziehung ist vorhanden, wenn a) zwischen A und B ein Konflikt über Werte oder den Handlungsverlauf besteht; b) wenn B sich den Wünschen von A fügt; c) wenn B auf diese Weise handelt, weil er befürchtet, A könne ihn um einen Wert oder Werte bringen, die er höher schätzt als diejenigen, welche er durch Ungehorsam erlangt hätte.[18]

Folgende Punkte müssen in bezug auf diese Definition geklärt werden. Erstens: um von Machtbeziehungen reden zu können, muß man sich davor hüten, die Sache dadurch zu übertreiben, daß man sagt, A habe Macht über B einfach deshalb, weil B, auf Vermeidung von Sanktionen bedacht, sich dem erklärten Vorhaben von A fügt. Dies könnte sehr wohl eine ungenaue Beschreibung ihrer Beziehung sein, falls die Macht von A bezüglich B äußerst beschränkt wäre, soweit dies den Spielraum, d. h. den Umfang der zur Wirkung gelangten Werte betrifft.[19] Deshalb kann die Macht eines Verkehrspolizisten über einen Bürger auf dessen Tun als Kraftfahrer begrenzt sein – wenn auch nicht mehr. Darüber hinaus muß bei der Einschätzung der Machtbeziehung dem Gewicht der Macht, d. h. dem Grad, bis zu welchem Werte zur Wirkung gelangten, und ihrem Wirkungsbereich Rechnung getragen werden, nämlich der Anzahl der betroffenen Personen.[20] Zum Beispiel ist die Macht des Vorsitzenden des *House Committee on Ways and Means* zur Hauptsache auf Steuerangelegenheiten beschränkt; aber innerhalb dieses Spielraums übt er enorme Macht auf die Festsetzungen der Bundessteuer und über die Ausgabenpläne (Gewicht) aus und betrifft damit eine umfangreiche Anzahl Personen – bis hin zum Präsidenten und ihn sogar gelegentlich mit einschließend (Wirkungsbereich).

Weiterhin muß das beachtet werden, was Friedrich die »Regel antizipierter Reaktionen«[21] *(rule of anticipated reactions)* genannt hat. Mit diesem Phänomen wird das Problem gestellt, daß eine Untersuchung enthüllen könnte, B willige zwar in der Regel in die von A bevorzugten Handlungsverläufe ein; A besitzt aber faktisch kaum Macht über B, weil A gewöhnlich ebenfalls seine Forderung in einem Ausmaß auf B zuschneidet, von dem er annimmt, es sei für B akzeptierbar. Um das zu verdeutlichen, nehmen wir an, der Präsident unterbreite dem Kongreß nur solche Gesetzesvorlagen, die der Mehrheit der Gesetzgeber genehm wären; dann ist kaum von ihm zu behaupten, er besitze einfach deswegen Macht über den Kongreß, weil seinen Vorschlägen Gesetzeskraft verliehen würde.

In bezug auf die antizipierten Reaktionen muß eine zusätzliche Dimension berücksichtigt werden. Es wird häufig daraus, daß eine Gruppe unorganisiert und unartikuliert ist und ihr ein wirkungsvoller Zugang zu den Schlüsselzentren des Entscheidungsprozesses fehlt, auf ihre völlige Machtlosigkeit in jedem Sinne des Wortes geschlossen. Dieser Schluß muß aber nicht unbedingt stichhaltig sein. Eine Untersuchung mag sehr wohl zutage fördern, daß die Entscheidungsträger ihre Wahl politischer Vorhaben aus Rücksicht gegenüber der angeblich machtlosen Gruppe deswegen ändern, weil vorauszusehen ist, daß Unnachgiebigkeit zu ernsten Beeinträchtigungen, z. B. zu Aufruhr, Boykotten etc. führt. Hierbei haben wir es mit einer Situation zu tun, in der die Einsicht der Entscheidungsträger in die Möglichkeit zukünftiger Sanktionen *(potentielle Macht)* zur ›Ausübung‹ von Macht in der Gegenwart führt. Potentielle Macht wird damit faktische Macht, und dies sogar unter Umständen, wo diejenigen, von denen Sanktionen ›drohen‹, sie nicht faktisch verhängt haben.

Wir müssen ebenfalls *latente* Macht berücksichtigen. Es wird üblicherweise angenommen, daß jeder, der das besitzt, was zu den wichtigen Instrumenten der Ausübung von Macht gezählt wird, wie Reichtum, hoher gesellschaftlicher Rang oder ein gut ausgestattetes Waffenarsenal, sie mit Notwendigkeit gebraucht. C. Wright Mills zum Beispiel vertritt die Auffassung, daß die »Machtelite« Amerikas aus solchen Personen besteht, die in den wichtigen Institutionen – große Korporationen, Militärestablishment und Staatsbürokratie – »das Sagen haben«. Mit seinen eigenen Worten: »Es ist zwar nicht die Macht als ganze ... die in diesen Institutionen verankert ist und auch mit deren Hilfe ausgeübt wird, aber nur in ihnen und durch sie kann Macht mehr oder weniger kontinuierlich ausgeübt werden.«[22] Obgleich dieser Gedanke sein Verdienst hat, neigen Mills und andere dazu, die Tatsache zu übersehen, daß diejenigen, welche die Mittel zur Androhung von Sanktionen besitzen, von einem solchen Verhalten Abstand nehmen können, und dies oft auch tun. Ihre Macht ist eher *latent* als real. Wir müssen jedoch anmerken, daß das Bestehen von latenter Macht zu faktischer, obgleich unbeabsichtigter Ausübung führen kann. Zum Beispiel kann der geschäftsführende Direktor des größten Handelsunternehmens einer Gemeinde sich dafür entscheiden, im Hinblick auf die Lösung lokaler politischer Probleme keine Macht auszuüben. Aber die zu seiner Verfügung stehenden Ressourcen sind so groß – d. h. er verfügt über so viel latente Macht –, daß andere am Ort regelmäßig seine (wirklichen oder vermuteten) Präferenzen berücksichtigen. In Fällen wie diesem ist B der Adressat innerhalb einer Machtbeziehung zu A, obgleich A keine Macht ›ausübte‹ im Sinne von Lasswell und Kaplan: nämlich Teilnahme am Zustandekommen von Entscheidungen in bezug auf Vorhaben, die B betreffen.

II.

Robert Bierstedts Auffassung zufolge »ist Gewalt manifeste Macht. . . . Gewalt meint Begrenzung, Abschluß der Auseinandersetzung um oder sogar völlige Auslöschung von Alternativen für die soziale Handlung einer Person oder Gruppe durch eine andere Person oder Gruppe. ›Geld oder Leben‹ steht symbolisch für eine Situation nackter Gewalt, nämlich für die Reduktion von Alternativen auf zwei.«[23] Kurz gesagt: Gewalt ist ausgeübte Macht.

Wir lehnen diese Ansicht ab. Für uns liegt der wesentliche Unterschied zwischen Macht und Gewalt ganz einfach darin, daß in einer Machtbeziehung der einen Partei Gehorsam durch die andere gezollt wird, während man in einer Gewaltsituation sein Ziel, wenn überhaupt, entgegen dem offenbaren *Un*gehorsam des anderen erreichen muß.[24] Demzufolge hat A Macht ausgeübt, wenn die Forderung von A nach dem Geld oder Leben Bs diesen dazu veranlaßt, seine Brieftasche auszuhändigen – A hat den Gehorsam Bs mittels Drohung oder sogar noch ernsterer Beeinträchtigungen erlangt. Sollte aber A den B töten müssen, um an dessen Geld zu gelangen, so nimmt A Zuflucht zur Gewalt – er muß die angedrohte Sanktion faktisch verhängen – und setzt auch sich dabei vielleicht sogar ernsteren Beeinträchtigungen aus. Desgleichen weicht Macht der Gewalt dann, wenn thermonukleare Waffen aus Instrumenten einer Politik der Abschreckung in zum Einsatz gebrachte Todesgeschosse transformiert werden.

Ein weiterer Unterschied zwischen den beiden Begriffen muß berücksichtigt werden. Der Spielraum einer Person, was das Zustandekommen von Entscheidungen angeht, ist während der Dauer der Gewaltanwendung radikal beschnitten; ist die Faust, die Kugel oder das Geschoß unterwegs, so ist das ausersehene Opfer jeglicher Wahl zwischen Gehorsam oder Ungehorsam beraubt. Wo Macht ausgeübt wird, behält der Einzelne diese Wahlmöglichkeit. Daher kann gesagt werden: in einer Machtbeziehung hat B die Wahl, in einer Gewaltbeziehung ist es A.[25]

Aus dem Vorhergehenden folgt, daß *Manipulation* ein Moment der Gewalt, nicht der Macht ist. Denn sobald jemand in der Hand eines Manipulateurs ist, bleibt ihm keine Wahl hinsichtlich des Handlungsverlaufs. Es läßt sich daher sagen, daß Gewalt und Manipulation (als deren Unterbegriff) im Unterschied zur Macht nicht-rational sind.

Ein zusätzliches Unterscheidungsmerkmal von Gewalt ist darin zu sehen, daß sie unter gewissen Umständen nicht-relational ist. Wenn B zum Beispiel von einem unbekannten Dieb in den Rücken geschossen wird, so stehen er und sein Angreifer nur in einem ganz minimalen Beziehungsverhältnis – besonders aber im Vergleich mit einer Machtkonfrontation, wo B entscheiden muß, ob er der Forderung von A nachgeben soll. Ein ähnlich minimales Beziehungsverhältnis liegt in Fällen vor, wo es sich um Manipulation handelt, wo also Gehorsam erzielt wird in Abwesenheit klarer Einsicht auf seiten der willfahrenden Partei in Herkunft und genaue Beschaffenheit der an sie gerichteten Forderung.

Kurz gesagt: Gewalt und Manipulation schließen, wie Macht, einen Wertekonflikt ein; aber anders als Macht sind sie nicht-rational und tendieren zum Nicht-Relationalen.

Daraus kann eine Anzahl Folgerungen abgeleitet werden. Einmal ist die faktische Anwendung von Sanktionen ein Eingeständnis der Niederlage von seiten des angeblichen Benutzers von Macht. Und das trifft in dem Ausmaß zu, wie die vorangegangene *Androhung* von Sanktionen darin versagte, das gewünschte Verhalten herbeizuführen. Ein gutes Beispiel dafür ist die Aktion Präsident Trumans aus dem Jahre 1951, als er General Douglas MacArthur seines Kommandos im Pazifischen Ozean wegen Insubordination enthob. Da dieser seine politischen Differenzen mit der Regierung fortwährend vor der Öffentlichkeit austrug, zwang MacArthur im Grunde genommen Truman dazu, ihn zu entlassen. Aber die Entscheidung des Präsidenten, Sanktionen anzuwenden, war ein Eingeständnis seiner Niederlage, eine implizite Anerkennung der

Tatsache, daß es ihm nicht gelungen war, sei es mit Macht oder Autorität, MacArthurs Einverständnis mit der auf Beilegung der Feindseligkeiten Koreas auf dem Verhandlungswege abzielenden Regierungspolitik zu gewinnen. Um es ganz klar zu machen: politische Niederlagen dieser Art können sich auch als nur partielle erweisen. Verhindert der Einsatz von Gewalt gegen die eine Partei, jetzt oder in Zukunft, mit Erfolg den Ungehorsam anderer, so wird die Verwendung von Sanktionen zur neuen Bekundung bestehender Macht. Natürlich ist das die rationale Basis fast all derer, die Strafaktionen gegen andere durchführen: die *Anwendung* von Gewalt in dem einen Fall erhöht die Glaubwürdigkeit von *Drohungen* dahingehend, daß diese auch in anderen Fällen wahrgemacht würden.

Desgleichen ist es wichtig zu erkennen, daß Inanspruchnahme von Gewalt mit Verlust von Macht enden kann. Zwei Fälle müssen dabei unterschieden werden. Erstens: das Verhängen von Sanktionen bewirkt häufig eine radikale Umstrukturierung von Werten in der Person, auf die Zwang ausgeübt wird (ebenso in solchen Personen, die sich stark mit ihr identifizieren); dadurch wird die vorherige Machtbeziehung untergraben. Eine gute Veranschaulichung dafür ist der im ganzen mißlungene Versuch der Nazis während des Zweiten Weltkriegs, die Bevölkerung okkupierter Länder durch Töten ziviler Geiseln zu befrieden. Entgegen den Erwartungen der Deutschen bewirkte diese Politik eine merkliche Verhärtung des Widerstands; augenscheinlich wuchs die Zahl der »Gefangenen« beträchtlich, die Freiheit höher bewerteten als ihr Leben. Zweitens: die Beeinträchtigungen können sich im nachhinein als weit weniger schwer erweisen, als dies zuerst erschien; deshalb wird zukünftiger Ungehorsam nicht nur nicht entmutigt, sondern er könnte sogar ermutigt werden. Ein Kind zum Beispiel, das für sein schlechtes Verhalten durch zeitweiligen Entzug eines geliebten Spielzeugs bestraft wird, mag *ex post facto* herausfinden, daß es den Entzug gut ertragen kann und daß die Befriedigung, die es durch sein Fehlverhalten gewonnen hat, unterm Strich größer ist als die, die es durch die verlorengegangene Alternative erhalten hätte. Unter solchen Umständen ist mit künftigem Trotz gegen elterliche Anordnungen ganz augenscheinlich eher zu rechnen als mit dem umgekehrten Verhalten.

So wie es zur Schwächung von Macht führen kann, wenn man sich der Gewalt bedient, so mag Macht ebenfalls geschwächt werden, wenn sie erfolgreich ausgeübt wird, d. h. wenn Gehorsam durch Androhung von Sanktionen allein erzielt wird. Zum Beispiel: es ist schon Tradition, daß die Präsidenten der Vereinigten Staaten Macht über widerspenstige Kongreßmitglieder mit Entzug ihrer Patronage auszuüben versuchen. Aber indem ein Präsident Posten gegen Stimmabgabe tauscht – d. h. indem er mit Erfolg sein Machtpotential nützt –, versiegen seine Kräfteressourcen, weitere Willfährigkeit zu erreichen. Daraus folgt, daß die wiederholte Androhung, Sanktionen zu verhängen – Drohungen, die niemals wahrgemacht werden –, mit einem schrittweisen Verlust an Glaubwürdigkeit im Bewußtsein der Bedrohten einhergehen, bis schließlich die Drohungen ganz abstumpfen. Dies war in den Augen vieler der grundlegende Mangel in der administrativen Durchführung der erklärten Politik Amerikas während der späten fünfziger Jahre, die unter dem Zeichen der »massiven Vergeltungsmaßnahmen zum Zeitpunkt und am Ort unserer Wahl«[26] stand. Die gleiche Erscheinung beobachtet man bei zwischenmenschlichen Beziehungen: die Androhung von Liebesentzug zugunsten eines anderen mag beim ersten Mal höchst wirkungsvoll sein, erweist sich aber als völlig unwirksam, wenn sie wiederholt angewandt wird.

III.
Jemand übt *Einfluß* auf jemand anderen innerhalb eines gegebenen Spielraums soweit aus, daß der erstere, ohne auf eine versteckte oder offene Androhung ernster Beeinträchtigungen zurückgreifen zu müssen, den anderen dazu veranlaßt, seinen Handlungsverlauf zu ändern. Demzufolge sind Macht und Einfluß darin gleich, daß beide rationale und relationale Attribute aufweisen. Aber sie unterscheiden sich insoweit voneinander, als die Ausübung von Macht auf potentiellen Sanktionen beruht, die Ausübung von Einfluß dagegen nicht. Und es besteht auch ein wichtiger Unterschied zwischen Einfluß und Manipulation: in einer Situation, die letztere, aber nicht erstere einschließt, sucht A das Wesen und die Herkunft seiner Forderung an B zu maskieren, und wenn A Erfolg hat, ist

B sich völlig im unklaren darüber, daß etwas von ihm gefordert wurde.

Obwohl Macht und Einfluß voneinander unterschieden werden können und müssen, ist die Trennlinie zwischen ihnen gewöhnlich schwer zu ziehen. Dies trifft besonders dort zu, wo die Gründe von B für sein Handeln in Übereinstimmung mit den Wünschen von A unklar und vielfältig sind; unter solchen Umständen wird B selber nicht in der Lage sein, überzeugend angeben zu können, ob sein Verhalten durch Furcht vor Sanktionen veranlaßt wurde oder vielmehr durch seine Achtung »höherer« Werte (etwa Reichtum, Respekt, Macht, Weisheit) als die, die unmittelbar auf dem Spiel standen. Unterwirft sich denn ein ehrgeiziger junger Mann – ohne Vergnügen zwar – deswegen jedem Diktat seines reichen Onkels, weil er wohlhabende Leute bewundert (Einfluß) oder weil er glaubt, fragloser Gehorsam sei der Preis für eine großzügige Erbschaft in der Zukunft (Macht)? Setzt der Majoritätsführer sich deshalb, wenn auch unwillig, für eine Regierungsvorlage im Senat ein, weil er das Präsidentschaftsamt und damit den Mann, der es einnimmt, respektiert (Einfluß) oder weil er fürchtet, daß der Präsident ihn tatsächlich für seine Unbotmäßigkeit bestrafen werde (Macht)? Es ist unserer Meinung nach nicht sehr hilfreich, zu glauben, der entscheidende Test in Situationen wie diesen bestünde darin, herauszufinden, ob der Gehorsam auf »freiwilliger« oder »unfreiwilliger« Basis geleistet wird.[27]

Die Schwierigkeit einer trennscharfen und klaren Unterscheidung zwischen Macht und Einfluß wird zusätzlich dadurch verstärkt, daß beide sich oft gegenseitig potenzieren, d. h. Macht erzeugt oft Einfluß und vice versa. Aus diesem Grund ist der Fall des Senators Joseph R. McCarthy aus Wisconsin besonders lehrreich.[28] Indem er sich raffiniert als maßgeblicher Verteidiger der nationalen Sicherheit zu einem Zeitpunkt in Szene setzte, als diese zum beherrschenden sozialen Wert *anstelle* der Unverletzbarkeit der bürgerlichen Freiheitsrechte wurde, gelang es McCarthy für eine Weile, praktisch jede Opposition gegen ihn und das, wofür er stand, zu ersticken (Einfluß). Auf dieser Grundlage war er fähig, Macht zu gewinnen, d. h. das Zustandekommen faktischer Entscheidungen (Stimmabgaben im Senat, Exekutivstatute etc.) durch Androhung ernster Beeinträchtigungen (Intervention in Regierungswahlkämpfe, Ruin von Karrieren eingesetzter Beamter mittels Anklage) zu beeinflussen. Im gleichen Maße schwand mit der Abschwächung der öffentlichen Furcht um die nationale Sicherheit und der wachsenden Sorge um die bürgerliche Freiheitsrechte McCarthys Einflußmöglichkeit auf andere radikal – und somit auch seine Macht.

Die Tatsache, daß der Unterschied zwischen Macht und Einfluß oft verschwimmt, verringert nicht die Notwendigkeit, diesen Unterschied zu machen. Nikita Chruschtschow besaß wenig oder gar keinen Einfluß auf die Amerikaner, aber es leuchtet ein, daß er zu seiner Zeit ein beträchtliches Maß an Macht über uns ausübte. Andererseits übt der Oberste Gerichtshof der Vereinigten Staaten breiten Einfluß (und Autorität) auf uns, individuell und kollektiv, aus; seine Macht jedoch ist gering.

IV.

Autorität hängt zwar aufs engste mit Macht zusammen, ist aber keine Form von Macht: sie steht sogar antithetisch zu ihr.[29] Mit dieser Formulierung wollen wir unsere Ablehnung der traditionellen Definition von Autorität als »formale Macht«[30] und derjenigen, die sie als »institutionelle Macht«[31] begreift, zum Ausdruck bringen.

Autorität als eine Form von Macht zu betrachten, ist, einmal, operational nicht brauchbar. Wenn Autorität »formale Macht« ist, dann ist man aufgeschmissen, wenn man wissen will, wer zu einem bestimmten Zeitpunkt Autorität besitzt, falls der Träger »formaler Macht« faktisch machtlos ist. Es schafft unnötige Verwirrung, will man von Kapitän Queeg behaupten, er habe auch dann noch Autorität über die *Caine* ausgeübt, als er schon von den Meuterern entmachtet worden war. Desgleichen versagt die Definition von Autorität als »formale Macht« bei der Bestimmung der Grenzen von Autorität ebenso wie etwa die Formulierung, sie ende dort, wo »wirkliche Macht« beginne. Für diejenigen, die an eine eingeschränkte oder konstitutionelle Regierung glauben, ist eine derartige Konstruktion undenkbar.

Das Argument, »formale Macht« werde durch das Gesetz beschränkt, führt auch zu keiner Antwort. Denn es setzt ohne

Berechtigung die Legitimität des Gesetzes voraus. Ein Polizist, der im Namen eines Gesetzes Gehorsam erheischt, das als völlig ungerecht gilt, hat kaum Autorität in den Augen derjenigen, die in der angloamerikanischen Rechtstradition stehen. Aber auch damit ist das Problem noch nicht gelöst, daß man Autorität als verfassungsmäßige Legitimität begreift. Diese Auffassung setzt voraus, daß alle Mitglieder eines Gemeinwesens zur Verfassung und zu den Gerichten stehen, die sie interpretieren. Verfügen denn etwa die Bundesgerichtshöfe über die Autorität, Verordnungen zur Aufhebung der Rassentrennung in südstaatlichen Schulbezirken zu erlassen? Gemäß der Ansicht vieler Südstaatler, auch der im Recht bewanderten, fällt die Antwort negativ aus.

Friedrichs Analyse des Begriffs »Autorität« scheint uns die geeignetste zu sein. Er definiert den Begriff als »Eigenschaft einer kommunikativen Beziehung«, der »die Möglichkeit einer informativen Klärung mit Beweisgründen« *(reasoned elaboration)*[32] zukommt. Wie Macht wird Autorität hier als relationaler Begriff gefaßt: es ist nicht der Fall, daß A Autorität besitzt, aber B die Mitteilung von A als autoritär betrachtet. Wie Macht beinhaltet auch eine Autoritätsbeziehung Rationalität – wenn auch von anderer Ordnung. In einer Situation also, in die Macht einbezogen ist, verhält B sich insofern rational, als er Willfährigkeit und nicht die Trotzhaltung wählt, und zwar deshalb, weil sie das geringere zweier Übel zu sein scheint.[33] In einer Situation, in die Autorität einbezogen ist, gehorcht B, weil er erkennt, daß der Befehl in bezug auf seine eigenen Werte vernünftig ist; mit anderen Worten: B gibt A nach, weil seine Entscheidung vernünftig begründet werden kann, und nicht aus Furcht vor ernster Beeinträchtigung.[34] Es ist aber nicht wesentlich, daß die Anordnung von A durch Gründe gestützt werden muß; es reicht aus, daß die Möglichkeit einer Begründung gegeben ist und dies auch gesehen wird.[35]

Wenn B glaubt, die Mitteilung von A erlaube eine informative Klärung mit Beweisgründen, obgleich dies nicht der Fall ist, dann haben wir es mit »falscher« Autorität zu tun.[36] Verschiebt sich die Quelle des Gehorsams von »echter« zu »falscher« Autorität hin und erkennt B, daß die Mitteilung nicht informativ geklärt werden kann, dann wird eine Beziehung, in die ursprünglich Autorität einbezogen war, in eine solche umgeformt, der Macht zugrunde liegt. Zum Beispiel: ein Polizist verlangt Zutritt zu Ihrem Haus und Sie gehorchen vielleicht aufgrund der unausgesprochenen Annahme, seine Forderung sei potentiell gut begründet. Wenn Sie aber erkennen, daß seine Forderung *nicht* zu rechtfertigen sei, nachdem er schon im Haus ist, dann wird Ihr weiterer Gehorsam ohne Zweifel von seiner Macht und nicht von seiner Autorität herrühren. Der entscheidende Punkt liegt darin, daß Dienstmarke, Uniform und Pistole des Polizisten – Symbole »formaler« Macht – nicht seine Autorität konstituieren. Ob er diese tatsächlich besitzt, hängt davon ab, ob er zu seiner Mitteilung bevollmächtigt ist, und das hängt in beträchtlichem Maß von der Begründbarkeit seines Befehls ab.

Wenn der Polizist seine Forderung nach Zutritt auf der Grundlage des Gesetzes erläutern könnte, besäße er dann nicht Autorität? Im Rahmen unseres Beispiels ist die Antwort zugleich ja und nein. Nein, soweit Sie betroffen waren, denn die informative Klärung war nicht annehmbar in bezug auf Ihre eigenen Werte. Ja, soweit es sich um die Gesellschaft und ihre Gesetze handelt – vorausgesetzt, für jene sei das Gesetz mit Autorität ausgestattet. Man kann leicht einsehen, daß bei diesem Typ von Situation – der häufig auftritt – Autorität Quelle und auch Schranke für die Ausübung von Macht darstellt; sie rechtfertigt und begrenzt den Gebrauch von Macht. Jene, die an Demokratie glauben, beruhigt das nicht sehr, falls nicht Autorität selber auf einer Argumentation beruht, die von der Mehrheit der Bevölkerung verstanden wird.

Abschließend sollte man beachten, daß so, wie Autorität in Macht umgeformt werden kann, auch das Umgekehrte eintreten mag. »Gehirnwäsche« im Stil von George Orwells »Großem Bruder« (und seinem realen Gegenstück im kommunistischen China) ist ein schauriger Beleg dafür. Dem Großen Bruder zu gehorchen, ist nicht genug; man muß ihn *lieben*. Ein anderes Beispiel für die gleiche Sache sind die Eltern, die das Androhen von Schlägen (Macht) zur Disziplinierung des Kindes benutzen, die wiederum auf Anerkennung bestimmter Spielregeln (Autorität) basiert. Autorität kann sich, kurz gesagt, beide Wege bahnen. In einer humanen und intakten Gesellschaft kann die Legitimierung von Handlungen die wertvolle Funktion erfüllen, das Verhalten von Menschen, zumal in öffentlichen Ämtern, zu kontrollieren; denn deren Handlungen müssen der Möglichkeit nach rechtfertigbar sein durch »informative Klärung mit Beweisgründen«, und zwar nach Maßgabe von Werten einer vernünftigen Gesellschaft. Wenn aber der Werterahmen einer Gesellschaft pathologisch ist, dann kann Autorität – auch von der Art, die wir betrachtet haben – zum Instrument einer Vertiefung des pathologischen Zustands werden.

V.

Vielleicht läßt sich unsere Bemühung, eine Trennlinie zwischen Macht und den verwandten Begriffen zu ziehen, am besten dadurch zusammenfassen, daß wir sie auf »reale« Kontexte anwenden – z. B. auf eine Gemeinde in den Südstaaten, deren weiße Mitbürger sich entschlossen haben, eine bundesgerichtliche Verordnung zur Aufhebung schulischer Rassentrennung hinzunehmen. Aus der beigefügten Tafel geht deutlich hervor, daß wir von der Annahme ausgehen, verschiedene Personen in der Gemeinde hätten verschiedene Gründe für ihren Gesetzeseifer gehabt.

Lokale Amtspersonen und Geschäftsleute, zum Beispiel, befürchteten ernst zu nehmende Beeinträchtigungen – sie antworteten auf die Ausübung von Macht. Diese Weißen, die wir als »Gemäßigte« bezeichnen, zerfallen wiederum in zwei verschiedene Gruppen: a) diejenigen (Gruppe I), welche die substantielle Logik der Gerichtsverordnung als legitim und wohlbegründet anerkannten, und b) diejenigen (Gruppe II), welche den inhaltlichen Standpunkt der Rechtsgründe verwarfen, aber das richterliche Verfahren für legitim und wohlbegründet hielten. Beide Gruppen also antworteten auf Autorität, und zwar in dem wesentlichen Sinne, daß beide die Gerichtsverordnung rational aufnahmen und beide diese (wenn auch aus unterschiedlichen Gründen) der »informativen Klärung mit Beweisgründen« für fähig erachteten.

Eine dritte Gruppe von Weißen – die wir, David Riesman folgend, als »Außengeleitete« bezeichnen wollen – gehorchte, aber nicht deshalb, weil sie starke Beeinträchtigungen (Macht) befürchtete oder weil sie glaubte, die Verordnung sei wohl-

begründet und legitim (Autorität), sondern weil sie sich verpflichtet fühlte, der Führerschaft derer in der Gemeinde folgen zu müssen, denen sie den meisten Respekt zollte (Einfluß). Anders gesagt: obwohl die »außengeleitete« Gruppe die
gerichtliche Regelung für illegitim und nicht begründet hielt,
und zwar aus grundsätzlichen und prozessualen Erwägungen
heraus, »heulte sie mit den Wölfen«.

Wie die »Außengeleiteten« fügte sich auch die »Masse« dem
neuerdings dominierenden Gesichtspunkt. Anders als jene
verhielt sich die »Masse« gesetzeskonform, obgleich sie nur
geringe oder gar keine Kenntnis des brisanten politischen
Änderungsvorschlags oder auch der Tatsache hatte, daß sie
dabei war, ihren früheren Standpunkt im ganzen aufzugeben.
Die »Masse« entschied nicht mit Bewußtsein zwischen Gehorsam oder Ungehorsam gegenüber der Gerichtsverordnung; sie ging mit dem Manipulationsmuster ganz einfach
konform.

Die Spitze der Gruppen, die sich dem Gerichtsbeschluß
nicht fügten, bilden Amtspersonen, die im Gefängnis sind
oder wegen strafbarer Mißachtung mit Geldbußen belegt
wurden (Gewalt), sowie Gruppen von Befürwortern der Rassentrennung in Schulen, die sich außer Reichweite des Ge-
richts befinden. Es genügt, darauf hinzuweisen, daß das Verhalten dieser Gruppen – so wie sie nun einmal an einem
differenten Komplex von Werten orientiert sind – gleichfalls
mit den Begriffen Macht und deren Relata untersucht und
kategorial eingeordnet werden kann.

*Tafel I Vermutliches Verhalten von Südstaaten-Weißen in be-
zug auf eine Gerichtsverordnung zur Aufhebung der Rassentrennung in Schulen*

Begriff	Gegenstand
Macht	*Gruppen, die sich für Gehorsam entscheiden*
(relational, Forderung rational aufgenommen, Wertekonflikt, Drohung ernster Sanktionen)	Staatliche und lokale Amtspersonen (Drohung strafbarer Mißachtung) Geschäftsleute (Drohung von wirtschaftlichem Boykott und von Rassenunruhen, führt zu Verlust von Profiten)

Begriff	Gegenstand
Autorität (relational, Forderung rational aufgenommen und als begründet erachtet, möglicher Wertekonflikt, keine ernsten Sanktionen)	Gemäßigte I (inhaltliche Rechtsbasis für richterliches Verfahren gilt als begründet) Gemäßigte II (inhaltliche Rechtsbasis gilt als unbegründet, aber das richterliche Verfahren gilt als legitim und begründet)
Einfluß (relational, Forderung rational aufgenommen, Wertekonflikt, keine ernsten Sanktionen)	»Außengeleitete« Personen (Gerichtsentscheid inhaltlich und verfahrensmäßig unbegründet; aber besorgt um Ansehen in der Gemeinde) *Gruppen, die sich weder für Gehorsam noch für Ungehorsam entscheiden*
Manipulation (nicht-relational, nicht-rational, keine Sanktionen)	Masse (konform mit herrschendem Verhalten in der Gemeinde, mit geringem oder keinem Verständnis für das Problem; sind sich ihres Gehorsams nicht bewußt)
Gewalt (relational bis nicht-relational, nicht-rational, Anwendung ernster Sanktionen)	*Gruppen, die sich für Ungehorsam entscheiden* Widerständige Amtspersonen neigen zu Mißachtung des Gerichts (Inhaftierung zeigt an, daß die der Widerständigkeit zugrunde liegenden Werte die mit Gehorsam zu gewinnenden überschatten)
Macht, Autorität etc.	Extreme Befürworter der Rassentrennung in Schulen

3 Schlüsselbegriffe: Entscheidungen und Nicht-Entscheidungen

I. Entscheidungen

Für unsere Zwecke reicht es aus, eine Entscheidung als »einen Komplex von Handlungen« zu bestimmen, »der bezogen ist auf die Wahl – und diese einschließend – einer Alternative zu Ungunsten einer anderen...«[1]; oder einfacher, »eine Wahl zwischen alternativen Handlungsweisen...«[2] Darin unterscheiden wir uns scharf von Lasswell und Kaplan, für die eine Entscheidung ein »politisches Vorhaben (ist), das ernste Sanktionen (Beeinträchtigungen) involviert«[3]. Der Grund für den Unterschied zwischen unserer und ihrer Definition ist klar: sie unterstellen, daß Entscheidungen nur durch Ausübung von Macht zustande kommen, während wir glauben, Macht sei weder der einzige noch der Haupt-Faktor, der dem Entscheidungsvorgang zugrunde liegt. Wir glauben in der Tat, daß in einigen Situationen Macht überhaupt keine Rolle spielt und daß in diesen Situationen das Verhalten der Entscheidungsträger und in gleicher Weise der Betroffenen entweder zum Teil oder voll und ganz mit den Begriffen »Gewalt«, »Einfluß« oder »Autorität« erklärt werden kann.

Unsere Einstellung soll mit Hilfe des folgenden Diagramms geklärt werden. Zwei wichtige Schlüsse können daraus abgeleitet werden. Erstens: jede soziale Entscheidung involviert eine Interaktion zwischen einer oder mehreren Personen, die ein gegebenes Ziel anstreben, zwischen einer oder mehreren Personen, deren Einwilligung erzielt werden soll. Daher ist, falls As Versuch, Macht oder Einfluß auf B auszuüben, nicht zur Kenntnis genommen wurde, keine Entscheidung gefallen.

Zweitens: Einwilligung kann durch Ausübung eines der vier auf dem Diagramm dargestellten Phänomene *angestrebt* werden. Wenn aber Einwilligung im Begriff ist, sich zu entwickeln, kann sie – oder kann sie auch nicht – von derselben Quelle herrühren. Zum Beispiel: B fügt sich As Forderungen, weil A mit Sanktionen drohte, die B vermeiden wollte; dann ist die daraus resultierende Entscheidung aus »reiner« Macht gefällt worden; beide Teilnehmer wählten innerhalb des gemeinsamen Bezugsrahmens. Auf der anderen Seite: wenn Bs Fügsamkeit nicht in Furcht vor Beeinträchtigung, sondern in der Anerkennung von Bs Werten gründet, dann ist die daraus resultierende Entscheidung zwitterhaft in dem wichtigen Sinn, daß A Macht auszuüben suchte, tatsächlich aber Autorität ausübte. Ganz ähnlich lassen sich Fälle identifizieren, in denen A Autorität einzusetzen bestrebt war, obgleich Bs Fügsamkeit sich durch Beeinflussung ergab (siehe Diagramm). Viele Kombinationen sind möglich – besonders dann, wenn die Analyse auch solche Situationen berücksichtigt, wo zwei oder mehr Phänomene simultan ins Spiel gebracht werden.[4] Es ist in jeder Hinsicht klar, daß so lange von einer Entscheidung nicht behauptet werden kann, sie sei das Ergebnis von Macht, Einfluß, Autorität oder Gewalt, bis man angeben kann, von wessen Warte aus die Entscheidung beurteilt wird, von der Warte dessen, der Fügsamkeit anstrebt, oder dessen, der sich fügt.

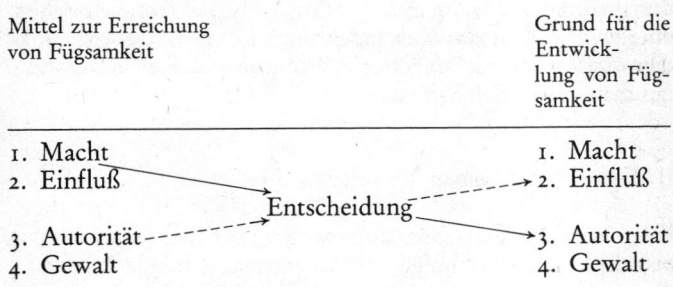

Figur 1: Impuls und Reaktion

Man mag einwenden, dieser Ansatz sei in der empirischen Analyse nicht durchführbar, weil er das Gedankenlesen nötig mache. Wir glauben das nicht. Gerichte unterscheiden zwischen »ausdrücklicher« Absicht und der vom faktischen Verhalten abgeleiteten Absicht; und das tun auch wir. Mit anderen Worten: wir glauben, es sei sowohl möglich als auch nötig, von einer ins einzelne gehenden Beobachtung der Situation darauf zu schließen, warum Personen sich auf bestimmte

Weise verhalten.⁵ Um es anders auszudrücken: es gibt keinen Richtweg, keine einfache und mechanisch zu handhabende Methode, um ein umfassendes Verständnis des Entscheidungsprozesses zu gewinnen.

Wir gestehen, daß unser Ansatz nicht so leicht durchführbar ist wie der von Lasswell und Kaplan, Dahl und anderen aus dieser »Schule«. Andererseits aber bietet unser Ansatz einen breiteren kategorialen Bezugsrahmen an, mit dessen Hilfe das Zustandekommen von Entscheidungen analysiert werden kann und der eine vergleichende Untersuchung von Faktoren, die verschiedenen Entscheidungen in verschiedenen Situationen zugrunde liegen, leichter macht. Damit ist ein Weg eröffnet, der zur Entwicklung einer soliden allgemeinen Theorie im Hinblick auf den Entscheidungsprozeß führt. Darüber hinaus unterscheiden wir ja sorgfältig zwischen den Kräften, die in jeder gegebenen Situation am Werk sind, und verringern dadurch das Risiko, ungerechtfertigten Nachdruck auf einen Faktor, unter partiellem oder völligem Ausschluß anderer Faktoren, zu legen. Um es vergröbert zu sagen: wir rücken das Phänomen Macht in die richtige Perspektive; wir sehen durchaus, daß in das Zustandekommen von Entscheidungen sehr oft Machtbeziehungen eingehen, obwohl dies häufig auch durchaus nicht der Fall ist.

II. Entscheidungslose Entscheidungen

Eine Auswahl zwischen politischen Vorhaben wird häufig betrieben ohne klarlinige, ein für allemal geltende Entscheidung. Sie »passiert« ganz einfach in dem Sinne, daß gewisse Schritte, die gemacht werden, für eine Entscheidung notwendig, wenn auch vorläufig sind; und die Folge der Schritte gewinnt (wie man so sagt) ein Eigenleben. Es gibt zum Beispiel verläßliche Evidenzen dafür, daß die »Entscheidung« Präsident Trumans, einen atomaren Angriff auf Hiroshima im August 1945 zu befehlen, völlig prädeterminiert war; er und seine Spitzenberater diskutierten zwar das Für und Wider dieses politischen Vorhabens bis zum letzten Augenblick, die technische Zurüstung für den Angriff war jedoch bereits so weit gediehen, daß die Entscheidung, die Aktion abzublasen, faktisch ganz unmöglich war.[6] Ähnlich scheint es zu der Zeit gewesen zu sein, als Präsident Kennedy mit der Entscheidung über das Unternehmen »Schweinebucht« konfrontiert wurde; die Vorbereitungen hatten sich bis zu einem Grade entwickelt, der praktisch jede Option bis auf eine ausschloß.[7]

Was Braybrooke und Lindblom das Phänomen der schrittweisen Veränderung (disjointed incrementalism) nennen, ist ganz analog dem, was wir als entscheidungslose Entscheidungen bezeichnen.[8] Locker umschrieben, besteht das Phänomen der schrittweisen Veränderung in einem Prozeß des Zustandekommens einer politischen Vorhabenwahl mittels einer Folge von Einzelschritten, von denen jeder eine kleine Randverschiebung bewirkt. Die über Jahre hin fortlaufende Veränderung in der Struktur der Einkommensbesteuerung von Einzelpersonen und Korporationen ist ein Beispiel dafür. Als hauptsächliche Rechtfertigung für den schrittweise sich entwickelnden Entscheidungsprozeß dient natürlich das Argument, er erlaube den politischen Führern, die Verbesserung eines Problems in kleinen Schritten anzusteuern und die Entwicklung auf Irrtümer und Schwierigkeiten, wie sie sich nun einmal ergeben, hin zu prüfen und korrigierend einzugreifen. Der Prozeß kann aber unerwünschte Resultate zeitigen: rationale, bewußte und schrittweise sich entwickelnde Entscheidungen a, b, c und d können zu einer maßgeblichen qualitativen und unvorhersehbaren Veränderung führen, einer Veränderung, die als ganze und im wesentlichen unbeabsichtigt war; dies ist eine entscheidungslose Entscheidung. Noch einmal mag das Fiasko in der Schweinebucht als Beispiel angeführt werden.

Ein schrittweise sich entwickelnder Entscheidungsprozeß kann unbeabsichtigt oder auch wohlüberlegt vonstatten gehen. Wenn nämlich As Vorhaben mit dem von B konfligiert und A den wiederholten Versuch einer Randverbesserung macht, um Bs Einwände gegen das Vorhaben von A aus dem Weg zu räumen, dann wird von einem bestimmten Punkt an letzteres sehr verschieden von dem sein, als was es ursprünglich gedacht war. Zum Beispiel: Präsident Kennedys vorrangiges Interesse im Jahre 1963 war eine Strukturreform der Einkommensteuer, und von nur zweitrangiger Bedeutung war eine allgemeine Reduktion der Steuerlast. Um aber die nötigen

Stimmen im Kongreß zu bekommen, machten er und seine Nachfolger wiederholt Konzessionen, so daß das Gesetz, das am Ende verabschiedet wurde, wohl einige Erleichterungen in bezug auf die Höhe der Steuerraten mit sich brachte, aber keine einschneidende Strukturreform.

Auf jeden Fall muß der Politikwissenschaftler, wenn eine in sich differenzierte Entwicklung eine größere Veränderung eines politischen Vorhabens hervorbringt, sich davor hüten, die volle Verantwortlichkeit für die Veränderung jenen zuzuschieben, die an der Wahl der letzten abschließenden Schritte beteiligt waren.

III. Nicht-Entscheidungen

Politische Systeme und Subsysteme entwickeln aus sich heraus eine »Mobilisierung von Vorurteilen«[9], d. h. einen Komplex vorherrschender Werte, Glaubenshaltungen, Rituale und institutioneller Verfahren (»Spielregeln«), die sich systematisch und in sich kohärent zugunsten bestimmter Personen und Gruppen auf Kosten anderer auswirken. Diejenigen, die profitieren, nehmen bevorzugte Positionen zur Verteidigung und Förderung ihrer traditionellen Privilegien ein. Sehr häufig stellen die »Verteidiger des Status quo« eine Minorität oder Elite im Verhältnis zur jeweiligen Gesamtbevölkerung dar. Elitentum ist aber weder unvermeidlich noch allgegenwärtig: wie die Gegner des Vietnam-Krieges jederzeit bezeugen können, vermag die Mobilisierung von Vorurteilen – was auch häufig geschieht – die Majorität zu begünstigen.

Die gängige Methode zur Unterstützung einer gegebenen Mobilisierung von Vorurteilen ist das Zustandekommen von Nicht-Entscheidungen. Eine Nicht-Entscheidung, so haben wir definiert, ist eine Entscheidung, die in der Unterdrückung oder Vereitelung einer latenten oder manifesten Bedrohung von Werten oder Interessen der Entscheidungsträger resultiert. Wir wollen dies deutlicher machen: der Vorgang des Zustandekommens von Nicht-Entscheidungen dient als Mittel, um Forderungen nach einer Veränderung der bestehenden Allokation von Vergünstigungen und Privilegien in der Gemeinde zu ersticken, schon bevor sie artikuliert worden sind;

oder um sie zu verdecken; oder zu Fall zu bringen, bevor sie überhaupt Zugang zur relevanten Arena der Entscheidungsprozesse finden; oder, falls das alles versagen sollte, sie im Stadium der administrativen Durchführung innerhalb des politischen Prozesses zu verstümmeln oder zu zerstören.[10]

Der Vorgang des Zustandekommens von Nicht-Entscheidungen kann eine von mehreren Formen annehmen. Die direkteste und extremste Form ist diejenige, wo Gewalt als Mittel gegen das Eindringen von Forderungen, in denen die Absicht der Veränderung der bestehenden Ordnung ausgedrückt ist, in den politischen Prozeß zu Hilfe genommen wird. Ein Beleg dafür ist der weiße Terrorismus – Belästigung, Gefangensetzung, Prügel, sogar Mord – gegen Bürgerrechtsarbeiter im ländlichen Süden.

Fast genauso direkt, wenn auch weniger extrem, geht es beim Nicht-Entscheidungsprozeß durch Ausübung von Macht zu. Die Androhung von Sanktionen gegen den Initiator einer potentiell bedrohlichen Forderung kann negativ oder positiv sein und von Einschüchterung (potentielle Beeinträchtigung hinsichtlich geschätzter Dinge und Ereignisse) bis zur Kooptation (potentielle Belohnungen) reichen. Eine besonders wirkungsvolle Form von Kooptation ist die »partizipatorische Demokratie«, wie sie Philip Selznick beschreibt: sie vermittelt »der Opposition die Illusion, eine Stimme zu haben, auch wenn sie faktisch stimmlos ist; damit wird sie mundtot gemacht, ohne daß die Notwendigkeit der auch nur geringsten Veränderung des politischen Ziels gegeben wäre«.[11] Vermutliche Initiatoren einer Veränderung können durch eindeutige Winke der Status quo-Verteidiger von ihren Zielen abgehalten werden, Winke, die besagen, daß illegitime Sanktionen – zum Beispiel Verweigerung von Bankkrediten, Entlassung, Widerrufung von Zahlungsaufschub bei Wechseln etc. – verhängt werden können, falls die bestehende Werteverteilung weiterhin ernsthaft in Frage gestellt bleibt.

Eine dritte und indirektere Form von Nicht-Entscheidungsprozeß besteht darin, ein bestehendes Vorurteil innerhalb des politischen Systems – Präzedenzfall, Regel oder Verfahren – zur Unterdrückung einer bedrohlichen Forderung oder einer in der Entwicklung begriffenen politisch konflikthaltigen Sachlage zu mobilisieren. Zum Beispiel kann einer Forderung nach Veränderung die Legitimität abgesprochen werden, indem man sie als sozialistisch, unpatriotisch, unmoralisch oder als Verletzung anerkannter Regeln oder Verfahren brandmarkt. Auch kann man der Herausforderung dadurch ausweichen, daß man Forderungen oder politisch brisante Angelegenheiten an Komitees oder Kommissionen zwecks detaillierter und ausgedehnter Untersuchung weiterleitet oder indem man sie durch zeitraubende und ritualisierte Routinewege schleust, die in das politische System eingebaut sind. Solche Taktiken stellen höchst wirkungsvolle Mittel dar, »um jede energische Bemühung um Innovation abzublocken«[12], und sie sind besonders wirksam im Einsatz gegen zeitweilig existierende oder schwach organisierte Gruppen (z. B. Studenten, Arme), die nur mit Mühe einer Verzögerung Widerstand leisten können.[13] Eine andere wirksame Handhabe ist die Verwendung symbolischer Appelle, die auf den Normen des Systems beruhen und dazu dienen, eine bedrohliche Forderung zu entstellen oder sie in eine harmlose Forderung umzubiegen.[14]

Die vierte und indirekteste Form von Nicht-Entscheidungsvorgängen ist die Umgestaltung oder Verstärkung der Mobilisierung von Vorurteilen, um auf diese Weise die politischen Herausforderungen von der herrschenden Allokation von Werten fernzuhalten. Zum Beispiel kann die Universitätsadministration zusätzliche Regeln und Verfahren im Hinblick auf die Behandlung studentischer Forderungen nach Reformen etablieren. Eine weitere Taktik ist die Verstärkung bestehender bzw. das Aufbauen neuer Barrieren gegen die Anstrengungen der Herausforderer, den Konfliktspielraum zu erweitern. Zum Beispiel können die Forderungen von Mietstreikenden dadurch entkräftet werden, daß man auf dem privaten Charakter der Beziehung Hausbesitzer-Mieter besteht. Ganz ähnlich wird die Dominanz großer Korporationen über kleine durch »Privatisierung des Konflikts«[15] verstärkt; es wird dann auf die Imperative der »freien Marktwirtschaft« Bezug genommen.

Es soll hier noch ein anderer Situationstypus erwähnt werden, der zwar in enger Beziehung zum Nicht-Entscheidungsprozeß steht, faktisch aber nicht im strikten Sinne mit ihm identisch ist. Wir haben es dabei mit einer Situation zu tun, wo

B, in Konfrontation mit A, der über größere Machtressourcen verfügt, sich für einen Verzicht auf eine Forderung an A entscheidet, weil er befürchtet, dieser könnte Sanktionen über ihn verhängen. Obwohl Bs Handlungsverlauf den Anschein entstehen läßt, daß A zu einer Nicht-Entscheidung kam, kann doch nur soviel gesagt werden: A »besaß« Macht in Form einer Nicht-Entscheidung und B reagierte darauf.[16]

Unsere Kritiker, besonders die Professoren Merelman und Wolfinger, haben ausdrücklich festgestellt, daß Bs Nicht-Handlung, beruhend auf seiner Antizipation von As Reaktion, ein »Nicht-Ereignis« war, das von Natur aus einer empirischen Verifikation nicht zugänglich sei.[17] Wir geben das zu, bestreiten aber mit Nachdruck ihre weitergehende Schlußfolgerung, *alle* Nicht-Entscheidungen seien Nicht-Ereignisse. Um das ganz deutlich zu sagen: die Abwesenheit eines Konflikts mag wohl ein Nicht-Ereignis sein; eine Entscheidung aber, die aus der Vermeidung eines Konflikts resultiert, *ist* sehr wohl ein Ereignis – und ein beobachtbares obendrein.

IV. Empirische Identifikation von Nicht-Entscheidungen

Auf welche Weise vermag ein Wissenschaftler Nicht-Entscheidungen zu identifizieren? Diejenigen, die es angeht, direkt zu fragen, hat nur geringen Wert. Träger von Nicht-Entscheidungen sind sich oft selber nicht im klaren über alle Implikationen ihres Tuns, und wenn sie es sind, so wird es ihnen wahrscheinlich Mühe bereiten, ihre Intentionen und Zwecke darzulegen. Die ihrerseits Betroffenen sind also nicht in der Lage, den Vorgang ihrer Entwaffnung zu verstehen; oder sie sind so sehr mit ihrer Niederlage beschäftigt, daß ihr Interesse für deren Ursachen gering ist.

Den richtigen Ort für seinen Start sieht der Wissenschaftler im Vorgang des Zustandekommens von Entscheidungen. Besonders bei der Erforschung eines Komplexes konkreter Entscheidungen, zu denen es in der Gemeinde kam, stellt er eine Liste von Individuen und Gruppen zusammen, die offen oder hinter der Szene am Konfliktlösungsprozeß teilnahmen. Darüber hinaus vermag seine ins Detail gehende Studie des Entscheidungsprozesses wertvolle Fingerzeige über die vorherrschende Mobilisierung von Vorurteilen ans Tageslicht zu fördern, so wie sie sich in den Ritualen und Regeln des Spiels niederschlagen, das in den Institutionen des Entscheidungsprozesses ausgetragen wird. Am wichtigsten aber von allem: er gewinnt Einblick darin, a) welche Personen oder Gruppen infolge der Mobilisierung von Vorurteilen zu kurz kamen oder benachteiligt wurden, und b), ob und in welchem Ausmaß ihre Interessen im politischen System ausgedrückt werden.

Es versteht sich beinahe von selbst, daß die Untersuchung der faktischen Entscheidungen sich auf solche politischen Änderungsvorschläge beziehen muß, die von Wichtigkeit für diejenigen sind, die es angeht. Mancher Wettstreit geht einfach deshalb für diejenigen verloren, die eigentlich mächtiger sind, mehr Autorität haben oder einflußreicher sind als ihre Gegner, weil den augenscheinlichen Verlierern die politisch konflikthaltige Sachlage ohne Folgen und der Verausgabung ihrer (begrenzten) Ressourcen nicht wert zu sein scheint. Was konstituiert denn eine »wichtige« oder politische »Schlüssel«streitfrage? In unserer Sprache ist eine politische Schlüsselstreitfrage eine, die eine wirkliche Herausforderung der Macht- oder Autoritätsressourcen derer involviert, die gewöhnlich den Prozeß beherrschen, von dem eine Determination des Outputs an politischen Vorhaben ausgeht. Anders gesagt: eine politische Schlüsselstreitfrage involviert eine Forderung nach dauerhafter Transformation sowohl der Art und Weise, wie sich die Allokation von Werten in dem fraglichen politischen Gemeinwesen abspielt, als auch die Werteallokation selber. Terminologisch gesehen besteht ein grundlegender Unterschied zwischen einer hitzigen Kontroverse über, sagen wir einmal, angemessenes Wohnen und einer über den – die Allokation von Anti-Armut-Fonds betreffenden – Transfer von Macht oder Autorität von wohlhabenden Weißen auf verarmte Schwarze. Die vorhergehende politisch brisante Sachlage kann eine einmalige Sache und ohne Bedeutung für die Kapazität der Armen sein, eine dauerhafte Änderung in der Natur des politischen Outputs zu bewirken. Erst wenn die Kapazität auf eine tragfähige Basis gestellt ist, vermag sie eine ernst zu nehmende Ausübung von Macht und Autorität zu konstituieren.

Eine solcherart vorgenommene Unterscheidung zwischen politischer Schlüsselstreitfrage und relativ unbedeutenden Streitfragen ist zwar terminologisch, nicht aber empirisch haltbar. Was unter einer Vielzahl von Umständen als politisches Eintagsproblem erscheint, erweist sich aus der Retrospektive als Anfang eines dauerhaften Macht-Autorität-Konflikts. Infolgedessen läßt es sich empirisch erst ex post bestimmen, ob ein politisch brisanter Sachverhalt wichtig oder unwichtig ist, nämlich wenn der Untersuchende eine detaillierte Kenntnis der Mobilisierung von Vorurteilen und des Nicht-Entscheidungsprozesses gewonnen hat. Und diese Kenntnis kann erst *nach* einer gründlichen Erforschung einer Anzahl von Schlüsselentscheidungen voll gewonnen werden. Im Jargon der *Critical Path*-Analytiker: wir haben uns offenbar in einer Schlinge gefangen.

Es gibt freilich einen Weg aus dieser Schwierigkeit. Eine Reihe von Entscheidungen kann untersucht werden, die Schlüsseländerungsvorschläge zu involvieren *scheinen*. Daraus resultierende Hinweise können dann so, wie oben skizziert, weiterverfolgt werden, um so ein Verständnis der Mobilisierung von Vorurteilen zu gewinnen. Bis zum letzten Schritt der Erforschung des Zustandekommens von Nicht-Entscheidungen darf kein Urteil darüber abgegeben werden, ob man es mit einem wichtigen politischen Sachverhalt zu tun hatte oder nicht.

Es bleibt die Frage: wie kann ein außenstehender Beobachter bestimmen, ob und wie die vorherrschende Mobilisierung von Vorurteilen durch Nicht-Entscheidungen unterstützt wird? Mit den Resultaten seiner Untersuchung des Entscheidungsprozesses ausgerüstet, muß er darüber befinden, ob die ganz offensichtlich durch Mobilisierung von Vorurteilen benachteiligten Personen oder Gruppen offene oder versteckte Beschwerdegründe aufweisen. Beide Typen lassen sich leicht ermitteln; der einzige Unterschied ist nach Maßgabe unserer Definition der, daß offene Beschwerdegründe schon ihren Ausdruck gefunden und einen Änderungsvorschlag innerhalb des politischen Systems hervorgebracht haben, während versteckte Beschwerdegründe noch *außerhalb* des Systems sind: letztere nämlich sind versteckt derart, daß sie keine Anerkennung, die der öffentlichen Aufmerksamkeit und Auseinandersetzung »wert« wäre, gefunden haben; offen sind sie aber darin, daß der Wissenschaftler sie auch in ihrer mißglückten Form beobachten kann.

Der Beobachter mag in der ganzen Gemeinde keinen finden, der Klage führt. Unter diesen Umständen wäre er schlecht beraten, nach Evidenz für ein Zustandekommen von Nicht-Entscheidungen zu suchen. Wo es keine offenen oder versteckten Konflikte gibt, ist die Vermutung berechtigt, daß Konsensus über die Allokation von Werten besteht und deshalb ein Nicht-Entscheidungsvorgang gar nicht möglich ist. Wenn es aber Beschwerdegründe gibt, muß der Wissenschaftler in einem weiteren Schritt bestimmen, warum und mit welchen Mitteln einigen oder allen potentiellen Forderungen nach Veränderung der öffentliche Ausdruck verweigert wurde. Welchen Klagen der eine Veränderung anstrebenden Einheiten, so muß man fragen, wurde der Zugang zur Arena des Konfliktaustrags verweigert? Welche Klagen wurden als Anschläge auf vorherrschende Werte gebrandmarkt und für nichtig erklärt? Welche in Nebenkanäle umgeleitet und eventuell durch Verweisung an ein widerständiges Komitee oder durch andere Verzögerungstaktiken unterdrückt?

Nehmen wir an, der Beobachter vermag keine Beschwerdegründe und keinerlei faktische oder potentielle Forderungen nach Veränderung zu entdecken. Nehmen wir mit anderen Worten an, der Status quo findet offensichtlich allgemeine Zustimmung. Besteht unter solchen Umständen die Möglichkeit, empirisch zu klären, ob der Konsensus echt ist oder nicht vielmehr durch Nicht-Entscheidungsprozesse erzwungen wurde? Die Antwort muß negativ ausfallen. Die Untersuchung dieses Problems liegt jenseits der Reichweite des politischen Analytikers und kann möglicherweise allein von einem Philosophen fruchtbar analysiert werden. Sagen wir es noch deutlicher: bei Abwesenheit von Konflikten – von einem Machtkampf zum Beispiel – gibt es keinen Weg der genauen Beurteilung, ob die Stoßrichtung einer Entscheidung wirklich die ernsthafte Erwägung einer Forderung nach Veränderung, die eine potentielle Gefahr für den Entscheidungsträger darstellt, verhindern soll.

Unter analytischen Gesichtspunkten besteht ein offener oder versteckter Machtkampf dann, wenn beide streitenden

Parteien von dessen Existenz wissen oder zumindest die schwächere ein Bewußtsein davon hat. Letzterer Fall ist dann relevant, wenn die Vorherrschaft der Status quo-Verteidiger so sicher und anerkannt ist, daß sie Personen oder Gruppen, die ihren Vorrang bestreiten, gar nicht zur Kenntnis nehmen. Unkenntnis möglicher Herausforderer bedeutet aber nicht, daß die herrschende Gruppe von Nicht-Entscheidungen Abstand nehmen wird, die ihre Vorhersschaft schützen oder fördern. Ein simples Unterstützen des etablierten politischen Prozesses tendiert zu dieser Wirkung. Einfach gesagt: soweit wir Macht und ihre Folgen studieren, richtet sich unser Hauptinteresse gar nicht darauf, ob die Verteidiger des Status quo ihre Macht bewußt einsetzen, sondern ob und wie sie ihre Macht ausüben und was für Wirkungen das auf den politischen Prozeß und andere Handlungseinheiten im System hat. Im Kontext eines identifizierbaren Machtkampfs ist der Analytiker in der Lage, das Ausmaß exekutierter Macht und ihre Wirksamkeit bei der Vermeidung der Artikulation eines politisch konflikthaltigen Sachverhalts zu beobachten bzw. dessen Fehlschlagen festzustellen, bevor er die Arena des Entscheidungsprozesses erreicht.

Die Anwendung obiger Verfahrensweise zur Analyse der Verteilung von Macht, Autorität und Einfluß in einer Gemeinde vermag auch wertvolle Fingerzeige dafür zu geben, wer »das Sagen« hat, eine Elite, Eliten oder die Vielen; aber das ist nicht ihr hauptsächlicher Beitrag. Tatsächlich tendiert unser Ansatz nämlich dahin, die Grundfrage umzudrehen. Statt zu fragen: Wer herrscht? wird jetzt gefragt: Welche Personen oder Gruppen in der Gemeinde sind durch die bestehende Verteilung von Vergünstigungen und Privilegien besonders benachteiligt? Die Frage lautet weiterhin: In welchem Ausmaß formt und erhält die Verwendung von Macht, Autorität und Einfluß ein politisches System, das zur Perpetuierung »ungerechter Anteile« an der Allokation von Werten tendiert; und – falls überhaupt – woraus speisen sich die neuen Quellen von Macht, Autorität und Einfluß, wie kommen sie bei der Bemühung um Veränderung des politischen Systems und demzufolge um die Verringerung der Ungleichheit in der Werteallokation zum Tragen?

Die Bereitstellung eines breiteren Fokus bei der Beobachtung des Gebrauchs von Macht und ihrer Korrelate und deren Interaktion mit Ideologie und politischen Institutionen läßt uns ein besseres Verständnis des politischen Verhaltens von Individuen und Gruppen gewinnen, die ein gemeinsames Interesse an der Formung, Aufrechterhaltung und Nutzung einer für sie günstigen Vorurteilstruktur im System haben. Mehr noch: der breitere Fokus öffnet bis dato unentdeckte Wege für das Studium der Machtbeziehungen zwischen den vom System Begünstigten und den von ihm deutlich Benachteiligten.

4 Ein Modell des politischen Prozesses

Wir sind jetzt in der Lage, unsere Konzeption oder unser »Modell« des politischen Prozesses zu diskutieren. Wie jedes Modell ist auch das unsrige eine Abstraktion der Realität, eine nur schematische Vorstellung der realen Welt. Der Test für seine Geltung darf nicht darin bestehen, ob es das politische System einer *bestimmten* Gemeinde wahrheitsgetreu abbildet, sondern ob es einen brauchbaren Bezugsrahmen für die Untersuchung der Kräfte bietet, die die maßgebenden politischen Vorhaben gestalten und in einer beliebigen Gemeinde administrativ durchführen.

Wir glauben, daß unser Modell brauchbar ist im Hinblick auf die Untersuchung des politischen Systems – als Ganzes oder als Teil – einer Gemeinde, wobei wir das politische System hier definieren als die Personen, Gruppen und Institutionen – private und solche der Regierung –, die die etablierte autoritative Allokation von Werten entweder zu stabilisieren oder zu verändern suchen. Eine Untersuchung des Systems als Ganzes erfordert die Erforschung aller wichtigen Konflikte zwischen den mannigfachen Verbindungen von Personen, Gruppen und Institutionen der Gemeinde. Dies nötigt weiterhin zur Untersuchung jeder der verschiedenen Mobilisierungen von Vorurteilen und ihrer Interdependenzen; die Vorurteile etwa, die in den Beziehungen zwischen der Geschäftswelt und der Stadtverordnetenversammlung wirksam sind, können sich durchaus von denen unterscheiden, die im Konflikt zwischen militanten Negern und weißen Entscheidungsträgern vorherrschen. Die Reichweite unserer empirischen Arbeit, von der wir weiter unten im Kapitel 5-7 berichten werden, ist geringer. Da unser Hauptinteresse auf die Untersuchung der politischen Interaktion zwischen der pauperisierten Negerbevölkerung Baltimores und dem von Weißen beherrschten »Establishment« gerichtet war, haben wir unser Modell gezielt für die Untersuchung der Formung und administrativen Durchführung der Anti-Armut-Projekte und -programme eingesetzt. Wenn unsere Ergebnisse auch über den Schwerpunkt unseres Interesses hinausgingen und Licht auf andere

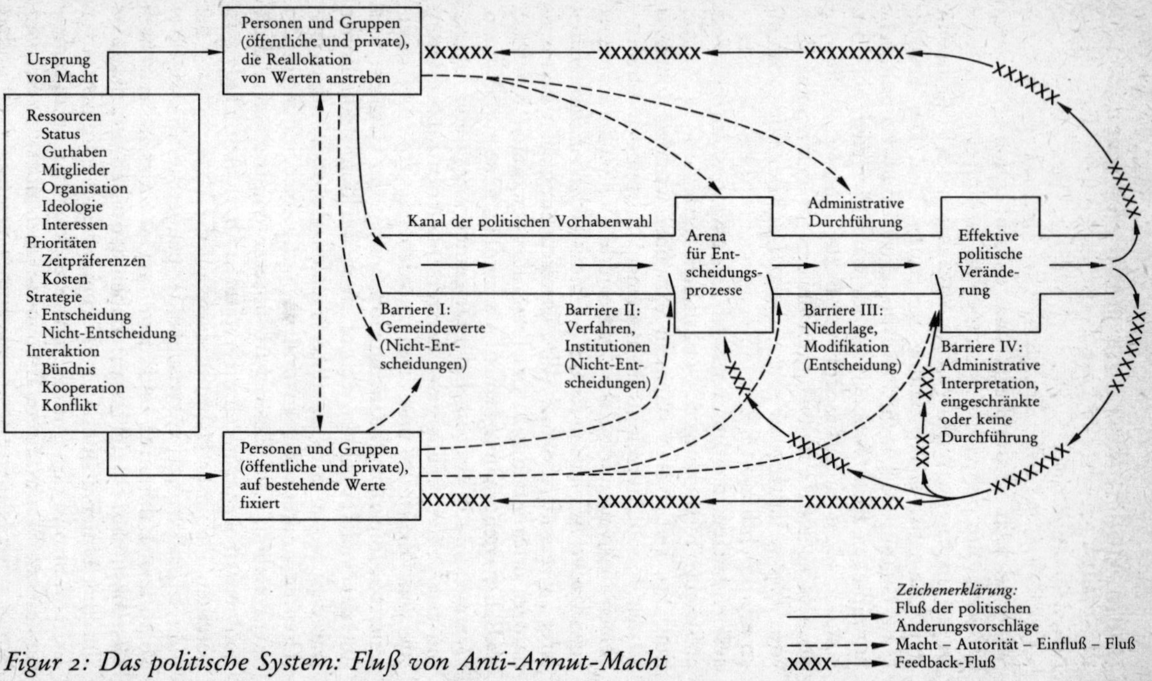

Ursprung von Macht

Ressourcen
Status
Guthaben
Mitglieder
Organisation
Ideologie
Interessen
Prioritäten
Zeitpräferenzen
Kosten
Strategie
Entscheidung
Nicht-Entscheidung
Interaktion
Bündnis
Kooperation
Konflikt

Personen und Gruppen (öffentliche und private), die Reallokation von Werten anstreben

Personen und Gruppen (öffentliche und private), auf bestehende Werte fixiert

Kanal der politischen Vorhabenwahl

Barriere I: Gemeindewerte (Nicht-Entscheidungen)

Arena für Entscheidungsprozesse

Barriere II: Verfahren, Institutionen (Nicht-Entscheidungen)

Barriere III: Niederlage, Modifikation (Entscheidung)

Administrative Durchführung

Effektive politische Veränderung

Barriere IV: Administrative Interpretation, eingeschränkte oder keine Durchführung

Zeichenerklärung:
——— Fluß der politischen Änderungsvorschläge
– – – Macht – Autorität – Einfluß – Fluß
xxxx Feedback-Fluß

Figur 2: Das politische System: Fluß von Anti-Armut-Macht

zentrale Konflikte in der Stadt warfen, reichen sie doch nicht zu Verallgemeinerungen über die durchgängige »Machtstruktur« in Baltimore aus.

Der Rest dieses Kapitels ist einer Diskussion der Eigenschaften unseres Modells gewidmet, das wir in Figur 2 schematisch dargestellt haben.

I. Personen und Gruppen, die eine Reallokation von Werten anstreben

Die Kategorie »Personen und Gruppen, die eine Reallokation von Werten anstreben« (linke obere Ecke des Diagramms), umfaßt: a) Individuen und Vereinigungen (in Bundes-, Landes- und Stadtregierung, religiöse Organisationen, Erziehung, politische Institutionen, Massenkommunikation, karitative Einrichtungen, Bürgerinitiativen), die ein manifestes Interesse an der Veränderung der allgemeinen Umrisse der Anti-Armut-Politik bewiesen haben und einige Möglichkeiten besitzen, Macht und ihre Korrelate im Hinblick auf das Erreichen ihrer Ziele auszuüben; b) Vereinigungen, die aktiv ihre spezifischen Interessen verfolgen, etwa Bürgerrechte (NAACP, CORE), weiße Vorherrschaft (KKK, Amerikanische Nazipartei), Steuererleichterung (Vereinigung der Steuerzahler), Entwicklung von Handel und Industrie (Handelskammer), Sozialfürsorge (kostenlose soziale Leistungen für Unterprivilegierte), Vereinigungen der Sozialarbeiter; und c) latente und potentielle Gruppen (z. B. der arme Bevölkerungsteil), die gewöhnlich am politischen Entscheidungsprozeß desinteressiert sind oder keine Macht besitzen, die aber in der Zukunft möglicherweise zur aktiven Ausübung von Macht und ihrer Korrelate innerhalb des politischen Systems fähig sein könnten.[1]

Zu Beginn ist der Untersuchende mit den Problemen der Identifikation der Individuen und Gruppen, die in die Unterklassen a) und b)[2] gehören, konfrontiert; ebenso mit der Untersuchung der Macht-Autorität-Einfluß-Ressourcen, über die jede einzelne Einheit verfügt, um die gewünschten politischen Veränderungen zu erzielen. Im besonderen entsteht das Problem der fallweise vorzunehmenden Einschätzung der Beziehungen zwischen den folgenden Variablen: Art und Umfang der Ressourcen, die der Person oder Gruppe zur Verfügung stehen; Prioritätensetzung der unmittelbaren politischen Ziele einer Einheit in bezug auf ihre anderen Ziele; ihre Bereitwilligkeit, die erforderlichen Ressourcen einzusetzen; und die Angemessenheit ihrer Strategie zum Erreichen ihrer Ziele.

Die Ressourcen eines Individuums oder einer Organisation schließen zusätzlich zur Finanzkraft den Umfang ihrer Unternehmung und den Abhängigkeitsgrad einer Gemeinde von ihr ein; die Größe der Wählerschaft und deren Kontrolle durch ihre Führer; ihren Status in den Augen der Gemeinde und ihre Ideologie. Es ist ganz klar: wenn eine Gruppe einen hohen Status aufweisen kann (eine Universität im Gegensatz zur Teamster's Union) und ihre Ideologie (politische Philosophie) mit den Werten in der Gemeinde harmoniert, dann hat sie unter sonst gleichen Bedingungen bessere Möglichkeiten als eine Organisation mit geringerem Prestige, ihre Forderungen in die herrschende Terminologie zu übersetzen und schnellen Zugang zu den Entscheidungsträgern zu finden. Die Ideologie einer Gruppe ist auch von Belang im Hinblick auf die Einschätzung ihres Vermögens, mit anderen an Veränderung interessierten Gruppen hinsichtlich eines gemeinsamen Vorhabens zu kooperieren. Zwar waren die weitreichenden Interessen von NAACP und CORE annähernd dieselben; wenn aber ihre ideologischen Differenzen zunähmen, dann würde die Möglichkeit einer Zusammenarbeit zwischen ihnen zum Zweck des Erreichens gemeinsamer Ziele verringert und ihre getrennt und auch gemeinsam angestrebte Effektivität beim Zustandebringen von Veränderungen entsprechend geschwächt werden.

Wir haben schon darauf hingewiesen, daß eine enorme Kluft zwischen der *Verfügbarkeit* von Macht-Autorität-Einfluß-Ressourcen und der Ausübung von Macht-Autorität-Einfluß zum Zweck der Erreichung eines gegebenen Ziels bestehen kann. Im großen und ganzen ist die Kluft erklärbar durch den Prioritätenrang des Ziels; die Bereitwilligkeit des oder der Entscheidungsträger, knappe Ressourcen zur Erreichung eines Ziels einzusetzen; schließlich durch seine (ihre) Einschätzung der Kosten der einzusetzenden Ressourcen im Hinblick auf ein Ziel. Falls die Priorität eines Ziels im Verhältnis zu anderen Zielen hoch ist und die Ausgaben für das Ziel erwartungsgemäß ebenfalls groß sind, die Realisierung des Ziels jedoch nicht unmittelbar drängt, dann kann mit Zuverlässigkeit vorausgesagt werden, daß die Bereitwilligkeit zur Nutzung der Ressourcen im Verhältnis zu deren Umfang niedrig ist.

II. Personen und Gruppen, die bestehende Werte verteidigen

In jeder Hinsicht (bis auf eine) sind die Akteure dieser Kategorie jenen ähnlich, die eine Reallokation von Werten anstreben. Der einzige Unterschied besteht darin, daß die Gegner der Veränderung in verschiedenen Graden darauf angewiesen sind, die herrschende Politik aufrechtzuerhalten, und deshalb aktiv oder potentiell an der Unterstützung laufender Programme beteiligt sind. Es geht aber nicht an, jede Einheit, die als Verteidiger der herrschenden Politik gilt, politisch konservativ zu nennen. Desgleichen gilt, daß es nicht stimmt, jede Einheit, die eine Umverteilung von Werten anstrebt, radikal oder auch liberal zu nennen. Jede Klasse oder Einheit, geht man von dem begrifflichen Unterschied liberal-konservativ aus, enthält eine Mischung aus politischen Präferenzen. Es ist zum Beispiel denkbar, daß die *John Birch Society* und die *Socialist Workers' Party* gemeinsame Sache bei der Hintertreibung eines Anti-Armut-Programms machen könnten. Es ist gleichermaßen denkbar, daß eine Bürgerrechtsorganisation, deren Mitglieder darauf aus sind, von der herrschenden Politik zu profitieren, entgegen ihrer radikalen Ideologie das Programm in seiner bestehenden Form gegen die Angriffe einer konservativ orientierten Bürgerrechtsgruppe verteidigen würde, deren Mitglieder nur wenig von der herrschenden Politik profitieren. Interessenerwägungen überrumpeln nicht in jedem Fall eine Ideologie, aber sie tun es bis zu einem solchen Grad, daß eine scharfe Trennung zwischen Klassen von Personen und Vereinigungen auf der alleinigen Basis von ideologischen Positionen als unrealistisch erscheint.

Individuen und Gruppen, liberale und konservative, die auf

die Erhaltung der bestehenden Allokation von Werten fixiert sind, konzentrieren sich wahrscheinlich eher darauf, Forderungen nach einer Umverteilung von Werten an der Erreichung der Bühne der Entscheidungsprozesse zu hindern, als Gefahr zu laufen, konträre Forderungen dann nicht niederstimmen zu können, wenn sie für eine Entscheidung reif sind. Aus diesem Grund sollte der Untersuchende, nach vervollständigter Analyse der Ressourcen jeder Einheit, der Prioritätenverteilung, der Strategie und der Interaktion mit anderen sich damit beschäftigen, bis zu welchem Grad Personen oder Gruppen, einzeln oder in verschiedenen Verbindungen, vorherrschende Gemeindewerte, Mythen und Glaubenshaltungen zu stabilisieren versuchen, die die Tendenz zeigen, die bestehende Anti-Armut-Politik zu bekräftigen und demzufolge als Barriere einer Überprüfung dieser Politik im Wege stehen (Barriere I im Diagramm). Er sollte gleichfalls die Möglichkeit erwägen, daß »status-quo-orientierte« Individuen oder Gruppen, besonders solche, die Bestandteil der Regierungsstruktur sind, Macht-Autorität-Einfluß ausüben werden, um neue politische Verfahren, Gewohnheiten und Institutionen hervorzubringen oder bestehende zu unterstützen, die dahin tendieren, »beunruhigende« politische Änderungsvorschläge vor der Erreichung der Arena der Entscheidungsprozesse abzublocken (Barriere II im Diagramm).

Individuen oder Gruppen, die an der Aufrechterhaltung verbreiteter und dominanter Werte interessiert sind, richten Macht – und in geringerem Maße Autorität – auch gern gezielt gegen solche Personen und Vereinigungen, die eine Reallokation von Werten anstreben. So ist zum Beispiel denkbar, daß eine an Stabilisierung orientierte Regierungsstelle einer nicht an der Regierung beteiligten Gruppe, die Veränderung anstrebt, erfolgreich mit Sanktionen drohen kann, etwa so: »Wenn du auf deinen Forderungen beharrst, werden wir zugunsten der Vorschläge einer rivalisierenden Organisation entscheiden.« (Die Ausübung von Macht dieser Art würde eine Nicht-Entscheidung evozieren, denn sie stellte den Versuch dar, einen politischen Änderungsvorschlag vom Erreichen des Stadiums, wo der Entscheidungsprozeß beginnt, fernzuhalten.) Wenn allerdings der Verteidiger des Status quo nicht erfolgreich war und die Forderung nach politischer

Veränderung nach wie vor bestünde, so wäre die Regierungsstelle immer noch in der Lage, dieser in der Arena der Entscheidungsprozesse oder, als letzter Gelegenheit, in der Arena der administrativen Durchführung entgegenzutreten.

Sind die Befürworter einer politischen Veränderung genötigt, in allen Stadien des politischen Prozesses zu gewinnen – Anerkennung eines politischen Änderungsvorschlags, Entscheidung, Ausführung des politischen Vorhabens –, so müssen die Verteidiger der bestehenden Politik nur in einem Stadium des Prozesses gewinnen. Es fällt schwer, den Schluß zu vermeiden, daß alle politischen Systeme eine »Mobilisierung von Vorurteilen« enthalten und daß die Vorurteile diejenigen stark begünstigen, die gemeinhin den Status quo verteidigen.

III. Kanal der politischen Vorhabenwahl

Der Kanal der politischen Vorhabenwahl (channel of policy choices) enthält alle die Forderungen nach politischer Veränderung, die öffentliches Interesse auf sich ziehen und öffentliche Diskussionen bis zu dem Punkt in Gang setzen, wo die Forderung zum politischen Änderungsvorschlag wird, der eine Lösung in der Arena des Entscheidungsprozesses erforderlich macht.[3] Aus dem Diagramm wird ersichtlich, daß der Kanal stellenweise durch außerordentlich sperrige Barrieren blockiert ist. Die erste Barriere besteht – so sagten wir bereits – aus Werten, Glaubenshaltungen und Mythen, die von dem überwiegenden Teil der Gemeinde geteilt werden. Die Barriere dient zur Unterdrückung von Beschwerden, in denen sich Werte spiegeln, die grundsätzlich mit den herrschenden Normen konfligieren; und sie hält vom ernst zu nehmenden öffentlichen Interesse solche Forderungen fern, die zwar öffentlich artikuliert werden, aber wiederum ganz radikal auf Kriegsfuß mit der vorherrschenden Ansicht über das stehen, was als politisch legitimer Änderungsvorschlag betrachtet werden soll. Ist die Forderung nicht im Rahmen des Legitimen – z. B. der Vorschlag, daß die Bundesregierung den Krieg gegen die Armut als Mittel zur bewußten Förderung einer sozialen Revolution in den Großstädten verwenden möge –, dann wird sie entweder keine ernsthafte Aufmerksamkeit finden oder zur Diskriminierung der Person oder Organisation dienen, die sie vorschlägt.

Ein Vorschlag oder ein politisches Änderungsvorhaben, das im Rahmen der Gemeindewerte legitim ist und durch genügend Macht, Autorität oder Einfluß so stark ist, daß es die öffentliche Aufmerksamkeit auf sich zieht, kann (muß aber nicht mit Notwendigkeit) zu den Pforten von Barriere II (siehe Diagramm) vordringen. Status quo-orientierte Personen oder Gruppen könnten den politischen Änderungsvorschlag dadurch mit Erfolg als illegitim brandmarken, daß sie zum Beispiel lauthals und langatmig den Vorschlag für kommunistisch, sozialistisch oder reaktionär erklären. Oder sie könnten mit Erfolg vorherrschende Werte uminterpretieren, um auf diesem Wege die Legitimität der politischen Änderungsvorschläge zu untergraben; »Aufhebung von Rassentrennung in Schulen ist gut, aber gesetzliche Verbote von Rassendiskriminierung beim Verkauf von Einfamilienhäusern verletzten die Freiheit der Hauseigentümer«. Schließlich können Personen und Gruppen, die an der Aufrechterhaltung etablierter Werte interessiert sind, die Bedrohung ihrer Position ignorieren und sich auf den Versuch konzentrieren, mit Hilfe von Macht oder Gewalt den Initiator des politischen Änderungsvorschlags zum Schweigen zu bringen.

Andererseits hat eine Forderung nach Veränderung, die ursprünglich am Rande des Bereichs der herrschenden Gemeindewerte liegt und durch geschickte Ausübung von Macht, Autorität und Einfluß gestärkt wird, die Möglichkeit, den Bereich der öffentlichen Beachtung auszudehnen, größere Unterstützung hervorzurufen und auf diese Weise radikal den Charakter der Gemeindewerte zu ändern. Ein Beispiel dafür ist der Wandel in der öffentlichen Reaktion – wie er Mitte der dreißiger Jahre zu bemerken war, wo sich aus einer gegnerischen eine durchaus positive Einstellung zu den Gewerkschaften entwickelte. Der Marsch nach Washington 1963 ist ein anderes dramatisches Beispiel für eine Forderung nach Veränderung, die auf dem Wege geschickter Handhabung und ihrer Stärkung mit Hilfe einer weitreichenden Demonstration öffentlicher Billigung deutlich zu einer Veränderung der nationalen Werte beitrug.

Mit anderen Worten: die Interaktion zwischen Gemeinde-
werten und politischen Änderungsvorschlägen ist ein Zwei-
Weg-Phänomen: Gemeindewerte verbieten, analog zum repressiven Mechanismus des Über-Ichs im Individuum, »illegi-
timen« politischen Änderungsvorschlägen den Eintritt ins öffentliche Bewußtsein. Werden die Forderungen aber für berechtigt erachtet, so haben die neuen Werte unter bestimmten
Bedingungen die Chance, den repressiven Mechanismus im
Kern zu verändern.

Politische Änderungsvorschläge, die dem Angriff innerhalb
des Kanals der politischen Vorhabenwahl standhalten, müssen
immer noch die Hürde solcher Barrieren nehmen, die sich
dem Eintritt in die Arena des Entscheidungsprozesses in den
Weg stellen. Diese Barrieren bestehen aus Verfahren, Gewohnheiten und organisatorischen Vorrichtungen, wie sie im
U.S.-Repräsentantenhaus mit der Komitee-Senioritätsregel
und vom *Rules Committee* und dem *Ways and Means Committee* etabliert wurden. Jedes legislative System enthält ähnliche Barrieren, deren Funktion darin besteht, in leicht ver-
kleideter Gestalt aus der Masse konkurrierender politischer
Forderungen diejenigen politischen Änderungsvorschläge
auszuwählen, über die zu entscheiden sich Entscheidungsträger in Schlüsselpositionen entweder genügend vorbereitet finden oder gezwungen fühlen. Umwege für den Zutritt oder
schlechte Kommunikationskanäle von bestimmten Sektoren
der Öffentlichkeit zu den Entscheidungsträgern sind nicht mit
Notwendigkeit akzidentell oder zur Unwirksamkeit verurteilt. Vom Standpunkt der dominierenden Status-quo-orien-
tierten Gruppen – innerhalb oder außerhalb des Plenarkörpers
– kann die Unterbrechung des Kommunikationsflusses eine
hochgradig nützliche Funktion erfüllen.[4]

IV. Der Entscheidungsprozeß

Solche politischen Änderungsvorschläge, die die ideologischen und Verfahrens-Barrieren des politischen Systems über-
wunden haben, müssen auf dem Weg des Entscheidungsprozesses einer Lösung zugeführt werden. Eine Detailuntersu-
chung dieses Prozesses hat es mit vier Schlüsselfragen zu tun.

Die erste Frage liegt auf der Hand: Wer fällt die Entscheidung oder, allgemeiner, welche Individuen und Gruppen spielen eine wichtige Rolle im Prozeß? Als nächstes: Was erachten die Entscheidungsträger für die relevanten Faktoren und Bedingungen – zum Beispiel: öffentliche Meinung, die Reaktionen der wahrscheinlich direkt Betroffenen, das ideologische Klima in der Gemeinde –, die ihre Wahl eines bestimmten Handlungsablaufs beeinflussen könnten? Drittens: In welchem Ausmaß waren die Entscheidungsträger befangen durch unvollständige oder ungenaue Informationen, Mängel im Kommunikationsnetz, das alle Betroffenen verbindet; Vorhergegangenes, das ihre Wahlfreiheit einengt; ihre spezifische Wahrnehmung des Problems, wie es sich darstellt; oder die Verfügbarkeit über Ressourcen im Hinblick auf die Entscheidungsausführung? Schließlich: Was waren die hauptsächlichen Determinanten im Verhalten der Akteure? In welchem Ausmaß wurde die Wahl jedes einzelnen Teilnehmers an der Sache vom Bereich seiner Zuständigkeit her bestimmt (formelle Funktionen, Rang in der Hierarchie, antizipierte Reaktionen); von den akzeptierten Regeln, die angeben, wer mit wem kommuniziert; von seiner Auffassung darüber, welche Ziele angestrebt werden und warum; und von der Art seiner Persönlichkeit?

V. Administrative Durchführung des politischen Vorhabens

Die Gestaltung eines politischen Vorhabens – das ist wohlbekannt – setzt sich fast während des gesamten Stadiums der Ausführung einer formellen Entscheidung über ein politisches Vorhaben fort. In der Tat sind die Kräfte, die ein politisches Vorhaben durch den bürokratischen Prozeß der Ausführung treiben und stoßen, nicht unähnlich den Kräften, die einen politischen Änderungsvorschlag lenken und gestalten, bevor er das Stadium des formellen Zustandekommens von Entscheidungen erreicht. Die Prozesse der Formation eines politischen Änderungsvorschlags und seiner Ausführung liegen beide innerhalb des politischen Systems, und in beiden Bereichen werden Macht, Autorität und Einfluß von Gruppen und

Individuen innerhalb und außerhalb der Regierung ausgeübt. Und in beiden Bereichen wirken sich Barrieren in Form von Werten, Verfahren und Gewohnheiten, einschränkend und formend, auf ein klar umrissenes politisches Vorhaben aus.

Gesetzesgewalt wirkt sich in einer Weise auf die Bürokratie und ihre hierarchischen Strukturen aus, die erwarten läßt, daß die Ausübung von Autorität eine bedeutendere Rolle bei der Durchführung eines politischen Vorhabens spielt als bei der Formulierung des politischen Änderungsvorschlags und in den Phasen des politischen Prozesses, in denen die Entscheidungen zustande kommen. In diesem Bereich aber sind der Entscheidungsspielraum und die Unvollkommenheit des Kommunikationsflusses (von denen Teile funktional und andere dysfunktional sind) genügend groß, um dem Bürokraten die Ausübung von Macht, Autorität und Einfluß – und in extremen Fällen sogar von Gewalt – zum Zweck des Erreichens seiner politischen Präferenzen zu erlauben. Daher können der Prozeß der Herausbildung politischer Änderungsvorschläge und die Entscheidungs- und Ausführungsprozesse im allgemeinen für analytische Zwecke in gleicher Weise behandelt werden.

VI. Feedback

Infolge mangelnder Kenntnis des Drucks, den der Output eines politischen Systems, d. h. die faktische politische Veränderung, auf unterschiedliche Gruppen und Institutionen ausübt, dürfte der Politikwissenschaftler nur ein recht beschränktes Verständnis der Dynamik von Macht-Autorität-Einfluß-Beziehungen im System haben. Falls, zum Beispiel, eine Anti-Armut-Politik zur Politisierung der Armen führt, wäre es von Nutzen, zu erfahren, auf welche Weise verschiedene Gruppen wie Bürgerrechtsorganisationen, Politiker und Regierungsorgane auf diese Entwicklung reagieren. Es könnte sehr wohl sein, daß unter der Voraussetzung einer Fortführung dieser Politik die potentielle Macht der Armen zur Realität würde. Aber im Licht der bestehenden Struktur von Werten, Ritualen und Verfahren in der Gemeinde betrachtet – wäre die Weiterführung einer solchen Politik gesichert? Zumindest anfangs hinge die Antwort auf eine Frage dieser Art von dem Ausmaß ab, in dem Kommunikationskanäle bestehen, die zwischen den Organen des Anti-Armut-Projekts und deren Zusammensetzung einerseits, zwischen den verschiedenen Gruppen in der Gemeinde andererseits existieren. Es ist zum Beispiel klar, daß Status-quo-orientierte Gruppen, denen ein politisches Vorhaben und sein mögliches Gewicht für die Gemeinde unbekannt sind, kaum in der Lage sein dürften, durch Ausübung von Macht-Autorität-Einfluß zu opponieren.

Es bedarf kaum noch der Erörterung, daß eine Reihe von Wegen vorhanden sind, auf denen der Strom politischer Änderungsvorschläge durch den Kanal der politischen Vorhabenwahl zur rechten Zeit die Struktur und das Funktionieren des politischen Prozesses verändern kann. Eine wirksame politische Vorhabenwahl kann zur Formation neuer Gruppen oder zur Zerstörung bestehender führen. Sie kann den verbreiteten und vorherrschenden Komplex von Werten, Glaubenseinstellungen und Mythen untergraben, und zwar mit dem Ergebnis, daß die ursprünglich an einer Veränderung Interessierten sich jetzt plötzlich in die Rolle von Verteidigern des Status quo gedrängt sehen. Eine wirksame politische Vorhabenwahl kann auch zur Modifikation von Verfahren und Ritualen führen und deshalb den künftigen Zutritt der an Veränderung Interessierten erleichtern sowie die Wahrscheinlichkeit, daß Entscheidungen zu ihren Gunsten auch voll und ganz ausgeführt werden, vergrößern. Kurz gesagt: Feedback-Analyse eröffnet den Weg zur klaren Einsicht in die dynamischen Aspekte des politischen Prozesses und zugleich in die Möglichkeit, ob das System, indem es die Veränderungen in der Verteilung von Autorität und Macht unter den Gruppen widerspiegelt, sich in einem Prozeß der Transformation befindet.

Teil II

5 Armut, Rassenfrage und Politik in Baltimore – I

Dreißig Jahre vor dem Beginn unserer Untersuchung in Baltimore wurde der schwarze Bevölkerungsteil dieser Stadt beschrieben als »durch Gesetz und Sitte getrennt von der übrigen Bevölkerung ... Er zehrt in hohem Maße von seinen eigenen intellektuellen und sozialen Ressourcen. Er hat eigene Kirchen, eigene Clubs und Vereine, ein eigenes Theater und andere Vergnügungsstätten; und, bis zu einem bestimmten Grade, seine eigenen karitativen und Bürgerorganisationen ... Die Schwarzen Baltimores ... sind außerordentlich langsam bei der Wahrnehmung ihrer Rechte als Bürger. Im Jahre 1932 ... wählten nur 56 Prozent der schwarzen Bevölkerung im Unterschied zu 76 Prozent der Weißen ... Die schwarzen Wähler lassen sich von Politikern ausnutzen. Wegen dieser Haltung ... werden nur wenige Schwarze in öffentliche Ämter gewählt; sehr wenige werden mit der Ernennung für ein Amt ausgezeichnet; folglich ist die schwarze Rasse in den politischen Organen der städtischen Regierung nicht angemessen repräsentiert.« Der Bericht, aus dem diese Sätze stammen, kommt zu dem ausdrücklichen Schluß, die Schwarzen sollten stärkeren Gebrauch vom Stimmzettel machen, so daß »die organisierte politische Kraft der schwarzen Bevölkerung dazu genutzt werden könnte, den Farbigen zu Einstellungen als Bibliothekare, Polizisten, Feuerwehrleute und in anderen öffentlichen Dienstbereichen zu verhelfen, wovon sie bis jetzt ausgeschlossen sind«.[1]

In allen wesentlichen Teilen trifft diese Beschreibung für das Jahr 1965 ebenso zu wie für das Jahr 1935. Es versteht sich, daß in den dazwischen liegenden Jahrzehnten eine klare Mehrheit der weißen Bevölkerung der Stadt sich, wenn auch widerwillig, damit abfand, daß die ansässigen Schwarzen kraft Gesetz alle bürgerlichen Rechte wahrnehmen durften – zu wählen; Eigentum zu besitzen; Schulen zu besuchen, in denen keine Rassentrennung praktiziert wurde; frei von Rassentrennung die öffentlichen Verkehrsmittel zu benutzen; gleichen Zugang zu allen öffentlichen Dienstleistungen zu haben etc.

Im Jahre 1965 aber wie 1935 bestand eine tiefe Kluft zwischen dem, wozu das Gesetz verpflichtet, und der Realität.

Die Situation im Jahre 1968 war deutlich verschieden. Eine Koalition Schwarzer und Weißer hatte sich jüngst gegen eine von der Stadtverordnetenversammlung hartnäckig verteidigte Neuaufteilung der Wahlkreise gewehrt, die für die schwarze Bevölkerung höchst ungünstig ausgefallen wäre. Die städtischen Schulen waren immerhin zum Teil allen Rassen zugänglich. Ein Farbiger leitete eines der wichtigsten Ämter der Stadt; andere Farbige waren in wichtige Ämter gewählt oder in solche der kommunalen Regierung berufen worden. Eine große und im Wachsen begriffene Zahl Schwarzer wurde als »Bibliothekare, Polizisten, Feuerwehrleute und für andere öffentliche Tätigkeiten« beschäftigt. Von Schwarzen geleitete Organisationen spielten eine zunehmend bedeutende Rolle für alle Bereiche des Gemeindelebens.

War es die von Schwarzen ausgehende Ausübung von Macht, Autorität oder Einfluß, die für die Entstehung dieser Veränderung irgendeine bedeutsame Rolle spielte? Wenn das zutrifft, worin bestanden dann die Quellen von Macht-Autorität-Einfluß und wie wurden sie benutzt? Bis zu welchem Grad – wenn überhaupt – rührte der Erfolg der Schwarzen von einer Veränderung in der zuvor existierenden Mobilisierung von Vorurteilen, und wie groß ist die Wahrscheinlichkeit, daß für Struktur, *modus operandi* und Output des politischen Systems diese Veränderung auf Dauer gestellt werden?

I. Das politische System um 1965

Mitte der sechziger Jahre beherrschte die weiße Majorität Baltimores wie schon während der vergangenen Jahrzehnte das politische System der Stadt. Mit Ausnahme von ein oder zwei Sitzen in der Stadtverordnetenversammlung wurden alle Ämter, die mittels Wahl besetzt werden, sowie alle entscheidenden und auf dem Ernennungsweg zu besetzenden Ämter der städtischen Regierung von Weißen eingenommen. Von nicht geringerer Bedeutung war die Tatsache, daß beinahe alle Industrie- und Handelsniederlassungen der Stadt in weißem Besitz waren und von Weißen geleitet wurden, von denen eine ganze Reihe zeitweilig in städtischen Ausschüssen und Kommissionen tätig waren. Um das Bild zu vervollständigen, müssen wir anmerken, daß Weiße alle Interessengruppen – Vereinigungen von Geschäftsleuten, Steuerzahlern, Lobbies von Hausbesitzern, Gewerkschaften etc. – dominierten und leichten Zugang zu den Schlüsselzentren der Entscheidungsprozesse besaßen. Und das alles, obwohl im Jahre 1965 die schwarze Bevölkerung der Stadt auf mehr als 40 Prozent der Gesamtbevölkerung geschätzt wurde (im Unterschied zu 17 Prozent im Jahre 1935)!

Etwas anders ausgedrückt, können wir folgendes feststellen: bis 1965 war das politische System Baltimores für die Menschen aus dem »schwarzen Ghetto« praktisch geschlossen, Menschen, die, grob geschätzt, 80 Prozent der Armenbevölkerung der Stadt ausmachten. In Bereichen, die von vitalem Interesse für sie waren – Wohnungs-, Beschäftigungs- und Erziehungswesen – hatten die Armen weder Zugang zu bestehenden öffentlichen Organen noch zu den Konfliktarenen, die Abhilfe für die Mißstände schufen. Öffentliche Organe wie das Sozialamt, Schulamt, Feuerwehr, Polizei und Zivilverwaltung waren nicht dazu geschaffen, Konflikte zu lösen, sondern Dienste auf der Grundlage eines fertigen Rahmens administrativer Normen und Regeln zu liefern. Der Kommunikationskanal lief einspurig, *von* den Organen *zu* den Armen, und nicht zweispurig. Tatsächlich waren diese Einrichtungen ein wirksames Instrument zur Unterdrückung von Beschwerden, so daß »unkooperativ« Hilfesuchenden und solchen, die »es nicht verdienten«, Leistungen entweder verweigert werden konnten oder tatsächlich verweigert wurden (Gewalt); oder aber man drohte ihnen mit deren Verweigerung (Macht).

Auch gab es für die Armen keine anderen Wege, ihre Beschwerden öffentlich zu artikulieren und Abhilfe zu erlangen. Die Armen hatten keinen Zugang zu den Zeitungen, den Radio- und Fernsehstationen; und die Nachrichtenmedien wünschten nicht, sich zu selbsternannten Fürsprechern der Getretenen zu machen. Dasselbe läßt sich über die beiden politischen Parteien sagen, die etablierten (privaten) Interessengruppen (Weiße und Schwarze) und die freiwilligen Einrichtungen, die routinemäßig dem nicht-armen Bevölkerungsteil der Stadt mögliche Kanäle für die Artikulation ihrer

Beschwerden boten, die dann als entscheidungsfähige politische Änderungsvorschläge formuliert werden konnten. Kurzum: das von Weißen beherrschte politische System in Baltimore produzierte systematisch und konsistent eine stadtweite Verteilung von Vergünstigungen und Privilegien, die klar zum Nachteil der schwarzen Armenbevölkerung ausfiel.

Verteidigung und Stabilisierung und auf Weiße zugeschnittene Mobilisierung von Vorurteilen wurden vor allem mittels Nicht-Entscheidungen erreicht, von denen viele indirekter Natur und unbewußt gefällt worden waren. Zum Beispiel waren die vom Bürgermeister für Ämter in Schlüsselausschüssen und Kommissionen ernannten Personen, in Übereinstimmung mit den etablierten Praktiken in der Stadt, beinahe unverändert weiße »Honoratioren« (aus den Sektoren von Wirtschaft, Politik, Sozialpolitik), auf die man bei der Verteidigung des Status quo zählen konnte. Die Ernennungen waren leicht damit zu rechtfertigen, daß wichtige öffentliche Ämter nur mit den am höchsten qualifizierten Personen besetzt werden sollten. Dies schloß nicht nur die Partizipation von Schwarzen am Zustandekommen wichtiger Entscheidungen aus, sondern reduzierte nahezu völlig die Möglichkeit, ihren Beschwerden Gehör zu verschaffen. Mit anderen Worten: die Isolierung der Schwarzen vom politischen System wurde vollständiger und ihre politische Apathie zugleich verstärkt durch das, was man eine auf Dauer gestellte Nicht-Entscheidung nennen könnte, nämlich eine, die in Verbindung mit ähnlichen Handlungen eine offene Herausforderung des bestehenden politischen Prozesses und der von ihm hervorgebrachten Allokation von Werten verhindert.

Ein direkterer Fall von Nicht-Entscheidungsvorgang war die Reaktion der städtischen Regierung auf die Bekanntgabe des staatlichen Büros der *Konferenz für Rassengleichheit* (CORE), daß Baltimore für das Jahr 1966 zur »Zielgroßstadt« ernannt worden war. Die erklärte Absicht von CORE war die Organisierung von Baltimores schwarzer Armenbevölkerung, um so eine Machtbasis im Einzugsbereich einer Großstadt zu errichten. Die Behauptung ist kaum übertrieben, daß diese Ankündigung die weiße Bevölkerung der Stadt und auch eine beträchtliche Zahl von Schwarzen der mittleren Einkommenskategorie elektrisierte. Der damalige Bürgermeister, den sogar seine politischen Feinde als »Integrationisten, lange bevor das unter weißen Liberalen zur Mode wurde«, beschrieben, trat in Aktion, vielleicht zur Überraschung der CORE-Organisatoren. Mit Phantasie und Schnelligkeit brachte der Bürgermeister einen Apparat von »Spezialeinheiten« auf die Beine, die mit der Untersuchung der Probleme der Armut unter den schwarzen Stadtbewohnern und mit der Entwicklung von Vorschlägen zur Bekämpfung der Probleme beauftragt wurden. Begleitet vom Triumphgeschrei der Nachrichtenmedien und einflußreicher Liberaler sowie Führern schwarzer bourgeoiser Gruppen achtete der Bürgermeister darauf, daß in seinen Spezialeinheiten Mitglieder beider Rassen mit starkem »liberalen« Anstrich vertreten waren.

Was auch immer seine Motive waren, der Bürgermeister traf eine höchst effektive Nicht-Entscheidung. Noch bevor die CORE-Organisatoren in Baltimore aus dem Zug stiegen, war ihre geplante Kampagne mißglückt. Welche Hoffnungen sie auch immer auf die Formierung einer Arbeitsgemeinschaft mit ortsansässigen Liberalen, Schwarzen und Weißen gehabt haben mögen, diese wurden durch eine sowohl erfolgreiche wie auch vorentscheidende Auswahl seitens des Bürgermeisters zerschlagen. Die Liberalen sahen wenig Sinn in der Zusammenarbeit mit einer »außenstehenden«, zugleich radikalen Gruppe, wo sie ihre Ziele schließlich ebensogut mit Hilfe der zur Verfügung stehenden und anerkannten Kanäle verfolgen konnten. CORE sah sich für die Ausübung von Macht selber ohne Zugang zum politischen System und ohne Ressourcen, ausgenommen die träge Masse der schwarzen Armenpopulation.

Der Bürgermeister erreichte noch andere Ziele. Erstens: aufgrund eines Plans seiner Spezialeinheiten verhinderte er, wenn auch nur vorübergehend, sehr wirkungsvoll eine für die Mobilisierung von Vorurteilen bedrohliche Herausforderung der CORE, was das Eindringen in den Kanal der politischen Vorhabenwahl betraf. Zweitens: er formulierte den politischen Änderungsvorschlag terminologisch ganz anders als die CORE. CORE sah die zentrale Frage so: wie kann die Machtverteilung in der Stadt so radikal verändert werden, daß dadurch der Anteil der schwarzen Armenbevölkerung an den Prämien und Privilegien wächst? Der Bürgermeister formulierte den politischen Änderungsvorschlag folgendermaßen: was und wie kann etwas *für* die Armen getan werden, aber innerhalb der etablierten sozio-politischen Ordnung? Mit den neugeschaffenen Spezialeinheiten hatte der Bürgermeister die ideologische Initiative ergriffen und so das Heft in der Hand.

Auch Baltimores Wirtschaftsführer machten sich für ein Zustandekommen von Nicht-Entscheidungen stark. Die bei weitem gewichtigste Gruppe war das *Greater Baltimore Committee* (GBC), eine Vereinigung von annähernd hundert Schlüsselfiguren aus der lokalen Industrie und dem Handel. Mitte der fünfziger Jahre organisiert und Pittsburghs berühmter *Allegheny Conference* nachgebildet, hatte das GBC um 1965 eine beeindruckende Summe von Errungenschaften vorzuweisen. Vor allem aufgrund seiner Initiative und kontinuierlichen Anstrengung war aus dem einstmals schäbigen und deprimierenden Geschäftszentrum Baltimores das architektonisch anziehende und prosperierende *Charles Center* geworden. GBC war auch stark in Forschung und Planung auf dem Gebiet der Wohnungsfrage, Erziehung und dem Verkehrswesen engagiert. Einer seiner Ableger, der *Voluntary Council*, arbeitete an der Bekämpfung der Rassendiskriminierung am Arbeitsplatz.

Das, was GBC im ersten Jahrzehnt erreicht hatte, gewann ihm nahezu einmütige lokale Reputation als phantasievoller, aggressiver und fortschrittlicher »Macher«. Sogar Aktivisten der schwarzen Bevölkerung, einschließlich Schlüsselfiguren aus CORE, dem *Student Non-Violent Coordinating Committee* (SNCC) und der *Union for Jobs or Income Now* (U-JOIN), gaben zu dieser Zeit (1965-66) öffentlich zu, daß GBC die »richtigen« Sachen anpackte und sie gut managte. Auch der kraftvolle Führer von U-JOIN war derart mitgerissen von dem Komitee und dem, wofür es zu stehen schien, daß er dessen geschäftsführendem Direktor ein Positionsmemorandum vorlegte, das die Empfehlung einer »Allianz zwischen den Armen und der Machtstruktur« enthielt.

Der Urheber dieses Vorschlags mußte sehr bald lernen, daß GBC nicht daran interessiert war, seine Macht, Autorität und Einfluß zu teilen. Die Stoßrichtung des Komitees ging auf die Verbesserung des *umfassenden* Wohls der Gesamtbevölkerung der Stadt und nicht auf eine vernünftige Umverteilung von Werten zugunsten der unter Armut leidenden Schwarzen. Mit anderen Worten: es wehrte die für die vorherrschende Mobilisierung von Vorurteilen potentiell bedrohliche Herausforderung dadurch ab, daß es etwas *für* die Armen, aber nicht im Verein *mit* ihnen tat. D. h. seine klare Unterstützung der Sache rassischer Integration lief auf eine Nicht-Entscheidung hinaus, denn es trug zur Verfestigung der ideologischen Kluft zwischen »Bourgeoisie« und militanten Schwarzen bei und schwächte damit die politische Kraft der letzteren.[2]

Man sollte hier bemerken, daß die Unterdrückung von Beschwerden aus der schwarzen Bevölkerung durch sich zum Teil überschneidende politische und ökonomische Eliten bewirkt wurde, aber auch starke Unterstützung bei einer klaren Mehrheit der weißen Bevölkerung fand. Stadtverordnete aus Wahlkreisen mit einer überwiegenden Zahl von Weißen der unteren und mittleren Einkommenskategorie traten offen für rassistische Ansichten ein und wurden regelmäßig mit ihrer Wiederwahl belohnt. Desgleichen gaben Wähler der wohlhabenderen Wahlkreise immer wieder solchen Stadtverordneten ihre Stimme, die zwar subtiler in ihrem gegen die Schwarzen gerichteten Vorurteil waren, mit denen man aber hinsichtlich der Bewahrung des Status quo rechnen konnte.[3]

Infolgedessen blieben die Beschwerdegründe der pauperisierten Schwarzen weitgehend versteckt. Tatsächlich war das einzige Indiz für das Vorhandensein von Beschwerden darin zu sehen, daß sie bei passender Gelegenheit Zugang zum politischen System mit Hilfe des politischen Wahlvorgangs zu erreichen suchten. Ihre Unzufriedenheit machte sich durch schwache und mißglückte Anstrengungen ihrer selbsternannten Fürsprecher Luft, »eine Machtbasis aufzubauen«, »einen Teil des Geschehens in die Hand zu bekommen« und »diejenigen politischen Vorhaben zu kontrollieren, die die schwarze Gemeinde berühren«. Für das Jahr 1965 läßt sich allgemein feststellen, daß die schwarze Armenbevölkerung buchstäblich ohne die nötige Macht war, um ihre Forderungen in den Kanal der politischen Vorhabenwahl einzubringen; noch weniger aber, um aktiv an der Formulierung von politischen Vorhaben mit für sie maßgebenden Konsequenzen teilzuhaben.

II. Der Kampf der Schwarzen um politischen Zugang 1966-68

Innerhalb eines Jahres änderte sich die Situation entschieden – zumindest schien es so. Während des Jahres 1966 hatte eine Koalition heterogener Gruppen, aus beiden Rassen zusammengesetzt und zu allen möglichen ideologischen Schattierungen von »gemäßigt« bis »radikal« gehörend, daran gearbeitet, einen von der Stadtverordnetenversammlung gebilligten Plan zur Neugliederung der städtischen Wahlbezirke umzustoßen; an seine Stelle sollte ein Plan treten, der eher der Zunahme schwarzer Stadtverordnetensitze dienen konnte. Die von vornherein gegen den Erfolg dieses Vorhabens gerichteten Barrieren waren außerordentlich groß. Nicht nur übte eine Majorität in der Stadtverordnetenversammlung die Kontrolle über die Maschinerie aus, mittels derer eine Neugliederung erreicht werden mußte; die Stadtverordnetenversammlung war damit, daß sie der *Community Action Agency* (ein Organ der städtischen Regierung) das Recht verweigert hatte, eine Wählerzählkampagne in Gang zu setzen, weit genug gekommen, um sicherzustellen, daß verhältnismäßig wenige Schwarze bei einem Referendum über diesen politischen Änderungsvorschlag ihre Stimme abgeben konnten. Trotz dieser und anderer Hindernisse erzwang die gegen die Stadtverordnetenversammlung gerichtete Koalition nicht nur ein allgemeines Referendum im Jahre 1966; sie erlangte auch die Zustimmung einer klaren Mehrheit der Stimmberechtigten zu ihrem Plan.[4]

Hart auf den Fersen dieses Sieges folgte die Abstimmung über zwei lange Zeit schon auf Eis gelegte Vorschläge, die von großem Interesse für Baltimores armen Bevölkerungsteil waren: ein Selbsthilfeprogramm zur Wohnungsfrage und gesteigerte Zuwendungen an Fürsorgeempfänger. Es ist unmöglich zu beurteilen, ob und bis zu welchem Grad diese Ergebnisse eine Folge des Referendums waren. Es bleibt jedoch dabei, daß die entscheidenden Stimmen in der Stadtverordnetenversammlung von zwei Mitgliedern abgegeben worden waren, die vorher gegen das Anti-Armut-Programm opponiert hatten. Durch diese Ereignisse hoffnungsvoll gestimmt, erwarteten die schwarzen Führer und ihre Gefolgsleute zuversichtlich, daß bei den Gemeindewahlen von 1966 die von ihnen Nominierten die Präsidentschaft über die Stadtverordneten-versammlung und zumindest vier Parlamentssitze mehr gewinnen würden. Ihr Optimismus erwies sich als verfehlt. Ihr Kandidat für die Parlamentspräsidentschaft mußte auf der Parteiversammlung der Demokraten eine Niederlage einstekken, und nur zwei, nicht vier, Schwarze eroberten einen Sitz in der Stadtverordnetenversammlung.[5]

Der geringe Erfolg schwarzer Kandidaten hatte mehrere Ursachen. An erster Stelle steht, daß trotz einer ausgedehnten Wählerzählkampagne (organisiert und durchgeführt von einer Koalition aus schwarzen und weißen Organisationen), die dem Referendum über die Neugliederung der Wahlkreise vorherging, nur 22% der wahlberechtigten schwarzen Wähler auf der Wählerliste standen. Zweitens: eine bedeutende Minderheit schwarzer Wähler war als republikanisch registriert und konnte daher auf der Parteiversammlung der Demokraten nicht mit abstimmen. (Viele Jahre war es Schwarzen untersagt, aktiv an der Politik der Demokraten in Baltimore zu partizipieren.) Ärger noch: viele Schwarze unter den Demokraten nahmen Abstand von einer Stimmabgabe auf ihrer Parteiversammlung. Drittens: bei der Kandidatenkür und den allgemeinen Wahlen von 1967 gab es Kreise mit zwei oder mehr schwarzen Kandidaten, die von sich befehdenden politischen Gruppen unterstützt wurden. Die schwarze Wählerschaft war somit in sich selber zerstritten. Schließlich gab es die Neigung unter den schwarzen Wählern, bei der allgemeinen Wahl nur über die Spitzenämter abzustimmen, die weniger wichtigen Ämter dagegen zu ignorieren.

Ein anderer Weg, auf dem militante Schwarze 1966-67 Macht und Zugang zum politischen System zu gewinnen suchten, bestand darin, ihre »Wählerschaft« auf der Grundlage schon länger existierender, aber bis zu diesem Zeitpunkt versteckter Beschwerden zu organisieren. In diesem Bereich lag ein offenes Feld vor ihnen: weder die beiden damaligen amtierenden schwarzen Stadtverordneten noch die lokale Sektion von NACP oder die im Besitz von Schwarzen sich befindende und von ihnen geleitete Tageszeitung (Baltimores *Afro-American*) hatten sich je ernsthaft mit den Problemen der schwarzen Armenbevölkerung beschäftigt. Letztere waren, wenn man sie wirkungsvoll organisierte, zahlreich genug, um eine Hauptquelle für Macht darzustellen. Darüber hinaus litten sie unter so vielen Benachteiligungen, diese waren so tief verwurzelt und deutlich unvereinbar mit dem verbreiteten Begriff von ausgleichender Gerechtigkeit, daß Forderungen nach Abhilfe nicht unbegrenzt ignoriert werden konnten.

Die Organisatoren – anfänglich *U-JOIN,* später gesellten sich CORE und SNCC hinzu – gingen von der taktischen Prämisse aus, daß die Armen zur Teilnahme an Protesten gegen bestimmte Mißstände gebracht werden müßten, etwa gegen menschenunwürdige Unterkünfte, unzureichende Ausbildung, Arbeitslosigkeit und Rassendiskriminierung. Die Funktionen, die die Organisatoren für sich selber in Anspruch nahmen, waren die, Forderungen bezüglich solcher Mißstände zu formulieren, desgleichen Kampfsituationen zu schaffen, in denen die Armen, von Zorn und Hoffnung auf Erfolg getrieben, aktiv am Kampf teilnähmen. Zu diesem Zweck inszenierten sie Demonstrationen und Streiks, setzten massenhaft Streikposten ein und organisierten Boykotte.

Es muß nachdrücklich betont werden, daß es den Organisatoren *nicht* darum ging, daß das »Establishment« Konzessionen machte, sondern eine politische Basis zu schaffen, von der aus Angriffe auf die vorherrschende Mobilisierung von Vorurteilen unternommen werden konnten. Ihr Ziel bestand mit anderen Worten darin, die vorherrschende Mobilisierung von Vorurteilen umzukehren – oder immerhin beträchtlich zu verändern. Auf dieses Ziel hin arbeiteten die militanten Schwarzen während der Jahre 1966 bis 1967 mit den genannten Mitteln. Die Ergebnisse waren in fast jeder Hinsicht mager: ein paar Konzessionen konnten dem Establishment abgerungen werden, eine Anzahl vorher versteckter Beschwerdegründe lag jetzt offen zutage; aber weit entfernt von dem Aufbau einer soliden politischen Basis, waren JOIN, CORE und SNCC Ende 1967 kaum mehr als bloß auf dem Papier existente Organisationen; sie bestanden aus einem oder zwei Organisatoren und einer – bestenfalls – Handvoll loyaler Mitarbeiter.

Um es explizit zu machen: die schwarzen Aktivisten beschränkten sich vor allem auf drei latente oder versteckte Beschwerden ihrer Wähler. Die eine bezog sich auf Höhe und

Modus der Verteilung von Fürsorgegeldern. Unter den Auspizien von U-JOIN wurde eine Gruppe von Fürsorgeempfängern unter dem Namen *Rescuers from Poverty* gebildet mit dem Ziel, Konfrontationen mit lokalen und staatlichen Amtsträgern zu provozieren, die direkt mit dem Fürsorgeprogramm zu tun hatten. Eine zweite Gruppe, die sich selber *Tenants of Justice in Housing* nannte, versuchte, qualitative Verbesserungen von Mietshäusern mit den Mitteln des Mietstreiks und des gerichtlichen Vorgehens gegen »slumlords« durchzusetzen.[6] Drittens: mit der Forderung nach gleichem Zugang von Schwarzen und Weißen zu allen öffentlich angebotenen Vergnügungsmöglichkeiten organisierten die schwarzen Aktivisten den Boykott städtischer Bars, die für ihre diskriminierende Haltung gegenüber angeblichen Gönnern der Schwarzen bekannt waren.

Was den letztgenannten in die Öffentlichkeit getragenen Konflikt angeht, so konnte man einen begrenzten Sieg verbuchen; die Aufsichtsbehörde für alkoholische Getränke zwang ihre Lizenzinhaber (auf Drängen des Bürgermeisters und trotz der Einwände einer Majorität in der Stadtverordnetenversammlung), den Forderungen der Schwarzen nachzugeben. Rückblickend scheint es klar zu sein, daß die Schwarzen ihr taktisches Ziel erreicht hatten, indem sie a) den Konfliktspielraum über sich und die Barbesitzer hinaus erweiterten; b) Macht ausübten mit Hilfe des Bürgermeisters, der in dieser speziellen Frage ihre Werte teilte; c) ein begrenztes Maß an Gewalt einsetzten (Streikposten), von dem die Drohung mit ernsteren Sanktionen (Macht) in Form von Straßenunruhen ausging. Soweit es die Schwarzen betraf, war dieser Sieg ohne Bedeutung. Privat gaben sie offen zu, daß die Bar-Kampagne unwichtig für sie selber und die überwiegende Mehrheit derer war, die sie zu aktivieren suchten; nicht nur hatte die Stadt mehr als genug Bars, wo Schwarze willkommen waren; sondern die meisten schwarzen Bürger bevorzugten ohnehin Gaststätten in der Nähe ihrer Wohnungen. Was die Aktivisten *wirklich* erreichen wollten – eine Kampforganisation –, blieb ihnen versagt, weil das schnelle Handeln des Bürgermeisters die Aktivisten ihres organisatorischen Hebels beraubte und, in engem Zusammenhang damit, den vielen »gemäßigten« Schwarzen die Gewißheit gab, daß sie vieles von dem, was sie wollten, eher in Zusammenarbeit mit der etablierten politischen Ordnung als durch den Versuch ihrer Veränderung erreichen konnten.

Die Anstrengungen der *Rescuers from Poverty* und der *Tenants for Justice* führten weder zu Kampforganisationen noch zu politischen Konzessionen. Wohl versuchten beide Gruppen, den Konfliktspielraum hinsichtlich ihres spezifischen Vorhabens zu erweitern; aber keine Person von Gewicht im politischen System war durch ihre Drohungen eingeschüchtert worden oder stimmte ihren Positionen bei – das Fürsorgeprogramm wirkte sich für die meisten weißen Steuerzahler ungünstig aus; und Mietstreiks erschienen vielen Weißen als potentiell gefährlicher Eingriff in die privaten Eigentumsrechte. Auch waren die *Rescuers* und *Tenants* nicht in der Lage, die aktive Unterstützung einer umfangreichen Zahl von schwarzen Mitbrüdern zu gewinnen. Letztere hielten sich am Rande auf, sei es aus Furcht vor den Gegenmaßnahmen der Sozialarbeiter oder Hauseigentümer oder aus Desinteresse, Apathie oder sogar Feindseligkeit. Mit diesem Mangel an Macht, Autorität und Einfluß – ein Mangel, der durch den so gut wie totalen Ausschluß vom politischen Prozeß verstärkt wurde – hatten die Aktivisten und ihre kleine Gruppen von Gefolgsleuten weder ihr taktisches noch ihr strategisches Ziel erreicht.

Ein Rückblick mag zusätzliche Gründe für die Unfähigkeit der Aktivisten sichtbar machen, eine organisatorische Basis durch Austragung eines Konflikts aufzubauen. Ein Hauptgrund, auf den wir schon hingewiesen haben, ist der, daß spätestens im Winter 1967/68 eine beträchtliche, vielleicht sogar eine klare Mehrheit unter Baltimores Schwarzen einen Konflikt *vermeiden* wollte. Das trifft besonders auf ältere Personen über 30 oder 35 Jahre zu. Einige – wir vermögen nicht anzugeben, wie viele – hielten immer noch an dem Glauben fest, daß die amerikanische Gesellschaft sich auf Massenintegration hinbewege und daß der für Schwarze angemessene Kurs Mäßigung und Vernunft sei. Personen dieses Typs mißtrauten – und fürchteten – solche Personen, die »*Black Power*« oder irgendeine ihrer Varianten predigten. Andere – auch deren Gesamtzahl ist unbekannt – hatten sich resigniert mit ihrem bedrückenden und deprimierenden Los abgefunden. Jede neue Verletzung ihres wirtschaftlichen, sozialen und politischen Status wurde als weitere Bestätigung dafür angesehen, daß ihr Ausschluß vom politischen Prozeß ein für alle Mal besiegelt sei. Die Beschreibung dieser Individuen als apathisch gibt deren Lage nicht korrekt wieder. Um einen treffenderen zeitgenössischen Ausdruck zu gebrauchen: sie fühlten sich »abgeblockt«. Im Verein mit den »Integrationisten« bildeten sie einen allzu dürftigen Boden für die Wünsche derer, die sie organisieren wollten.

Die sogenannten Organisatoren mußten noch weitere Hindernisse überwinden. Zum einen ist es im Stadtkern und auch anderswo sehr schwierig, über einen längeren Zeitraum hin eine Gruppe zusammenzuhalten, die sich ursprünglich zum Kampf für oder gegen eine bestimmte Sache gebildet hat. Sobald der Konflikt gelöst ist, tendiert die Gruppe zur Auflösung. Ferner neigen Stadtbewohner im Durchschnitt dazu, häufig ihre Wohnungen zu wechseln; daher fällt den Organisatoren ein Dauerkontakt mit ihnen schwer. Eine wichtige Folge davon ist, daß hochgradig mobile Personen kein Gefühl der Zugehörigkeit zu Gruppen innerhalb eines bestimmten geographischen Bereichs haben und daher wenig Anreiz verspüren, an Gruppenaktivitäten in ihrem jeweiligen Wohnbereich zu partizipieren.

Wir fassen zusammen: während des ganzen Zeitraums von 1966 bis 1967 bestand das zentrale politische Interesse der schwarzen Führer Baltimores darin, einen Weg zur Errichtung einer organisatorischen Basis als Quelle von Macht zu finden, die ihnen Zugang zum politischen Prozeß in der Stadt verschaffen könnte. Ihre Zangenstrategie mißlang. Ihr Erfolg im Kampf um die Neugliederung der Wahlkreise konnte nicht in zusätzliche Sitze in der Stadtverordnetenversammlung umgemünzt werden, und das hauptsächlich deshalb, weil sie keine dauerhafte Koalition unter den schwarzen Gruppen zustandezubringen vermochten. Ihre Anstrengungen, soweit es sich um die Transformation versteckter Beschwerden innerhalb der schwarzen Bevölkerung in politische Änderungsvorschläge handelte, waren gleichfalls mißglückt. Zum einen Teil war schuld daran, daß ihnen keine Arenen zur Verfügung standen, in denen sie eine Konfliktstrategie anstatt einer Strategie der Konfrontation praktizieren konnten;[7] zum andern besaßen sie keinen Zugang zu den Schlüsselzentren des Entscheidungsprozesses. Kurzum: die vorherrschende Mobilisierung von Vorurteilen lähmte die schwarzen Führer in ihren Bemühungen, ihre potentielle Wählerschaft zu politischer Aktion aufzurütteln, und stellte die »Aussperrung« der Schwarzen aus dem politischen System sicher.

Nicht-Entscheidungen zugunsten der weißen Majorität in der Stadt verstärkten das Vorurteil gegen die schwarzen Armen. Deren potentielle Kontrahenten – Hauseigentümer, Arbeitgeber, Bürokraten, Politiker – vermieden es in ihrem eigenen Interesse, in einen Konflikt hineingezogen zu werden, und verließen sich zum Schutz ihrer Interessen auf die etablierten Institutionen und Verfahren. Warum, zum Beispiel, sollte sich ein Vermieter in einem Konflikt mit seinen Mietern engagieren, wenn Polizei und Gerichte zu einem Entscheid zu seinen Gunsten bereit waren und die Stadtverordnetenversammlung sämtliche Eingaben der Armen, deren Ziel eine Gesetzesänderung war, ignorierten? Offene und versteckte Beschwerden über das System wurden also bereit im Keim erstickt, sei es, daß man deren Legitimität bestritt, sei es, daß man sie an wenig freundlich gesonnene Untersuchungskommissionen weiterleitete; sei es auch schließlich, daß sie durch die Zusicherung politisch unbedeutender Konzessionen heruntergespielt wurden.

Anfang 1968 war die schwarze Armenbevölkerung Baltimores immer noch vom politischen System ausgeschlossen, trotz mehr als zweieinhalbjähriger stetig wachsender Anstrengungen im Dienste ihrer Sache. Die künftigen Aussichten schienen nicht besser zu sein.

6 Armut, Rassenfrage und Politik in Baltimore – II

Baltimore stand sehr früh auf der Liste der Städte, in denen der »Krieg gegen die Armut« geführt werden sollte, der 1964 vom Präsidenten und dem Kongreß erklärt worden war. Die dazu erforderlichen Gesetze waren im August desselben Jahres in Kraft getreten; das Gemeinde-Aktions-Programm war nur sechs Monate später formell aufgestellt worden: im Februar 1965. Zu neunzig Prozent aus Bundesmitteln finanziert und vom Bürgermeister und der Stadtverordnetenversammlung als Baltimores »neuralgischer Punkt« in der Anti-Armut-Kampagne bezeichnet, stellte die *Community Action Agency* – zumindest auf dem Papier – ein geeignetes Hilfsmittel für die Konfrontationspolitik der schwarzen Organisatoren dar. Aber während der ganzen Zeit von 1965-67 wurde die CAA von den Aktivisten beinahe völlig ignoriert und ihr selbst nur geringe Priorität bei Gemeindeorganisation und Bürgerpartizipation beigemessen. Woran lag das?

Die Antwort leitet sich großenteils von Entscheidungen her, die der Schaffung von CAA vorhergingen.[1] Denn einige Zeit vor der Verabschiedung der *Economic Opportunity Act* vom Jahre 1964 hatte sich eine Koalition privater Wohlfahrtseinrichtungen, die zum Teil von der städtischen Regierung finanziert wurden, für den Entwurf eines Programms zur »humanen Erneuerung« eingesetzt, das den Vorstellungen folgte, wie sie ursprünglich im *Gray Areas*-Programm der Ford-Stiftung niedergelegt waren. Die verschwiegene, aber zentrale Prämisse von Baltimores Anti-Armut-Planern war die, daß für eine umfassende Anti-Armut-Kampagne dem Schließen von Lücken in den bestehenden Fürsorgeleistungen Priorität zukommen sollte. Unter dieser Prämisse hatten sie mehr als zwei Dutzend spezifischer Programme ausgearbeitet, die in Kraft treten sollten, sobald die Fonds zur Verfügung stünden. Diese Liste stellte zu einem beträchtlichen Maß die Basis für Baltimores nachfolgende Bewerbung um CAP-Fonds bei der Bundesregierung dar. Bezeichnenderweise sagte weder der ursprüngliche Aktionsplan (so nannte man ihn) noch die CAP-

Bewerbung viel über Gemeindeorganisation sowie deren mögliche Rolle in der Anti-Armut-Kampagne aus.

Genauso wichtig war, daß die Schöpfer des Gemeinde-Aktions-Programms den Schluß zogen, das dafür zuständige Verwaltungsorgan müsse Teil der städtischen Regierung sein. Verständlicherweise gibt es im Grunde genommen keinen schriftlichen Beleg dafür, wie und warum es zu diesem Schluß kam. Teilnehmer der Debatte sagten uns später aber, es könne kein Zweifel daran bestehen, daß die Stadtverordnetenversammlung sich geweigert haben würde, für ihre 10 Prozent Anteil an den Gesamtkosten aufzukommen, wenn CAA nicht zum Bereich der Stadtverwaltung gehörte und somit der Aufsicht der Stadtverordnetenversammlung direkt unterstand.

Aber in noch einer Hinsicht waren dem flügge gewordenen CAA Grenzen gesetzt, um militanten schwarzen Organisatoren als Ort der Konfliktaustragung zugänglich zu werden. Die Gemeinde-Aktions-Kommission, die mit der Formulirung eines politischen Konzepts für CAP beauftragt war, wies nicht nur eine Minderheit schwarzer Mitglieder auf; die für eine Ernennung zum Kommissionsmitglied bestimmenden Qualitäten sicherten im Grunde genommen auch den Ausschluß von Schwarzen mit politisch radikaler Einstellung. Schlichter ausgedrückt: die Kriterien für die Ernennung begünstigten eindeutig die »Gemäßigten« und standen im Gegensatz zu den »Radikalen«.

Das voraussagbare Ergebnis war denn auch, daß CAA rigide darauf beschränkt wurde, Dienstleistungen an die Zielpopulation zu liefern. Ein früher Versuch, einen Teil seiner Ressourcen in eine Wählerzählbewegung innerhalb der armen Bevölkerungsschicht zu investieren, scheiterte am schnellen Veto der Stadtverordnetenversammlung. Es war dem Mitgliederstab der Agentur ausdrücklich verboten, die Nachbarschafts-Entwicklungs-Zentren als Brennpunkt der Organisierung von Einwohnern für »politische Aktionen« zu bemühen; desgleichen wurde ihm untersagt, individuell oder kollektiv an Demonstrationen, Protestmärschen und dergleichen teilzunehmen. Kurzum: die Mehrheit in der Stadtverordnetenversammlung – und darüber hinaus ihre weißen Anhänger in der Stadt – gab klar zu verstehen, daß sie die Verwendung von CAP-Fonds für Aktivisten, die die vorherrschende Mobilisierung von Vorurteilen in Frage stellten, nicht unterstürzen würde. Kein Wunder, daß die militanten Schwarzen CAP mit Verachtung behandelten und ihre organisatorischen Bemühungen in eine andere Richtung lenkten.

Zwar war CAA an die kurze Leine gelegt, trotzdem konnte es nicht ganz ausbleiben, daß sie in verbotenes Gebiet vordrang. Ihr Hauptkanal für den Zutritt waren die Nachbarschaft-Entwicklungs-Zentren. Von Anfang an hatten die Anti-Armut-Planer die Zentren als neue, wirksamere Mittel für die Verteilungen von Wohlfahrtsdiensten an die Armen betrachtet. Aber nicht das allein; die Zentren sollten die Armen in dem Sinne erfassen, daß sie an der Planung, Verwaltung und Verteilung von Dienstleistungen partizipieren konnten. Die Verfolgung dieser beiden Ziele erforderte notwendigerweise die Verwendung von CAP-Fonds für die Gemeindeorganisation, im besonderen Einstellung und Einsatz von Vertretern der Zentren in jedem Nachbarschaftsbereich, desgleichen von Frauen, die für Auswahl und Ausbildung von Einheimischen mit Führungsqualitäten geeignet waren.

Einige Mitglieder des CAA-Stabs hielten sich strikt an die von der Stadtverordnetenversammlung aufgestellten Grundregeln. Andere waren weniger behutsam und forderten ihre »Klientel« mehr oder minder offen dazu auf, ihre versteckten Beschwerden zu artikulieren und in den politischen Prozeß einzubringen, also etwa *en bloc* Zusammenkünften der Stadtverordnetenversammlung beizuwohnen, vor Schlüsselorganen der Stadt zu demonstrieren etc. In der Tat erinnerte das an die massive Gewerkschaftsbewegung Mitte der dreißiger Jahre; denn einige CAA-Organisatoren waren nahe daran, in der statuarischen Klausel von der »größtmöglichen Partizipation« die Aussage zu sehen: »der Präsident fordert dich zu organisierter politischer Aktion auf«.

Die offizielle Haltung von CAA während des langsamen Aufbaus ihrer Bemühungen um die Gemeindeorganisation war die der Leugnung der möglichen Auswirkungen ihrer Bemühung. Schlichte Logik läßt vermuten – und sie wird darin evidenterweise weithin unterstützt –, daß die Agentur nicht nur deutlich sah, wohin ihre Politik in den Zentren führte, sondern daß sie sich dieses Ergebnis auch erhoffte. Um es vergröbert zu sagen: die Manager von CAP betrieben Ende

1967 eine Politik der Organisierung schwarzer Armer zu dem Zweck, ihnen Zugang zum politischen Prozeß der Stadt zu verschaffen, ohne dies ausdrücklich zu äußern, und um eine politische Basis für CAA als das »erwählte Instrument« der Stadt im Krieg gegen die Armut zu schaffen.

Gegen Ende 1967 war ein mäßiger Fortschritt im Hinblick auf diese Ziele zu verzeichnen. Vor der Verabschiedung des Green-Zusatzantrags zur *Economic Opportunity Act,* der verlangte, daß zumindest ein Drittel der Mitglieder von Gemeinde-Aktions-Kommissionen aus Bewohnern von Armutsgebieten bestehen sollen, hatte Baltimores Stadtverordnetenversammlung sich beeilt, eben dies zu veranlassen. Darüber hinaus wurde im Namen der schwarzen Armen kollektiver Druck auf den CAC zugunsten einer direkten Wahl »ihrer« Vertreter erzeugt. In stillschweigender Zusammenarbeit mit CORE, SNCC und U-JOIN hatten CAAs Gemeindeorganisatoren eine beträchtliche Anzahl von Stadtbewohnern dazu gebracht, sich auf Stadtverordnetenversammlungen und durch Konfrontationen mit Bamten der städtischen Sozialfürsorge und des Gesundheits- und Schulamtes Gehör zu verschaffen. Bei der Wahl des Bürgermeisters im November 1967 wurde der zahlenmäßig starke schwarze Bevölkerungsteil zum erstenmal öffentlich von der Spitze der demokratischen Kandidatenliste hofiert, die mit deftigen 80 Prozent derjenigen, die ihre Stimme abgegeben hatten, gewannen.

Die Bemühung von CAA, ihre verarmte »Klientel« in eine Machtressource umzufunktionieren, kam weniger gut voran. Denn so viele Gegenkräfte waren am Werk, daß sich nur schwerlich sagen läßt, welche von ihnen, wenn überhaupt eine, hauptsächlich verantwortlich für den schmerzhaft langsamen Fortschritt dieser Unternehmung war. Unter den in Frage kommenden Faktoren ist das von der Bundesregierung geförderte *Model Cities*-Programm besonders wichtig. *Model Cities* wurde von Regierung und Kongreß als *das* Werkzeug betrachtet, physische und humanitäre Erneuerung in den urbanen Zentren der Nation zu integrieren; es war daher ein scharfer Konkurrent von CAA um verfügbares Geld und Arbeitskraft – und dies um so mehr, als *Model Cities* in seiner Humanressourcen-Komponente von Gesetzes wegen gehalten war, alle Eigenheiten von CAP aufzunehmen: das Schließen von Lücken in der Reihe von Diensten, Koordination von Systemen der Leistungsübermittlung, Gemeindeorganisation, Bürgerpartizipation und so weiter. CAA erkannte sehr rasch die Bedrohung, die von *Model Cities* ausging, und mühte sich enorm, zumindest in Teilen Kontrolle über das Programm zu gewinnen; aber die Agentur besaß einfach zu wenig Kraft, d. h. sie verfügte über zu wenig Verbündete und hatte zu viele Gegner in hohen Ämtern. Weit entfernt davon, wenigstens einen Teil der Aktion zu bestimmen, war CAA fast ganz vom Planungsprozeß und der späteren Durchführung der *Model Cities*-Bestrebung ausgeschlossen.

Ende 1967 schließlich war die Zukunft von CAA mehr als ungewiß, denn sie sah sich durch die Einstellung der Bundesunterstützung und durch die nur mühsam kaschierte Feindseligkeit der kommunalen Regierung bedroht. Das war der Preis für die Förderung politischer Aktionen, die sie der pauperisierten Bevölkerung angedeihen ließ, und im besonderen dafür, daß sie den Armen eine Konfliktarena und Möglichkeiten des Zugangs zum politischen Prozeß verschafft hatte. Der Preis war hoch – aber das war auch der Wert, den es zu realisieren galt.

Das dramatischste Ereignis des Jahres 1968 in Baltimore waren die tagelangen Ausschreitungen im Stadtinnern kurz nach der Ermordung Dr. Martin Luther Kings am 4. April. Einige Seiten dieses Vorfalls sind bemerkenswert. Erstens: in der Zeit von 1964–67, als eine amerikanische Großstadt nach der anderen eruptive Revolten der schwarzen Population erlebte, blieb Baltimore von solchen Aufständen verschont. Dafür wurden diverse Erklärungen von Weißen und Schwarzen angeboten: geschickte Diplomatie des damaligen Bürgermeisters Theodore McKeldin; rigide Polizeikontrollen durch den staatlicherseits ins Amt gebrachten Polizeichef; »verantwortungsbewußte Führung« durch die Sprecher der schwarzen Bevölkerung; und vielleicht am wichtigsten: Passivität bei den Schwarzen, deren Ursachen in Resignation und Apathie, aber auch in ihrem festen Glauben zu suchen waren, Rassenintegration könne mit friedlichen Mitteln erreicht werden.

1967 wiegte sich die weiße Population Baltimores in satter Selbstzufriedenheit, weil es in der Stadt keine Rassenunruhen gab. Auch diejenigen, die ihre Zukunftsangst artikulierten – »es ist nur eine Frage der Zeit, bis es auch uns trifft« –, nahm man nicht allzu ernst. Aber unter den Schwarzen bemerkten wir zu dieser Zeit eine Veränderung gegenüber der Situation ein Jahr zuvor. Ihr Auftreten war aggressiver und selbstbewußter geworden. Früher unterdrückte Beschwerden wurden offen vorgebracht. Das Wort »gemäßigt« erfuhr eine Bedeutungsverschlechterung und klang wie »Onkel Tom«. Jede offizielle Aktion, die von den Weißen ausging, sei es von der Regierung oder von privater Seite, wurde auf ihre Bedeutung für die relative Stellung der Schwarzen hin geprüft und regelmäßig für »rassistisch« befunden. Recht oft, um es genau zu nehmen, charakterisierten Schwarze das Autobahnprojekt und die Slum-Beseitigung-Projekte als »Negeraustreibung«; sie interpretierten alle Vorschläge, die auf Kooperation zwischen City und Vorstädten hinausliefen, als Teil einer Verschwörung von Weißen mit dem Ziel, die Regierung über die gesamte Metropole auszudehnen, bevor die Schwarzen die Kontrolle über Baltimores gesetzgebende und exekutive Körperschaften erlangen könnten; und sie attackierten verbittert Politik und Praktiken der kommunalen Zivilverwaltungs-Kommissionen, des Gesundheitsamts und der Schul- und Fürsorgebehörden.

Zweifellos war die neuerdings sich bemerkbar machende bittere und ungeduldige Stimmung unter den Schwarzen zum Teil direktes Ergebnis der »erzieherischen« Arbeit von Gemeindeorganisatoren. Wir vermuten zudem, daß viele Schwarze in der Stadt mehr oder weniger unabhängig voneinander aus der Lektüre von Ereignissen in anderen Städten den Schluß zogen, schwarze Bürger könnten ihre relativ schlechte Situation nur durch eigene konstruktive Aktionen verbessern. Vernunft oder Geduld würden wenig oder nichts bewirken.

Die wachsende Unversöhnlichkeit konnte auch dadurch nicht gedämpft werden, daß der neue Bürgermeister prompt eine Anzahl Schwarzer mit Schlüsselpositionen in der städtischen Regierung betraute, Positionen, die bis dato immer von prominenten Weißen besetzt worden waren. Die vorherrschende Meinung unter den politisch versierten Schwarzen war die, der Bürgermeister habe sich »sichere« Kandidaten ausgesucht, die jetzt an neuralgischen Stellen der Hierarchie säßen und die Aktivisten mit ihrer wachsenden Schar von Gefolgsleuten »auskühlen« würden. Noch unsanfter wurde die vom Bürgermeister ausgesprochene Ernennung von militanten Schwarzen schlicht und ergreifend als Politik der Geschenke verlacht.

Die Unzufriedenheit der Schwarzen mit dem Bürgermeister wurde weiter dadurch genährt, daß dieser von Anfang an darauf beharrte, seine Hauptfunktion sei die eines »ehrbaren Maklers« zwischen den konkurrierenden Interessengruppen der Stadt. Diese Haltung implizierte ausdrücklich, daß die Schwarzen (und jede andere Gruppe) mit dem Bürgermeister verhandeln mußten, anstatt sich ihren Weg in die relevanten Entscheidungsarenen zu bahnen und dort ihre Kämpfe selbst auszufechten; d. h. sie sollten sich auf ihn verlassen, wenn er mit allen anderen in ihrem Namen verhandelte, und von ihm so viel erhalten, wie er erreichen konnte. Die schwarzen Führer mochten diesen Modus operandi nicht akzeptieren, denn das hätte ihnen den vollen Zugang zum politischen System versagt, um den sie sich so lange bemüht hatten. Darüber hinaus hatten sie keinen Grund, vorher oder nachher anzunehmen, der Bürgermeister würde tatsächlich ein Versprechen, das er den Schwarzen machte, auch wahrmachen.

Keiner weiß es sicher, aber wahrscheinlich waren es in erster Linie junge Leute, die an den Aufständen im April 1968[2] teilnahmen. Einige von ihnen waren ohne Zweifel Strolche, Vandalen und Sensationslüsterne. Nur wenige Einwohner Baltimores werden jedoch leugnen wollen, daß die Unruhen im Kern symbolischer Ausdruck für die aufgestauten Frustrationen und für den Zorn *aller* Schwarzen im dunklen Ghetto der Stadt waren – auch dann nicht, wenn sie die Gewalttätigkeiten und die Zerstörung von Eigentum beklagten. Um es kurz und bündig zu sagen: »Die Überschreitung der Ordnung drückte schwarze Wut gegen weiße Macht aus.«[3]

Aber die Unruhen hatten noch eine weitere Bedeutung. Sie stellten erstens für die schwarzen Führer eine neue Quelle von Macht dar, und sie konnten jetzt mit der Eskalation von Gewalt als Preis für die Ablehnung ihrer Forderungen drohen. Weiße und schwarze Führer erkannten das: so erklärte zum Beispiel der Sprecher der *Interdenominational Minister's Alliance* (Vereinigung interkonfessioneller Geistlicher), langjähriger Befürworter eines friedlichen Fortschritts in Richtung auf Rassenintegration, öffentlich, seine Gruppe würde eine Eisenkette quer über eine der verkehrsreichsten Kreuzungen der Stadt spannen und mit physischem Einsatz gegen ihre Beseitigung vorgehen, falls nicht eine beträchtliche Anzahl Schwarzer innerhalb einer bestimmten Zeit von der Stadt eingestellt würde. Die Stadt gab der Forderung prompt nach.

Dies weist auf eine weitere Konsequenz der Aprilunruhen hin. Wo früher gemäßigte schwarze Führer ihre Ziele auf dem üblichen politischen Weg und im Einklang mit akzeptierten Werten und Verfahren zu erreichen suchten, waren viele von ihnen nunmehr, wenn nötig, durchaus bereit, auf anderen als den üblichen Wegen und in klarer Herausforderung anerkannter Normen vorzugehen.

Vor allem aber signalisierten die Unruhen deutlich den Anfang vom Ende des bestehenden politischen Vorurteilssystems in Baltimore. Nicht länger mehr konnten Schwarze von ihm ausgeschlossen werden, auch nicht vom Zugang zu den Schlüsselzentren des Entscheidungsprozesses; ein größerer Anteil an der autoritativ verfügten Allokation von Werten konnte ihnen jetzt nicht mehr versagt werden. Im Gefolge der Unruhen verwandelten sich lange latent gebliebene Beschwerden in offen formulierte und drangen als politischer Konfliktstoff in die politischen Arenen ein. Das *Greater Baltimore Committee*, einst von schwarzen Führern als Bundesgenosse betrachtet, wurde nun offen attackiert; der Anlaß dafür war die Frage der Kontrolle eines vom Bund finanzierten Städte-Nachbarschaft-Modell-Projekts.

Angesichts der Opposition der prominenten Geschäftsleute und einer starken Gruppierung innerhalb der Regierungsbürokratie zwangen schwarze Aktivisten den Bürgermeister dazu, wesentliche Konzessionen hinsichtlich der Kontrolle des lokalen *Model Cities*-Programms zu machen. Der Vorschlag, eine Modellschule mit einer nach Rassenzugehörigkeitskriterien ausgewogenen Studentenschaft zu etablieren, wurde von den Schwarzen zornig verworfen, weil sie nicht voll an der vorausgegangenen Planung beteiligt worden waren. Es gab einen erbitterten, öffentlich geführten Disput über die Ernennung des neuen Direktors für die *Community Action Agency*, wobei die Stadtverordnetenversammlung schließlich die Ernennung des von den Schwarzen vorgeschlagenen Kandidaten zurückwies. Davon überzeugt, daß ein Vorschlag zur Gerichtsreform, der eine Ernennung von Richtern durch die Regierung mit Zustimmung der Legislative verlangt (anstelle der populären Richterwahl), die weiße Vorherrschaft in den gerichtlichen Institutionen bloß perpetuiere, ließen sich die schwarzen Führer auf eine offene Oppositionskampagne ein.

Dadurch, daß sie ihre Position in derartigen Konfliktfällen ausbauten, konnten die schwarzen Aktivisten Baltimors überzeugend beweisen, daß sie ebenso wie die Weißen wußten, wie sie ihre politischen Vorteile ausnutzen konnten. Ein paar Details sollen das verdeutlichen.

Mitte 1968 legte der geschäftsführende Direktor der *Community Action Agency* seinen Posten nach dreijähriger Amtszeit nieder und machte dabei keinen Hehl aus seiner Überzeugung, daß Bürgermeister und Stadtverordnetenversammlung mit Bedacht die *Agency* sabotiert hätten, und zwar als Vergeltung für deren zunehmend aggressive organisatorische Aktivitäten unter den Bewohnern von Armutsgebieten. Diese Meinung des Direktors hat hinreichende Evidenz für sich. Wie bereits ausgeführt, operierte CAA, mit ihrem schwarzen Direktor an vorderster Front, Ende 1967 mit ganzer Kraft und praktisch vor den Augen der Öffentlichkeit, um die schwarze Armenbevölkerung für politische Aktionen zu organisieren. Unter anderem halfen CAA-Organisatoren beim »Herbeischaffen« von 800 Personen für eine Massenversammlung der Armen in der Stadt. Sie organisierten eine Protestdemonstration vor dem Rathaus zur Unterstützung eines Selbsthilfe-Wohnungs-Programms; sie zweigten Gelder von einzelnen CAP-Bereichen ab (etwa von Tagesstätten, öffentlichen Bibliotheken) zugunsten von Bemühungen, Mieterräte in den öffentlichen Wohnungsbau-Projekten zu organisieren und Gruppen von Armen dazu zu bringen, sich für Veränderungen der Schul- und Fürsorgepolitik und der dort herrschenden Praktiken zu engagieren; schließlich versuchten sie, die Errichtung von »Stellungen des Bürgermeisters« überall in der Stadt zu blockieren, und zwar mit der Begründung, diese stünden in Konkurrenz zu den Nachbarschaftszentren von CAA. Verständlicherweise förderten derlei Aktivitäten nur die feindselige Einstellung der Kommunalregierung – was ja auch die Leiter von Behörden, den Bürgermeister und die Stadtverordnetenversammlung betrifft. Die Antwort der Stadtverordnetenversammlung, getragen vom deutlichen Einverständnis mit dem Bürgermeister, enthielt die Weigerung, CAA Gelder zu bewilligen, die es für seine organisatorischen Anstrengungen verwenden konnte.

An diesem kritischen Punkt der Entwicklung versuchten die schwarzen Mitglieder der *Community Action Commission*, den Konfliktspielraum zu erweitern und im Verlauf dieses Prozesses bestimmte demokratische Werte zu ihrem eigenen Vorteil zu beschwören. In einer öffentlichen Verlautbarung, in der sie gegen die Weigerung der Stadtverordnetenversammlung, Gelder zu bewilligen, protestierten, erklärten sie:

Letzten Endes mußte man uns das wohlverdiente Recht zugestehen, im Rahmen einer politische Entscheidung fällenden Körperschaft zu arbeiten, anstatt uns draußen vergebens protestieren zu lassen. Das wenigstens glaubten wir in unserer Naivität.

Statt dessen sehen wir uns nunmehr genötigt, Zeuge einer fortschreitenden Beschränkung der Effektivität des Programms zu sein ... Wir sehen nirgendwo den Willen und den Einsatz, der diese dynamische Form von Bürgerpartizipation berücksichtigt, mit deren Hilfe doch der Teufelskreis der Armut durchbrochen werden könnte.

Währenddessen schwelte der Konflikt um CAP und sein Management weiter; ein ähnlicher Konflikt braute sich über dem *Model Cities*- Projekt zusammen, das der Stadt immerhin ganze 80 Millionen Dollars einbringen konnte. Mit einem Zitat aus den Richtlinien der die Mittel bewilligenden Bundesdienststelle, die größtmögliche Partizipation der Bewohner von Armutsgebieten vorschrieben, verliehen schwarze Führer ihren Forderungen Nachdruck: den sechs neu gewählten Stadtverordnetenversammlungen in *Model Cities*-Bereichen sollten die Fonds direkt von Washington zufließen mit der Auflage, Washington möge die Ausgabenpolitik überwachen. Diese Haltung stand natürlich in direktem Gegensatz zu der des Bürgermeisters.

Angesichts der Krisenlage in CAA und der *Model Cities*-Planungsgruppe, angesichts der Kämpfe zwischen den beiden Körperschaften machte der Bürgermeister Anstalten, alle drei Probleme mit einem Streich zu lösen. Die Geschäftsleitung von CAA wurde dem damaligen Direktor von *Community Organisation for Model Cities* angeboten, auch er ein schwarzer Aktivist. Das Angebot wurde von dem Konsens getragen, daß der neue CAA-Direktor mit der nötigen Autorität ausgestattet werden müsse, um CAA und die *Model Cities*-Nachbarschaftsräte zu koordinieren, ein Arrangement, das mit dem *U.S. Office of Economic Opportunity* und dem *U.S. Department of Housing and Urban Development* abgesprochen war. Die Stadtverordnetenversammlung weigerte sich jedoch, die Ernennung zu ratifizieren, und provozierte damit unmittelbare Reaktionen der schwarzen Bevölkerung. Man organisierte eine Protestversammlung, und die Schwarzen, Gemäßigte wie Aktivisten, traten geschlossen von Baltimores *Urban Coalition* zurück.

Bürgermeister und Stadtverordnetenversammlung nominierten und billigten rechtzeitig einen neuen CAA-Direktor, einen Schwarzen, dessen Ernennung höchstwahrscheinlich kein politisches Risiko war. Was die Kontrolle über *Model Cities* betrifft, so befand sich dieses Streitobjekt Ende 1968 immer noch im Vorfeld des Konflikts.

7 Der politische Prozeß in Baltimore: Rückblick und Ausblick

I. Die sich wandelnde Rassen- und Armutsideologie

Bis in die späten fünfziger Jahre war Baltimore eine typische Südstaatenstadt, was bedeutete, daß eine große weiße Majorität nicht nur die politische Maschinerie kontrollierte, sondern systematisch eine Ideologie weißer Vorherrschaft unterstützte. Eine gravierende Folge dieser Situation war, daß die Beschwerden der Schwarzen, ob arm oder nicht arm, fast gänzlich daran gehindert wurden, sich zum offenen, entscheidungsfähigen politischen Änderungsvorschlag zu entwickeln. Das Problem der Armut war ein offen neuralgischer Punkt, aber nur insoweit, als Einrichtungen der Regierung und solche freiwilliger Art in der Stadt relativ bescheidene Programme allgemeiner und grundsätzlicher Unterstützung für die Armen durchführten. Hilfeleistungen für die Armen wurden vor allem durch traditionelle Vorstellungen wie *noblesse oblige* begründet oder damit, daß es wertvoll für einen sei, Gutes für die weniger vom Glück Begünstigten zu tun. Keine dieser Vorstellungen, das muß gesagt werden, widersprach der herrschenden Ideologie vom göttlichen Ursprung weißer Hegemonie.

Jetzt, nach etwa einem Jahrzehnt, hat sich das ideologische Klima merklich verändert. Nur noch eine Minderheit – und dazu eine schwindende – vertritt den Glauben von vorgestern. Durch Bundesmittel unterstützt, führen private sowie Einrichtungen der Kommunalregierung Programme durch mit dem Ziel, kommerzielle Baulichkeiten und Mietshäuser aufzupolieren, den Gesamtbeschäftigungsstand zu heben, die Erziehungs- und Gesundheitsprobleme der Armen zu beheben und stärkere politische Partizipation aller Bürger, schwarzer wie weißer, zu fördern. Kurzum: Baltimores Lage scheint sich in eine Richtung zu entwickeln, die Jeanne Lowe auch in einer Reihe anderer Großstädte festgestellt hat: »Es gibt neue bemerkenswerte Koalitionen in den Gemeinden; eine neue Ära der Kommunen scheint begonnen zu haben. Alte ideologische

Konflikte wie öffentlich versus privat, republikanisch versus demokratisch und staatlicher Eingriff versus lokale Autonomie werden an Ort und Stelle begraben um – unter anderem – der Verbesserung unserer Städte willen.«[1]

Obwohl eine klare Majorität das Credo vom »gerechten Anteil«, politisch und ökonomisch, akzeptiert, sind mit seinen verschiedenen Komponenten unterschiedliche Ansichten über die genaue Bedeutung vom »gerechten Anteil« verbunden, desgleichen über Geschwindigkeit und Mittel, mit deren Hilfe das Ziel erreicht werden soll. Einige weiße »Liberale« etwa gestehen im Prinzip den Armen eine Stimme im kommunalen Entscheidungsprozeß zu. Im gleichen Augenblick befürchten aber dieselben Leute, daß eine stärkere Partizipation der Armen, von denen die meisten »nicht wissen, worüber sie reden«, die Stadt in Kürze in eine schwarze Metropole verwandeln würde. Die Unterstützung schwarzer Aktivisten durch weiße Liberale ist daher deutlich eingeschränkt. Das gleiche läßt sich, wenn auch zum Teil aus anderen Gründen, über bestimmte gewählte Amtspersonen sagen. Einerseits sehen sie deutlich, daß der ideologische Rahmen sich gewandelt hat und daß die Schwarzen bald ganz sicher die Majorität in der Stadt darstellen werden. Andererseits aber halten sie es weder für notwendig noch für ratsam, alle Bande zu den Personen und Gruppen zu zerschneiden, die den *status quo ante* in seinen Grundzügen bewahren bzw. genauso haben wollen, wie er war. Ganz ähnlich finden wir eine Reihe Befürworter der Gleichheit bei Unterkunftsregelungen, die sicher einen anderen Standpunkt einnehmen würden, wenn sie ernsthaft glaubten, daß einmal eine große Anzahl schwarzer Armer in Wohnungen mit hohen Mieten einzögen.

Die verfügbare Evidenz legt die Deutung nahe, daß Baltimores Mehrheit ernsthaft, *wenn auch abstrakt,* zu organisierten Bemühungen um die Linderung der Armut unter den in der Stadt lebenden Schwarzen steht. In der Praxis aber nimmt sich der Eifer der meisten an Veränderung interessierten weißen Gemeindemitglieder stark gedämpft aus. Einen deutlichen Ausdruck dieser Haltung finden wir in der Zufriedenheit, mit der sie die Bundesregierung die Initiative ergreifen lassen, um neue Ansätze im Krieg gegen die Armut auszuprobieren. Daraus folgt eindeutig, daß die lokalen Anweisungen für

Anti-Armut-Programme meistenteils Reaktionen auf Bundesbeschlüsse sind. Mit anderen Worten: es ist die Bundesregierung, nicht so sehr die städtische Regierung, die der maßgebliche Faktor hinsichtlich Umfang und Aufmachung der vom Bund geförderten Anti-Armut-Bemühungen in Baltimore ist.

II. Nicht-Entscheidungen und Nicht-Entscheidungsprozeß

Wenn man unserer Definition der politischen Schlüsselstreitfrage zustimmt – nämlich als Herausforderung von Macht oder Autorität derjenigen, die dauerhaft eine beherrschende Stellung bei der Bestimmung des politischen Outputs im politischen System einnehmen –, dann muß man davon ausgehen, daß Kontroversen, die sich um die Beziehung der Rassen drehen, zum gegenwärtigen Zeitpunkt keine politisch entscheidende Streitfrage in Baltimore darstellen. Wie schon bemerkt, hat sich der vorherrschende Komplex von Werten zugunsten von Chancengleichheit verschoben und verhält sich abweisend gegenüber der immer noch unseligen, aber nicht mehr dominierenden Untere Mittelschicht-Wählerschaft und ihren Führern.

Was aber *tatsächlich* eine politische Schlüsselstreitfrage werden könnte, betrifft die zukünftige Verteilung von Macht, Autorität und Einfluß zwischen weißem Big Business, Regierung und weißen politischen Führern einerseits, den vor allem als proletarisch zu charakterisierenden schwarzen Gruppen mit ihren Führern andererseits, die, direkt oder indirekt, ihrer Forderung nach einem dauerhaften und größeren Anteil am Entscheidungsprozeß in der Gemeinde Ausdruck verleihen. Beide Seiten sind sich deutlich der Existenz dieses unterschwelligen Schlüsselkonflikts bewußt. Er manifestiert sich in zahlreichen konkreten Konflikten, in die Stadtverordnetenversammlung, GBC, CAC, CAA und andere Behörden und Ausschüsse verwickelt sind.

Wir vermuten, daß einflußreiche Wirtschaftsführer Baltimores die neue Entwicklung einer Mobilisierung von Vorurteilen zugunsten von Chancengleichheit nicht so sehr dazu ausnutzen, um die »rednecks« in Schach zu halten, sondern als

Mittel des Nicht-Entscheidungsprozesses, um die Militanz von Führern der schwarzen Armen zu dämpfen und die Unterstützung von Mittelschichtschwarzen zu gewinnen; im gleichen Zuge lenken sie die öffentliche Aufmerksamkeit von der Frage ab, welchen *faktischen Anteil* militante Organisationen am kommunalen Entscheidungsprozeß haben sollen. Übereinstimmend mit dieser Vermutung haben schwarze Aktivisten und Wirtschaftsführer den politischen Änderungsvorschlag zur Chancengleichheit als ein Mittel zur Erreichung verschiedener Ziele genutzt: die schwarzen Führer, um eine Machtbasis in der Gemeinde zu errichten – die notwendig zur Gewinnung von mehr Macht für den Entscheidungsprozeß ist; und die Wirtschaftsführer, um einen bedrohlichen politischen Änderungsvorschlag vom Kanal der politischen Vorhabenwahl fernzuhalten.

Ein direkteres Mittel, das dem weißen Establishment vis-à-vis der schwarzen Bevölkerung zur Verfügung steht, um Nicht-Entscheidungen zustande zu bringen, ist die Kooptation der schwarzen militanten Führer. Weil nämlich die Aktivisten nur gering an Zahl sind, stellen sie in hohem Grade ein Ziel für die Anbiederungsversuche der Weißen dar, die etwas anzubieten haben – Ämter auf dem Weg der Wahl oder Ernennung, Mitgliedschaft in Regierungsausschüssen und Kommissionen, Beschäftigung in hauptamtlichen und administrativen Funktionen. Einige sahen sich nicht mehr in der Lage, unter solchen Umständen der »Bewegung« treu zu bleiben. Andere haben nicht nur eine Kooptation abgelehnt, sondern ihre neuen Stellungen dazu eingesetzt, um deren Hebelkraft für einen permanenten Kampf um die Bildung einer Machtbasis im Stadtinnern zu gebrauchen. Diese Männer scheinen ein geschärftes Bewußtsein davon zu haben, daß ihre militante Haltung gegenüber dem Establishment im wesentlichen in der Erhaltung ihrer Autorität und ihres Einflusses unter den schwarzen Armen besteht. Darüber hinaus basiert ihre privilegierte Position im politischen Prozeß gerade auf ihrer militanten Haltung: gäben sie diese auf, so würden sie weder von den weißen Führern länger hofiert noch als von symbolischem Nutzen für die Unterstützung der Legitimität des bestehenden politischen Systems betrachtet werden.

Der schwarze Aktivist, der einen Platz im System akzeptiert, begibt sich nichtsdestoweniger in eine schwierige Lage. Er muß einen mittleren Kurs steuern. Befürwortet er Gewalttätigkeit oder engagiert er sich dafür, wird er sich den Weißen entfremden; und wenn er zu energisch das System unterstützt, wird ihn seine schwarze Anhängerschaft des Ausverkaufs bezichtigen. Der Führer von U-JOIN erkannte dieses Dilemma und vermochte es während der Unruhen im April 1968 geschickt zu lösen. Er mischte sich unter die Anführer und wurde auf der Stelle verhaftet; auf diese Weise kam er erst gar nicht in die Situation eines Rädelsführers oder dessen, der gewalttätige Handlungen praktiziert.

Weiße Status-quo-Verteidiger haben an einem Problem zu tragen, das größtenteils ihrem eigenen Tun entspringt. Den Zerfall von Macht, Autorität und Einfluß fürchtend, machten sie zahlreiche Zugeständnisse an die schwarzen Aktivisten und vernachlässigten die gemäßigten Schwarzen. Damit stärkten sie unabsichtlich ihre stärksten Herausforderer, indem sie letzteren Glaubwürdigkeit verliehen und weitere Forderungen nach einer Veränderung des bestehenden Vorurteilssystems heraufbeschworen.

III. Entscheidungen und deren Zustandekommen

Soweit es Probleme der Anti-Armut-Programme und der Rassenbeziehungen betrifft, stellen sich darauf bezogenen politischen Änderungsvorschlägen nicht länger unüberwindliche Barrieren am Eingang zur Arena des Entscheidungsprozesses in den Weg. Falls es versteckte Beschwerden gibt, sind sie so gut verborgen, daß wir sie nicht zu lokalisieren vermögen. Mit der möglichen Ausnahme der politischen Schlüsselstreitfrage, der den Anteil der Schwarzen an der Mitbestimmung der Gemeindepolitik betrifft, scheinen die Schleusen der politischen Vorhabenwahl weit geöffnet zu sein.

Die Lage stellt sich uns daher so dar, daß Scharmützel um eine Modifikation von politischen Änderungsvorschlägen, bei denen es sich um Armut oder Rassenbeziehungen dreht, von jetzt an in Baltimores Entscheidungsprozeßarenen gewonnen oder verloren werden: in der Stadtverordnetenversammlung, die über Statute beschließt und Fonds bewilligt; in den städtischen Ämtern und Behörden, die Programme administrativ durchführen; in Bundes- und Länderbehörden, die die Bedingungen festsetzen, unter denen Zuschüsse vergeben werden; und in privaten Institutionen, die Beschäftigung, Wohnungen und Wohlfahrtsleistungen beschaffen. Obwohl es keine ausreichende Evidenz gibt, die es uns gestatten würde, Verallgemeinerungen zu trauen, haben wir dennoch den starken Eindruck gewonnen, daß der neu erkämpfte Zugang der Schwarzen nicht sofort durchgreifende Veränderungen in Umfang und Charakter der Anti-Armut-Politik und der Rassenbeziehungen hervorbringen wird. Das soll nicht heißen, daß die Führer (wirkliche Führer als auch solche, die sich dazu selbst ernannt haben) der schwarzen Bevölkerung und, allgemeiner, der Armenbevölkerung nicht wichtige Zugewinne in den nächsten Monaten und Jahren verschaffen können und werden. Es wurde bereits gesagt, daß sie einige wichtige Schlachten gewonnen haben. Gleichwohl bleibt noch viel zu tun. Es fehlt in Baltimore eine gesetzliche Handhabe zum freien Erwerb von Eigentum; immer noch gibt es bei der Beschäftigung, Zurücksetzung und Beförderung von Schwarzen in privaten Institutionen und Regierungseinrichtungen Diskriminierungen; es wird immer noch eine restriktive Politik bei der Unterstützung von Programmen zugunsten der Armenbevölkerung betrieben. Ein Teil dieser Verhaltensmuster kann mit Bezug auf die einer Veränderung feindlichen Ultras erklärt werden. Mehr oder weniger aber muß man diejenigen verantwortlich dafür machen, die die Notwendigkeit einer Veränderung zwar einsehen, aber ein gemächlicheres Tempo unter ihrer eigenen Führung einschlagen wollen.

IV. Feedback

Sogar in diesem frühen Stadium des Veränderungsprozesses können wir Trends entdecken, die eine entscheidende Reallokation von Werten in Baltimore ankündigen. Denn einmal rührt sich die einst träge Masse der Schwarzen merklich. Eine noch größere Zahl ist dabei, sich in den politischen Prozeß einbeziehen zu lassen. Wieviel davon direkt auf das Konto der Anti-Armut-Bewegung geht, läßt sich quantitativ nicht fassen, aber die Programme haben sicher ihren Teil daran.

Der den politischen Wandlungsprozeß maßgeblich beeinflussende Faktor war die Einrichtung von aus Bundesmitteln finanzierten kommunalen Programmen, die dazu bestimmt sind, die Armut zu beseitigen. Ohne Bundeszuschüsse für die Programme würde Baltimores Kampf gegen die Armut kaum seinen Namen verdienen. Viel wichtiger ist aber im gegenwärtigen Kontext, daß die Anti-Armut-Organe – u. a. CAA, *Model Cities* und *Model Urban Neighborhood Demonstration* (MUND) – als politische Katalysatoren in der Stadt wirkten, und dies vor allem deshalb, weil sie den schwarzen Armen die erforderlichen Mittel an die Hand gaben, um sich in politischen Aktionen zu organisieren und Zugang zu den Schlüsselzentren des Entscheidungsprozesses zu gewinnen. Im einzelnen haben sie der Armenpopulation folgende Bereiche eröffnet:

a) *Konfliktarenen.* Die *Community Action Agency,* das Führungskomitee von *Model Cities,* die Nachbarschaftsräte von MUND und einige weniger bedeutsame Orte boten den Sprechern der Armen jenes Forum, um ihre Beschwerden öffentlich zu artikulieren und, noch wichtiger, um den Bürgermeister, die Bürokratie und die Wirtschaftsinteressengruppen dazu zu bringen, sich im politischen Konflikt um ein zentrales politisches Problem zu engagieren: nämlich bei der Kontrolle der Anti-Armut-Politik und ihrer Programme. Der Kampf um die Kontrolle von *Model Cities,* über den bereits berichtet wurde, ist ein gutes Beispiel dafür.

b) *Machtpotentiale.* Diese Potentiale beinhalten politische und Gesetzes-Kenntnis, organisatorische Fähigkeiten, Hilfsquellen und Führungspositionen. Die CAA etwa hat 44 Nachbarschaftszentren im gesamten Stadtinnern errichtet, die Versammlungsplätze bereitstellen, dazu Beratungseinrichtungen, sowie Unterstützung von Wohnblockgruppen und einzelnen Personen. Darin geschickt, Mißstände in politisch relevante Machtfragen umzumünzen, vermittelten die CAA-Gemeindeorganisatoren den Leuten den auslösenden Impuls, sich Protestorganisationen anzuschließen oder solche zu schaffen, und auf diese Weise Selbstbewußtsein und Anleitung zu wirksamem Einsatz in politischen Aktionen.

c) *Konfliktanreiz.* Projekte wie *Model Cities* und MUND,

die Ausgaben von Millionen von Dollars erforderlich machen und tendenziell Zehntausende von Menschen betreffen, entzünden mit Notwendigkeit Kontroversen darüber, welche Gruppe oder Behörde sie kontrollieren soll. Die Vertreter der Armen besitzen nämlich jetzt die Mittel, solch eine Kontroverse in Gang zu setzen; und da die Frage nach der Kontrolle von öffentlichen Projekten immer noch ungeklärt ist, muß man vernünftigerweise annehmen, daß die Armen ihren Forderungen nach Anteil an der Kontrolle Nachdruck verleihen werden. Tatsächlich haben sie schon damit angefangen, wie wir gesehen haben.

e) *Legitimationsdoktrin.* Was Kritiker wie Daniel Patrick Moynihan übersehen, ist die Tatsache, daß »größtmögliche Partizipation« eine Doktrin ist, die dazu gedient hat, die Forderungen der Armen nach einem beträchtlichen Anteil am Entscheidungsprozeß zu legitimieren.[2] Trotz ihres Doppelsinns, der einen Dauerkonflikt zur Folge hatte, dient sie den Armen und ihren Führern als immer noch starke ideologische Rechtfertigung dafür, Kontrolle über Geldmittel und über politische Entscheidungen hinsichtlich der verschiedenen lokalen Projekte auszuüben. Die Anziehungskraft dessen, was man die »Ideologie der Partizipation« nennen mag, beschränkte sich keineswegs auf die Führer der schwarzen Armen. Eine wachsende Zahl von Armen ist sich deren Existenz bewußt und glaubt fest an sie. Dieses Gefühl kam deutlich zum Ausdruck, als beispielsweise eine Gruppe von Eltern der unteren Einkommensklasse ihren Kindern untersagte, an einem gut ausgearbeiteten Schulintegrationsexperiment teilzunehmen, weil diejenigen, die das Experiment vorschlugen, die Eltern dieser unteren Einkommenskategorien von der Partizipation an der Planung ausgeschlossen hatten.

Um es zu wiederholen: vom Bund bereitgestellt Programme und Gelder waren, direkt oder indirekt, die maßgeblichen Mittel, mit deren Hilfe Black Power einen Fuß in Baltimores politisches System setzen konnte. Die Programme und Gelder halfen direkt, indem sie die administrativen Richtlinien zur Bürgerpartizipation an Planung und Verteilung durchzusetzen vermochten. Und sie halfen indirekt, indem die Armen nun in wachsendem Maße dafür gewonnen werden, die verschiedenen lokalen Wohlfahrtsorgane bei ihrem Wettbewerb um einen größeren Anteil an den verfügbaren städtischen Fonds zu unterstützen. Kehren wir zu der Aussage am Anfang dieses Kapitels zurück: Bundeszuschüsse für Programme halfen, die Erwartung eines großen und wachsenden Prozentsatzes unter der Armenbevölkerung zu wecken, und bewirkten dabei einmal die Entwicklung von Interessen bei ihnen, zum andern, daß sie das politische System zur Durchsetzung ihrer Interessen in Anspruch nahmen.

Wie stark haben die Schwarzen Fuß gefaßt? Haben sie bereits genügend Macht, Autorität und Einfluß gewonnen? Oder werden sie in absehbarer Zeit so viel davon erobern, daß sie ständigen Zugang zum politischen Prozeß in Baltimore erhalten und ihren Anteil an der Gesamtverteilung von Vergünstigungen und Privilegien beträchtlich verbessern können? Ein abschließendes Urteil kann man noch nicht fällen. Der Kampf jedenfalls geht weiter.

Es steht fest – das können wir wiederholen –, daß die Anstrengungen, die von den Armen und in ihrem Namen unternommen wurden, um politische Druckmittel in die Hand zu bekommen, nicht länger versteckt oder nahezu erstickt sind, sondern allmählich in die neu geschaffenen Konflikt- und Entscheidungsprozeßarenen eindringen. Weiterhin hat die Bundesregierung, die hauptsächlich für die Schaffung einer Möglichkeit zur politischen Organisation der Armen verantwortlich war, diesen ihre Unterstützung noch nicht versagt. Um eines klarzustellen: die große Mehrheit der schwarzen Armenpopulation Baltimores bleibt unorganisiert und im ganzen machtlos. Ihr politisches Bewußtsein wird jedoch schärfer; sie sind in der Lage, neu installierte Kommunikationskanäle und Entscheidungsarenen zu benutzen, um so ihre Rechte zu sichern und Forderungen Nachdruck zu verleihen; und sie haben ihren weißen Antagonisten Boden abgerungen. Außerdem üben schwarze Führer in der Stadt jetzt wenigstens ein bescheidenes Maß an Macht aus, d. h. eine kleine, langsam wachsende Zahl von Weißen in zentralen Entscheidungspositionen geben schwarzen Forderungen nach, weil sie die gleichen Werte teilen.

Freilich sind auch Gegenkräfte am Werk. Einmal: der weiße Rassismus ist weit davon entfernt, ein »toter Hund« zu sein. Wir sagten schon zuvor, daß nur eine Minorität unter den

Weißen mit Härte gegen Chancengleichheit, ganz abgesehen von der Gleichheit des Outputs für die Schwarzen, opponiert. Diese »offenen« Rassisten bestehen größtenteils aus den sogenannten »rednecks«, Personen der unteren und mittleren Einkommensklasse, die energisch ihren während der letzten Jahre hart erarbeiteten sozialen Status verteidigen und sich dagegen sträuben, zum Aufstieg »nichtswürdiger« Leute auf den unteren Sprossen der Leiter beitragen zu sollen.

Zu diesen ganz offen agierenden Rassisten muß man noch eine größere (immer noch unerfaßte) Zahl »heimlicher« Rassisten hinzuzählen, d. h. Personen, deren oft ihnen selbst nicht bewußte Attitüden sie dazu veranlassen, »auf eine Situation, in die Schwarze involviert sind, anders zu reagieren als auf eine Situation, in die Weiße verwickelt sind«.[3] Ein wichtiger Teil weißer Besitzbürger fällt unter diese Kategorie, zu dem nicht nur Hauseigentümer im Stadtinnern gehören, sondern auch wohlhabende Personen außerhalb der Stadt, die zugeben, sie zögen lieber in einen Vorort als Schwarze zu Nachbarn zu haben. Viele, vielleicht sogar die meisten Einwohner Baltimores, die lautstark über zu hohe Kommunalsteuern murren, sind allzu schnell mit Tadel für Sozialfürsorgeempfänger bei der Hand, die, »wie jeder weiß«, schwarz und unwürdig, um nicht zu sagen, Beutelschneider des Stadtsäckels sind. Versteckter Rassismus hält sich auch unter den Arbeitgebern, ob es sich nun um die Regierung, gemeinnützige oder private Unternehmen oder um bestimmte Gewerkschaften handelt. Und 15 Jahre nach dem Fall *Brown versus Board of Education* ist der versteckte Rassismus in den öffentlichen Schulen und Colleges Baltimores immer noch spürbar. Weil nun die Schwarzen trotz des endemischen Rassismus ständig an Boden gewinnen, liegt die Vermutung nahe, daß es mit dem Rassismus rapide abwärts geht. Das kann sich vor allem dann als richtig erweisen, wenn die verschiedenen rassistischen Grüppchen keinen Grund oder keine Gelegenheit mehr finden, aus Opposition gegen schwarze Macht miteinander zu koalieren. Bei dieser Bilanz scheint keine Prognose sicher zu sein.

Ein zweiter Negativfaktor – aus der Sicht von Baltimores Schwarzen – ist ihre eigene innere Spaltung. Wie zu erwarten war, finden wir, daß die örtlichen Niederlassungen von NAACP und der *Urban League* eine andere Weltanschauung haben als CORE, SNCC und U-JOIN. Um politisch wirkungsvoll zu sein, müßten diese sowie andere Gruppen gemeinsame Sache machen, aber das haben sie nur gelegentlich und für kurze Perioden geschafft. Mehr noch: sobald und um so mehr die Schwarzen in der Stadt »vom System kooptiert werden«, und zwar in dem Sinne, daß sie eine oder zwei Sprossen auf der sozio-ökonomischen Leiter hinaufklettern, könnte die Bewegung ernsthaft geschwächt werden. Schlicht gesagt: wenn die schwarze Bourgeoisie langsam an Zahl zunimmt, können zwei Dinge passieren: diejenigen, die Vorteile haben, werden sich der etablierten Ordnung gegenüber immer wohlwollender verhalten und zu ihrer Verteidigung bereit sein; die Zurückgebliebenen dagegen werden ihr »Versagen« allein in persönlichen Gründen suchen und den Kampf resigniert aufgeben.

Eine dritte Gegenkraft gegen eine wachsende schwarze Macht könnte sich als die bedeutendste von allen erweisen. Es war vorher schon die Rede davon, daß Anti-Armut-Programme des Bundes – gedeckt durch Bundesfonds und die vom Bund gegebene Bestätigung der Prinzipien der größtmöglichen Partizipation – eine zentrale Rolle im Streben der Schwarzen nach politischem Einfluß spielten. Eine Schwächung der Bemühungen des Bundes, noch bevor die politische Plattform der Schwarzen sich ausgedehnt und gefestigt hat, könnte sich verheerend auswirken. Es gibt unheilverkündende Anzeichen dafür, daß genau diese Gefahr bereits heraufzieht. Nicht nur, daß die durch den Kongreß bewilligten Beträge für Projekte wie CAP, *Model Cities* und dergleichen unter das relativ bescheidene Niveau früherer Jahre gesunken sind (mit einer Begründung, über die sich trefflich streiten läßt: die nationale Sicherheit und Bekämpfung der Inflation seien vorrangig), auch die Gegner der Bürgerpartizipation werden zunehmend kühner. Daniel Moynihans jüngste Attacke gegen größtmögliche Partizipation ist nur wenig mehr als eine Variante des Themas der Status-quo-Verteidiger, die Regierung habe kein Mandat, »lokale Revolutionen« zu unterstützen. Desgleichen rührt viel von dem Enthusiasmus für die Beteiligung von Landes- und Kommunalregierungen an Bundesmitteln (anstelle programmspezifischer Zuschüsse) von den Befürwortern der Stärkung einer zwar weniger restriktiven, aber trotzdem immer noch bestehenden Mobilisierung von Vorurteilen her. Das gleiche gilt für den steigenden Druck im Kongreß in Richtung auf Förderung der Kooperation zwischen regionaler und zentraler Gerichtsbarkeit.[4]

V. Schlußfolgerung

Wir haben in den letzten drei Kapiteln den Versuch einer Analyse unternommen, wie sich Macht, Autorität und Einfluß in zwei gegensätzlichen Perioden bei der Formung und Stützung politischer Glaubenshaltungen, Institutionen und Verfahrensweisen auswirkten, die ihrerseits die Distribution der Folgen unter Personen und Gruppen Baltimores bestimmten. Während der ersten Periode schien Macht vor allem in Form von Nicht-Entscheidungen ausgeübt zu werden, die zur Aufrechterhaltung eines Systems beitrugen, durch das bestimmte Gruppen in der Gemeinde daran gehindert wurden, Gehör zu finden. Während dieses Zeitraums konnte von einer substantiellen Veränderung der Verteilung von Folgen unter den Gruppen keine Rede sein. Die zweite Periode brachte ideologische und institutionelle Veränderungen von beträchtlichem Ausmaß mit sich, und zwar mit Hilfe von Schlüsselentscheidungen, die vorab durch Machtausübung derjenigen initiiert und geformt wurden, denen das politische System früher verschlossen geblieben war. Diese Entscheidungen spiegelten einmal die Veränderung in der Distribution von Folgen innerhalb der Gemeinde, trugen aber zum anderen auch zur Veränderung bei.

Baltimore hat sich tatsächlich sehr weit der Erfüllung der Empfehlung der *Kerner-Kommission* genähert, die lautet, es solle für Möglichkeiten gesorgt werden, »eine sinnvolle Einbeziehung von Ghettobewohnern bei der Mitgestaltung von politischen Vorhaben und Programmen zu gewährleisten, die sich auf die Gemeinde auswirken«. Die Folge davon ist nicht das Ergebnis einer willentlichen Entscheidung der weißen Mehrheit in der Stadt, sondern die Demonstration von Macht durch die Führer der schwarzen Armenpopulation. Mit Machtressourcen durch die Bundesregierung ausgestattet, konnten die schwarzen Führer den politischen Prozeß beträchtlich verändern. Weitere Veränderungen in dieser Richtung sind wahrscheinlich, aber falls sie zustande kommen, muß es natürlich reine Spekulation bleiben, welches Aussehen sie haben und wie sie bewerkstelligt werden.

8 Zu einer allgemeinen Theorie des politischen Prozesses

Insofern wir uns mit der Untersuchung des politischen Prozesses befassen, besteht unser Fernziel in der Entwicklung einer allgemeinen Theorie, d. h. eines Netzes von zusammenhängenden Hypothesen, die von unterschiedlichen Empirikern bestätigt werden können. Wir sind so frei, zuzugeben, daß wir dieses Ziel noch nicht erreicht haben. Wir hoffen jedoch, daß die in dieser Studie vorgelegte Theorie den Zustand der Kunst der politischen Analyse beträchtlich voranbringen wird. Zur Klärung unserer Position und zugleich zur Erleichterung ihrer Einschätzung durch andere schließen wir mit der Aufzählung unserer wichtigsten Aussagen:

1. Wie Harold Lasswell es vor mehreren Jahren einmal formuliert hat, geht es in der Politik darum, wer was, wann und wie erreicht. Bis heute aber beschäftigten sich die politischen Analytiker theoretisch wie empirisch ausgiebig mit dem »Wer« und »Wie« und vernachlässigten fast ganz das »Was«. Dieses »Was«, das wir »politischen Output« nennen, ist unser ursprünglicher und prinzipieller Fokus. Natürlich schließen wir in unsere Betrachtung ein, wer Macht über wen und auf welche Weise auszuüben bestrebt ist, aber es geht uns nicht weniger um die Allokation von Werten (einschließlich Macht) zu einem bestimmten Zeitpunkt und während einer bestimmten Zeitdauer. Sagen wir es noch anders: Brennpunkt unseres Interesses ist beides: nämlich wer was erreicht und wie, und wer leer ausgeht und wie.

2. Politische Gemeinwesen sind selten, wenn überhaupt, durch Gleichheit der Allokation von Werten gekennzeichnet. Nahezu unverändert begünstigt der politische Output eines Systems einige Personen und Gruppen stärker als andere. Mehr noch: Ungleichheit bei der Verteilung von Vergünstigungen und Privilegien tendiert dazu, zeitlich zu beharren.

3. Politische Systeme entwickeln ständig einen Hang zur Mobilisierung von Vorurteilen, einem Komplex von Werten, Glaubenshaltungen, Ritualen und Verfahrensweisen, die von den Nutznießern der ungleichen Werteallokation ausgebeutet

werden können, um so ihre Vorzugsposition zu verteidigen und zu fördern.

4. Es mag politische Gemeinwesen geben, in denen Konsensus über die vorherrschende Verteilung von Vergünstigungen und Privilegien besteht, d. h. wo es keine Systemveränderer, offene oder heimliche, gibt. Diese Situation ist völlig atypisch. In den meisten politischen Gemeinwesen wird der Forscher faktische und potentielle Herausforderer der herrschenden Ordnung finden.

5. Die herrschende Gruppe (oder die herrschenden Gruppen) in einem politischen Gemeinwesen übt Macht zur Aufrechterhaltung und Bestätigung der bestehenden Mobilisierung von Vorurteilen aus. Wenn die Herausforderungen ihrer bevorzugten Position (oder Positionen) auch innerhalb des Kanals der politischen Vorhabenwahl vonstatten gehen kann und auch faktisch vonstatten geht, so werden diejenigen, die in dominierenden Stellungen sind, es den Unzufriedenen besonders schwer machen, politische Änderungsvorschläge einzubringen, die eine Bedrohung der Vorzugspositionen darstellen.

6. Untergeordnete Gruppen sind aufgrund ihrer unzureichenden Machtressourcen in einem restriktiven politischen System oft gar nicht in der Lage, ihre Forderungen nach Veränderung in wichtige politische Änderungsvorschläge umzumünzen. Da die Mißstände anwachsen und sie von daher zu dem Schluß kommen müssen, daß gewaltloser Protest sich nicht lohnt, so ist es nichts Ungewöhnliches, wenn diese Gruppen ihren Forderungen mit der Androhung von Gewalt oder auch durch faktische Gewalt Gewicht verleihen. (Die Androhung von Gewalt ist eine Quelle gegenwärtiger Macht; faktische Gewalt ist ein Mittel der Gewinnung zukünftiger Macht. Der Rückgriff auf Gewalt, sogar ihre bloße Androhung, kann auch die gegenteilige Wirkung zeitigen, indem er die Ressourcen an Macht, Autorität und Einfluß derer, die zu Gewaltaktionen aufrufen, verringert – oder ganz zerstört.)

7. Mehr oder weniger permanente Verschiebungen in der Mobilisierung von Vorurteilen sowie die Werteallokation, die aus jenen hervorgeht, kommen vor allem zustande, weil die ehemals benachteiligten Personen und Gruppen zusätzliche

Ressourcen an Macht und Autorität gewonnen haben, und zwar gewöhnlich durch Bewegungen oder Institutionen außerhalb des fraglichen politischen Gemeinwesens.

Der Leser ist zur Vorsicht angehalten, in diesen sieben Statements, wiewohl sie den Kern unserer Argumentation in den vorausgegangenen Kapitels darstellen, nicht mehr als nur ein gedankliches Gerippe zu sehen und nicht schon eine möglichst vollständige und strenge Darstellung unserer Position. Wir müssen gleichfalls betonen, daß jeder dieser Punkte eine bloß tentative Verallgemeinerung und damit auch Gegenstand empirischer Verifikation ist, ohne gesichertes Faktenwissen zu enthalten.

Wir begannen diese Studie mit einer Kritik des »soziologischen« und des »politikwissenschaftlichen« Ansatzes zur Untersuchung des Phänomens der Macht in der Gemeinde; wir haben behauptet, daß beide Ansätze zu falschen Schlüssen führen. Wir sind andererseits tief davon überzeugt, daß unser Ansatz solche Fallen vermeidet. Um uns zu wiederholen: Wir fragen weder: »Wer hat hier das Sagen?«, noch: »Hat hier überhaupt jemand das Sagen?«, sondern: »Ist die Verteilung von Vergünstigungen und Privilegien hochgradig ungleich und, wenn ja, warum?« Mit diesem Bezugsrahmen ist der Empiriker nicht nur in der Lage, die Normalsituation eines politischen Gemeinwesens zu erforschen; er vermag auch in einer Periode des Übergangs die vielfältige Nutzung von Macht und ihrer Korrelate in bezug auf Ideologie, Institutionen und politisches Verhalten von handelnden Individuen innerhalb und außerhalb des Systems zu beobachten.

Anhang

Anhang A
Die Politik der Stadtregierung in Baltimore
Von Ronnie Goldberg

Dieser Bericht ist das Ergebnis einer Untersuchung über Baltimores Stadtverordnetenversammlung *(City Council)*. So wie er vorliegt, handelt es sich nicht um einen vollständigen oder endgültigen Bericht, sondern eher um eine Einführung, zusammengestellt aus Details, die wir während einer zweimonatigen und nicht immer ergiebigen Forschungsperiode gespeichert haben. Sollten Teile der folgenden Information irrelevant erscheinen, so vielleicht deshalb, weil der Autor nur zögernd bereit war, allzu viele Streichungen von einer notwendigerweise begrenzten Menge von Informationen vorzunehmen. Folglich ist die Abwesenheit von Informationen, die dem informierten Einwohner Baltimores ins Auge springen und/oder von vitalem Interesse zu sein scheinen, auf die beschränkte Dauer dieser Untersuchung zurückzuführen.

I.

Baltimores *City Council* ist der gesetzgebende Teil vom Typ einer Bürgermeister-*Council*-Regierung. Er ist stets aus 18 Stadtverordneten zusammengesetzt, von denen jeweils drei aus jedem der sechs städtischen Wahlbezirke[1] gewählt sind; hinzu kommt ein Stadtparlamentspräsident, der in allgemeiner Wahl für sein Amt bestimmt wird. Alle unterliegen einem Vier-Jahres-Turnus. Der Parlamentspräsident steht in der Anwartschaft auf Nachfolge für den Bürgermeister an erster Stelle; bei Krankheit oder Abwesenheit nimmt er alle offiziellen Verpflichtungen wahr. Der Präsident sitzt selbstverständlich auch dem Parlament vor und kann zu allen politischen Änderungsvorschlägen sein Votum vor diesem abgeben. Er ist auch Präsident des *Board of Estimates* (was weiter unten besprochen wird). Wird der Präsident des Mißverhaltens, der Inkompetenz oder vorsätzlicher Nachlässigkeit für schuldig befunden, so unterliegt er den vom Bürgermeister gewählten Auflagen; Entfernung aus dem Amt bedarf der Drei-Viertel-

Stimmenmajorität im *Council.* Falls der Präsident aus diesem oder jenem Grund nicht in seinem Amt bleibt, wird ein zeitweiliger Nachfolger durch den *Council* von außerhalb seiner eigenen Reihen gewählt. Die Stadtverordnetenversammlung wählt aber den Vizepräsidenten mit Mehrheitsvotum aus den Reihen seiner eigenen Mitglieder. Der Vizepräsident bekommt ein höheres Gehalt als die Stadtverordneten,[2] und er ist bei Abwesenheit des Präsidenten zur Wahrnehmung seiner Pflichten ermächtigt.

Dem Parlament selber sind 21 Ausschüsse angeschlossen. Die wichtigsten[3] sind die Ausschüsse für Regionalplanung, Baubestimmungen, öffentlichen Transport, Haushalt und Finanzen, Ernennungen durch die Exekutive und der Ausschuß für Rechtsangelegenheiten.[4] Jeder Ausschuß besteht aus sieben Mitgliedern (mit Ausnahme des Ausschusses für Regionalplanung, das aus elf besteht), die vom Parlamentspräsidenten ernannt und von der Mehrheit der Stadtverordneten gebilligt werden müssen. Hier ergibt sich ein weites Feld für Parteienstreitigkeiten, wie später gezeigt wird.

Der *Council* als Teil der Regierung ist für alle legislativen Handlungen verantwortlich. Diese haben bei Eintritt in den *Council* die Form von vorgeschlagenen Statuten oder Resolutionen. Der Einführung folgt – falls nicht einstimmig oder mit Zwei-Drittel-Mehrheit anderslautend entschieden wird – die Vorstellung des vorgeschlagenen Statuts durch Verlesung des Titels; anschließend leitet der Präsident es an den zuständigen Ausschuß des *Council* weiter. Der Ausschuß veranstaltet eine öffentliche Anhörung zu der Gesetzesvorlage und berichtet schließlich dem *Council:* sei es positiv, negativ oder ohne jegliche Wertung. Falls der Ausschuß sich der Gesetzesvorlage nicht innerhalb von sechs Monaten annimmt (Bekanntmachung erfolgt eine Woche vor Ablauf des Sechs-Monats-Zeitraums), wird die Gesetzesvorlage zurückgezogen. Allerdings kann eine Mehrheit im *Council* verlangen, der Ausschuß möge die in Vorschlag gebrachte Resolution an den *Council* zurückleiten. In diesem Fall entspricht der Vorschlag einem Bericht »ohne Wertung«. Eine Mehrheit im *Council* kann auch einen Tag bestimmen, an dem über noch anhängige Resolutionen Bericht erstattet werden muß.

Die Parlamentsregeln machen es erforderlich, daß vor Verabschiedung eines Gesetzes Lesungen an drei verschiedenen Terminen im *Council* stattzufinden haben. Der Bericht des Ausschusses markiert die zweite Lesung (Gesetzesvorlagen, die dem Parlament zurückgeleitet werden, gelten als im Stadium der zweiten Lesung befindlich). Die dritte Lesung zu einer Gesetzesvorlage stellt den abschließenden Test dar. Wird sie mit einfacher Stimmenmehrheit verabschiedet, so geht sie an den Bürgermeister weiter, da sie von ihm gebilligt werden muß. Wenn der Bürgermeister sich zu der Gesetzesvorlage während des Zeitraums von fünf Parlamentssitzungen nicht äußert, erhält sie automatisch Gesetzeskraft. Ein Bürgermeisterveto kann mit Drei-Viertel-Mehrheit überstimmt werden. Eine Gesetzesvorlage kann an jedem Lesungstermin zur Strecke gebracht werden; nach ihrer Niederstimmung kann sie aber wieder an einen Ausschuß zurückgeleitet und neu eingebracht werden. Ein anderes Mittel, um eine Gesetzesvorlage zu »retten«, besteht darin, Antrag auf »nochmalige Erwägung« zu stellen, was dann geschehen kann, wenn der ursprüngliche Antrag sich noch in Händen des *Council* befindet.[5] Der Antrag auf nochmalige Erwägung wird von der Mehrheit der Anwesenden gebilligt; der Antrag muß aber von einem Stadtverordneten gestellt werden, der sein Votum zu ändern wünscht. Zusatzanträge zu Gesetzesvorlagen können erst in der dritten Lesung gebilligt werden; in diesem Fall wird die Gesetzesvorlage vor ihrer abschließenden Verabschiedung neu gedruckt.

Unter anderem ermächtigt die Städtecharta den *Council*, Untersuchungen in allen städtischen Behörden durchzuführen; ferner autorisiert sie die Komitees zur Abnahme des Eids und zur Vorladung von Zeugen. Der *Council* ist gleichfalls dazu ermächtigt, den obersten städtischen Kontrollbeamten mit Stimmenmehrheit abzusetzen und einen Ersatz auf Zeit zu wählen; ferner seine eigenen Mitglieder mit Drei-Viertel-Mehrheit abzusetzen. Die Absetzung muß aus Gründen nicht ordnungsgemäßen Verhaltens oder eines Fehltritts erfolgen; sie wird vom Gericht der Stadt Baltimore geprüft. Der *Council* kann sich auch selber Regeln geben, deren Aufhebung einer Zwei-Drittel-Mehrheit bedarf.

Schließlich muß der *Council* alle Amtsernennungen der Exekutive bestätigen. Diese Vorkehrung erklärt die Bedeu-

tung des Ausschusses für Ernennungen der Exekutive, dem
alle Nominierungen zugeleitet werden (über diese muß bei der
nächsten Zusammenkunft Bericht erstattet werden – falls
nicht mit einfacher Stimmenmehrheit anders verfügt wird –,
und sie gelten als bestätigt, wenn sie innerhalb von drei Zusammenkünften nicht behandelt wurden). Diese Vorkehrung
weist auch auf einen Bereich hin, in dem der *Council* dem
Bürgermeister gegenüber bis zu einem gewissen Grade Stärke
zeigen kann – besonders dann nämlich, wenn die parteipoliti-
sche Haltung des Bürgermeisters sich von der der Parlaments-
mehrheit unterscheidet – wie das von 1963 bis 1967 der Fall
war.

Eine potentielle Quelle für Macht, Autorität und Einfluß
des Bürgermeisters liegt aber im Haushaltsausschuß *(Boards
of Estimates)*, einer städtischen Einrichtung, die auf der
Grundlage von Berechnungen der städtischen Behörden darüber bestimmt, in welchem Ausmaß öffentliche Mittel an das
Bürgermeisteramt, den *Council* und die städtischen Ämter
verteilt werden können. Wie schon früher ausgeführt, ist der
Parlamentspräsident zugleich Vorsitzender dieses Ausschusses. Die anderen Mitglieder sind der oberste Kontrollbeamte,
der Bürgermeister und zwei vom Bürgermeister ernannte
Mitglieder. Obgleich der Bürgermeister im Prinzip eine Mehrheit im Ausschuß für sich buchen können wird, ist er nicht
unabhängig vom Einfluß des *Council.* Nicht allein, daß die
Ernennungen seines Ausschusses die Zustimmung des *Council*
erfordern; der *Council* kann ebenso für die Verringerung
(nicht aber für die Erhöhung) der budgetären Mittelverteilung
des Ausschusses votieren. Der *Council* verfügt somit über ein
indirektes Veto zu neu vorgeschlagenen Programmen und
insbesondere zu solchen, zu denen die städtische Regierung
ihren finanziellen Teil beisteuern muß, falls es um den Zuschuß
von Bundesmitteln geht.

II.

Wir wenden uns jetzt dem Charakter der sechs Wahlkreise zur
Stadtverordnetenversammlung und ihren Vertretern im *Council* zu.[6]

Der erste Wahlkreis – wie auch der sechste – wird vor allem
von der weißen Arbeiterschicht beherrscht; hier dominiert ein

rassistischer und konservativer Ton. Vor der Neugliederung im Jahre 1966 stellten die Schwarzen 8,4% der registrierten Wahlberechtigten des ersten Wahlkreises dar; jetzt sind es 11 Prozent. Der schwarze Bevölkerungsanteil war und ist immer noch politisch machtlos. Alle drei Stadtverordneten des ersten Wahlkreises wurden bei der Wahl im November 1967 wiederum in ihrem Amt bestätigt; sie brauchten keine Konkurrenz von den organisierten schwarzen Gruppierungen zu befürchten. Alle drei votierten ständig gegen jegliche Art von Bürgerrechts- und Anti-Armut-Gesetzgebungen.

Die Neugliederung hat den zweiten Kreis stärker betroffen als alle anderen. Vor 1966 war der zweite Kreis extrem klein und deswegen überrepräsentiert. 49 Prozent seiner registrierten Wahlberechtigten waren Schwarze, die meisten von ihnen arm, ohne Artikulationsmöglichkeit, unorganisiert und daher praktisch ohnmächtig. Infolge der Neugliederung gewann der zweite Kreis eine Gruppe von Mittelschichts-Schwarzen hinzu, und zwar auf Kosten des dritten Kreises, wo sie allzu sehr in der Minderheit waren, um politisch wirksam zu sein. Auch verlor der zweite Bezirk eine Anzahl ärmerer Schwarzer an den ersten. Jetzt sind 54 Prozent der registrierten Wahlberechtigten im zweiten Kreis Schwarze, die das Ziel der vereinten Anstrengungen, besonders von CORE und U-VOTE[7], sind, um deren politische Partizipation zu verbessern. Das unmittelbare Ergebnis dieser Anstrengungen und der Neugliederung war die Wahl eines schwarzen Stadtverordneten im zweiten Kreis. Die beiden anderen Vertreter des Bezirks zielen strikt auf das »arme Weiße«-Element ab, dessen Interesse hauptsächlich dahin geht, vollständige Rassenintegration zu verhindern und eine starke politische Partizipation der Schwarzen so lange wie möglich hinauszuzögern. Am Rande sei erwähnt, daß der zweite Kreis die stärkste republikanische Organisation der Stadt hat; und die besteht vor allem aus Schwarzen. Die Zahl der registrierten schwarzen Wahlberechtigten im dritten Bezirk ist von vormals 18 Prozent aller Registrierten auf 3 Prozent geschrumpft, ein Resultat der Neugliederung, die aus dem dritten Kreis den »weißesten« aller Wahlbezirke gemacht hat. Zwar schließt er auch Einwohner der oberen mittleren Einkommensklasse ein; große Teile der Bevölkerung sind jedoch Weiße der unteren mittleren

Einkommenskategorie mit »konservativer« politischer Grundhaltung. Bei der Parlamentswahl im November 1967 wurde jedoch der Sprecher dieser Gruppe der unteren mittleren Einkommenskategorie von einem jungen »liberalen« Rechtsanwalt aus dem Feld geschlagen. Die beiden übrigen Stadtverordneten des dritten Wahlbezirks stehen »in der Mitte«; allerdings neigen sie eher – wenn auch schwankend – der »konservativen« Seite zu.

Der vierte Wahlkreis ist der Ort, wo die Hauptmacht der schwarzen Stimmberechtigten Baltimores sitzt. Überwältigende 79 Prozent aller registrierten Wahlberechtigten des Kreises sind Schwarze, die 1963 die ersten zwei schwarzen Stadtverordneten wählten. Seit der Wahl im November 1967 wird der Kreis von drei der vier im *Council* vertretenen Schwarzen repräsentiert. Sobald wir uns der Diskussion um die Politik zwischen den Parteiflügeln zuwenden (Abschnitt III), wird man sehen, daß die einst mächtige, von Weißen beherrschte politische »Maschine« im vierten Kreis fast ihren ganzen Einfluß verloren hat. Im Augenblick teilen sich zur Hauptsache zwei rivalisierende Negergruppen den politischen Einfluß im Wahlkreis.[8]

Der fünfte Kreis ist im wesentlichen »Mittelschichts«-Bereich. Etwa 29 Prozent seiner registrierten Wahlberechtigten sind Schwarze. Zusätzlich umfaßt dieser Kreis einen großen jüdischen Bevölkerungsteil, besonders in seinen nordwestlichen Abschnitten. Im Nordwesten haben die politischen Bosse von gestern ihre Macht behalten.[9] Als der vierte Kreis zunehmend von Schwarzen bevölkert wurde, zog die jüdische Gemeinde, die zu einem großen Teil aus kleinen Geschäftsleuten bestand, in den Westen, also in den fünften Kreis. Viele von ihnen sind wohlhabender geworden und damit tendenziell liberaler. Interessanterweise haben Wähler des fünften Kreises zwei Stadtverordneten ihre Stimme gegeben, auf die bei der Unterstützung von Bürgerrechtsgesetzen und dem CAP Verlaß ist; aber auch einem dritten Stadtverordneten, der schon immer ein hartnäckiger Gegner von Baltimores Anti-Armut-Programmen und ein entschiedener Feind des freien Erwerbs von Wohnungen, des Mieterschutzes und ähnlicher Gesetze war. Mit der schon erwähnten politischen Maschine eng liiert, wird der dritte Stadtverordnete von seinen Wählern geschätzt und respektiert und kann seinen Sitz eher trotz als aufgrund seiner Einstellung halten.

Im sechsten Kreis stellen die Schwarzen 40 Prozent aller registrierten Stimmberechtigten. Vor der Neugliederung im Jahre 1966 betrug ihr Anteil nur 29 Prozent. Beträchtlich wie dieser Zuwachs war, reichte er doch nicht für die Wahl eines schwarzen Stadtverordneten aus. Tatsächlich trat nur ein schwarzer Kandidat bei der Vorwahl der Demokraten in Erscheinung. Die Schwarzen im sechsten Kreis sind recht stark in einem Bereich konzentriert, der übrige Teil des Bezirks besteht aus einem umfangreichen »redneck«-Element. Die Politik des sechsten Kreises ähnelt weitgehend der im ersten Kreis; alle drei Stadtverordneten sind ihrer Herkunft nach der unteren mittleren Einkommensklasse zuzurechnen und teilen deren Einstellungen. Höchstwahrscheinlich werden die Schwarzen des sechsten Kreises nicht eher eine Vertretung im *Council* bekommen, bis sie einen zahlenmäßigen Vorteil gegenüber den Weißen gewonnen haben.

III.

Zuletzt funktionierte das Zwei-Parteien-System in Baltimore 1927, als der *Council* jeweils neun Mitglieder aus jeder Partei umfaßte. Heute ist die Stadt eine solide Hochburg der Demokraten. Zu einer nennenswerten Ausnahme von der Ein-Parteien-Regel kam es 1963, als der Republikaner Theodore R. McKeldin zum Bürgermeister gewählt wurde. Seine Wahl wurde im allgemeinen eher als eine Demonstration seiner persönlichen Popularität und seines Prestiges gewertet denn als Wiederbelebung der republikanischen Organisation. Seit Dezember 1967 hat die Stadt wieder einen demokratischen Bürgermeister und einen total demokratischen *Council*.

Eines der wichtigsten Ergebnisse des Mangels an harter Parteienkonkurrenz ist die scharfe Spaltung innerhalb der demokratischen Partei selber; Konkurrenz zwischen den Parteien wurde ersetzt durch innerparteiliche Flügelkämpfe. Besonders zwei Fraktionen haben immer schon die Politik des *Council* bestimmt. Von den zweien ist die von Jack Pollack angeführte am straffsten organisiert. Die Kandidaten schlossen sich Pollack vor allem deshalb an, weil er die Leute und die Maschinerie zur Verfügung hatte, die für die Lancierung eines

Erfolgs notwendig sind; im besonderen konzentrierte sich die Energie der Gruppe auf »seinen Mann«, und zwar auf Kosten der anderen. Als Gegenleistung schwor der Kandidat Pollack Gefolgschaft und verhalf diesem zur Ernte der Protektion, die die politische Maschine in Gang hält. Wichtiger noch: unter Pollack formiert sich eine ökonomische Basis; althergebrachte Privilegien, vor allem von Besitzbürgern, konnten sicher gehen, daß bestimmte Gesetzesvorlagen verabschiedet wurden und andere nicht. Es ist in diesem Zusammenhang wichtig anzumerken, daß der Pollack-Flügel ideologisch weder liberal noch konservativ ist. Angesichts politischer Änderungsvorschläge nämlich, die für das gegenwärtige oder künftige Heil seiner politischen Organisation ziemlich unwichtig waren, verhielt er sich deutlich neutral.

Pollacks Organisation erreichte den Gipfel ihrer Stärke in den frühen fünfziger Jahren; jetzt ist ihre Position schwankend geworden. Die wachsende Negerpopulation (und deren politische Macht) in seiner ehemaligen Domäne, dem vierten Bezirk, und die Entwicklung einer liberalen jüdischen Population im fünften haben deutlich zusammengewirkt und schränken die Zahl der Stimmen empfindlich ein, die er einem Kandidaten anbieten kann. Folgerichtig muß Pollack Bündnisse mit anderen eingehen, um das zu bekommen, was er vom *Council* will. Diese Koalitionen aber sind tendenziell brüchig und verändern sich von Zeit zu Zeit, was von dem jeweiligen politischen Vorhaben abhängt.

Der zweite demokratische Hauptflügel besteht vor allem aus denjenigen, die nicht mit der Pollack-Organisation verbündet sind und, aus Gründen der Selbstverteidigung, gemeinsam stimmen. Dieser Flügel wird vom Bürgermeister (und vormaligen Parlamentspräsidenten) Thomas D'Alesandro angeführt. Während der Wahlen zum Teil durch die Zugkraft des Namens D'Alesandro zusammengehalten, ist der Block im ganzen eine lose Koalition, die ihre Stärke in der Vergangenheit hauptsächlich aus dem ersten und zweiten Bezirk bezog.[10]

Unter Bedingungen, unter denen fast jeder Stadtverordnete mal dem einen, mal dem anderen Flügel angehört, kann das innerparteiliche Gerangel den *Council* zu gesetzgeberischer Ohnmacht verurteilen. Mitte der sechziger Jahre zum Beispiel gab es bei der Kontrolle von Spitzenämtern im politischen

Organismus für den Zeitraum von Monaten eine Patt-Situation; während dieser Zeit war der Gesetzgebungsprozeß nahezu lahmgelegt. Mehr noch: in einer Umgebung, wo in allen Fragen Protektion an der Spitze der Überlegungen steht, gehen häufig die hinter den Vorschlägen stehenden tatsächlichen Absichten im *Council* dank des permanenten Kulissenkampfs unter. Es ist für einen Stadtverordneten gar nicht unüblich, mit seiner Gruppe auf eine Weise zu stimmen, die ganz im Widerspruch zu den vitalen Interessen (oder artikulierten Wünschen) seiner Wähler steht. Desgleichen ist es nichts Ungewöhnliches, wenn die im *Council* geführten Diskussionen völlig irrelevant in bezug auf den auf der Tagesordnung stehenden politischen Änderungsvorschlag sind.

IV.

Wie wir sahen, hat der Bürgermeister eigentlich keine formelle Kontrolle über die Stadtverordnetenversammlung. Daher muß er sich auf indirekte Mittel zur Durchsetzung seines Willens verlassen können; das Naheliegende ist (wiederum) Protektion. Bürgermeister McKeldins Lage war in dieser Hinsicht bemerkenswert schwach. Man bezichtigte ihn z. B. der Unwilligkeit, seine Möglichkeiten von Patronage einzusetzen, um die Verabschiedung einer Gesetzesvorlage durchzufechten, die der Rassendiskriminierung beim Benutzen aller öffentlich zugänglichen Vergnügungsmöglichkeiten einen Riegel vorschieben sollte. Dem Außenstehenden fällt eine Beurteilung dieser Anklage schwer, aber man muß verstehen, daß der Bürgermeister, als der einzige gewählte Republikaner der Stadt, ganz unvermeidlich nur sehr wenige Möglichkeiten zur Verfügung haben konnte.

Jetzt hingegen ist der Bürgermeister ein Demokrat; außerdem war er Parlamentspräsident, und der derzeitige Parlamentspräsident war sein Kampfgefährte bei den Wahlen 1967. Gelegenheiten für eine Zusammenarbeit zwischen Bürgermeister und *Council* werden ohne weiteres in der kommenden Sitzungsperiode reichlich vorhanden sein. Bis zu einem gewissen Grade wird der Erfolg des Bürgermeisters D'Alesandro davon abhängen, ob er die zerstrittenen Gruppen innerhalb der Demokratischen Partei einigen kann. Er wird auch davon abhängen (vielleicht in Zukunft mehr noch als jetzt), ob es ihm gelingt, die nicht übermäßig enthusiastische schwarze Gemeinde für sich zu gewinnen. Ganz sicher aber deutet seine 78 Prozent-Mehrheit auf günstige Umstände hin.

Es ist noch zu früh, den neuen Bürgermeister und seinen *Council* beurteilen zu können; eine oder zwei abschließende Beobachtungen scheinen aber angebracht zu sein. Erstens: die Schwarzen sind nicht so stark repräsentiert im *Council*, wie man sich das erhofft hatte und wie das auch nach der ethnischen Zusammensetzung der Bevölkerung notwendig wäre. Weiterhin: Oberflächlich mag es so scheinen, als ob die »Konservativen« den *Council* immer noch im Griff hätten. Es macht sich aber eine Veränderung in seiner traditionellen »Arbeiterschicht«-Orientierung bemerkbar. Die Wahl von zwei jungen Angehörigen der höheren Berufsschichten aus dem zweiten und dritten Kreis könnte ein Indikator für diesen neuen Trend sein. Die ersten wirklichen Tests für den *Council* muß man in den zukünftigen Abstimmungen sehen.

Abschließend darf nicht vergessen werden, in welchem Maß die Anti-Armut-Bewegung vom *Council* abhängt. Unmittelbar nach der Billigung des Gemeinde-Aktions-Programms machte der *Council* CAA zu einer städtischen Geschäftsstelle und erlangte damit die finanzielle Kontrolle über alle Anti-Armut-Programme. Der *Council* sicherte sich damit nicht nur das Recht zur »Überprüfung« von CAA, sondern kann grundsätzlich gegen jeden neuen Programmvorschlag votieren, indem er die städtische Beihilfe sperrt.[11] Daher kann die Bedeutung des *Council* für Baltimores Anti-Armut-Aktivitäten kaum überschätzt werden.

Anhang B
Die Neugliederungspolitik in Baltimore
Von Brenda L. Davies

I. Einleitung

Die politische Komponente unserer Einschätzung der Anti-Armut-Bewegung in Baltimore enthält zwei zentrale Überlegungen. Erstens: Welche Kräfte individueller und anonymer Art sind es, die die Anti-Armut-Politik in Baltimore formen und administrativ durchführen? Zweitens: Welche Richtung wird die Anti-Armut-Politik zukünftig nehmen, wobei wir annehmen, daß (a) die Determinanten des politischen Prozesses im wesentlichen dieselben bleiben, und (b) daß die Determinanten, und damit auch der Prozeß, wichtige Veränderungen durchlaufen? Als Vorbereitung auf die empirische Untersuchung wurde ein analytischer Rahmen entwickelt, der im Text weiter oben, im 4. Kapitel, enthalten ist. Um es kurz zusammenzufassen: Wir behaupteten, daß es in jedem politischen Gemeinwesen Personen und Gruppen gibt, die eine Veränderung in der bestehenden Werteallokation herbeiführen wollen, die eine beträchtliche Anzahl Personen in der Gemeinde beeinflußt; andererseits Personen und Gruppen, die den Stand der Dinge bewahren wollen, so wie er ist. »Veränderer« und »Status quo-Verteidiger« verfügen über Ressourcen, die ihnen die Ausübung von Macht, Autorität oder Einfluß im Hinblick auf das Erreichen ihrer Ziele erlauben. Die an Veränderung Interessierten beginnen aber typischerweise mit einer vergleichsweise nachteiligen Voraussetzung: Sie haben es mit einer »Mobilisierung von Vorurteilen« in dem politischen Gemeinwesen zu tun, mit einem Komplex an Glaubenshaltungen, Mythen, Institutionen und Verfahrensweisen, die den Wandel verhindern und daher die Position der Gegner von Veränderung stützen. Diese neigen darüber hinaus systematisch zu einer Verstärkung der Mobilisierung von Vorurteilen.

Damit es zu einer Veränderung kommen kann, müssen die daran Interessierten eine Reihe von Barrieren durchbrechen.

Erstens: Sie müssen ihre Forderung in den »Kanal der politischen Vorhabenwahl« einbringen. Als nächstes müssen sie Zugang zur Entscheidungsprozeß-Arena finden. Drittens: Sie müssen die Mehrheit der Entscheidungsträger hinter sich haben. Schließlich: Sie müssen sicher gehen, daß die Entscheidung wirkungsvoll ausgeführt wird.

Um diese und damit zusammenhängende Vorstellungen zu testen, entschlossen wir uns zur Prüfung einer Anzahl politischer Änderungsvorschläge, zu denen es in Baltimores jüngster Vergangenheit tatsächlich gekommen war. Eines der Ergebnisse dieser Untersuchungen sollte ein besseres Verständnis des Prozesses sein, in dessen Verlauf artikulierte Klagen in den Kanal der politischen Vorhabenwahl eintreten und auf diese oder jene Weise geklärt werden. Wir konnten annehmen, daß die Konfliktstudien Einblick in die Mobilisierung von Vorurteilen geben würden, d. h. in die Art der einer Veränderung entgegenstehenden Barrieren, die Art und Weise ihres Einsatzes, um Forderungen nach Veränderung abzublocken oder zu schwächen; und in die Persönlichkeitsstruktur derjenigen, die von der Bewahrung des Status quo profitieren. Das spezifische Problem, mit dem dieser Teil es zu tun hat, ist ein sich durch die ganze Gemeinde hindurchziehender Konflikt, der sich 1966 an den Wahlbezirken von Baltimore-City (Stadtverordnetenversammlung) entzündete. Die meisten, vielleicht sogar alle der Betroffenen erkannten damals, daß die Art und Weise der Konfliktlösung die Stadtverordnetenversammlung nicht nur oberflächlich und vorübergehend beeinflußte, sondern – und das ist das Wichtige daran – den zukünftigen »output« des politischen Systems veränderte, und zwar die Anti-Armut-Politik, die Politik der Rassenbeziehungen und die Verteilung von Werten des Ansehens und des Wohlstands.

II. Hintergrund des Konflikts

Problemdimensionen

Die Einteilung von Baltimore-Citys wahlberechtigter Bevölkerung in sechs Kreise stammt aus dem Jahre 1923, als durch eine Überarbeitung der Charta das Zwei-Kammer-System der Stadtverordnetenversammlung durch das Ein-Kammer-System abgelöst wurde. Damals bestand der *Council* aus 18 Mitgliedern, drei aus jedem Kreis plus dem von der Gesamtheit der Stimmberechtigten gewählten Präsidenten. Diese Form dauerte bis 1946, als ein Zusatzartikel zur Charta unter anderem einen vierten Stadtverordneten in Kreisen mit mehr als 75 000 Wahlberechtigten erforderlich machte. Zwei von sechs Kreisen entsprachen diesem Kriterium, was zur Folge hatte, daß die Gesamtzahl der Mitglieder der Stadtverordnetenversammlung auf 20 plus dem Präsidenten anwuchs.

Wie das bei der politischen Rechtsprechung sehr oft der Fall ist, waren auch Baltimores Wahlkreise nach 1947 von sehr unterschiedlicher Größe. Das kommt deutlich in Tabelle I zum Ausdruck, in der die wahlberechtigte Bevölkerung des Jahres 1966 nach Kreis und Rasse aufgegliedert ist:

Tafel I: Registrierte Wahlberechtigte nach Kreis und Rasse. Baltimore-City, 1966

Wahl-kreis	Gesamtheit der Stimm-berechtigten	Weiße Stimm-berechtigte Gesamt	%	Schwarze Stimm-berechtigte Gesamt	%
1	37 790	34 617	92,0	3 173	8,0
2	30 068	15 383	51,0	14 685	49,0
3	131 135	107 526	82,0	23 609	18,0
4	48 055	13 865	29,0	34 190	71,0
5	114 673	63 030	55,0	51 643	45,0
6	47 274	33 665	71,0	13 609	29,0
	408 995	268 086	65,5	140 909	34,5

Obwohl der dritte und der fünfte Kreis vier Stadtverordnete entsandten – gegenüber drei aus den anderen –, waren die Wähler des dritten und fünften Kreises stark unterrepräsentiert. Um auf die krassesten Ergebnisse des Vergleichs zu verweisen: Jeder Stadtverordnete aus dem dritten Kreis repräsentierte eine *Bevölkerung* von nahezu 69 000 und, grob gerechnet, 33 000 *registrierten Wählern;* im zweiten Kreis hingegen repräsentierte jeder Stadtverordnete eine *Bevölkerung* von etwa 28 000 und nur 10 000 *registrierten Wählern.* Eine Stimme im zweiten Kreis zählte folglich 3,3mal soviel wie eine

Stimme im dritten.

Aus der Tafel I kann man ersehen, daß schwarze Wähler eine Mehrheit nur in einem der sechs Kreise hatten. Sie stellten eine Minderheit von 49% im überrepräsentierten zweiten Kreis dar, eine Minderheit von 45% im unterrepräsentierten fünften. Wichtiger als das aber ist die Tatsache, daß die Schwarzen im Jahre 1966 mehr als 40% der städtischen Bevölkerung ausmachten und mehr als ⅓ der registrierten Wähler; aber nur ein Mitglied des *Council* – nur 5% von seinen Mitgliedern insgesamt – war ein Schwarzer.

Der Konflikt wird öffentlich

Es ist strittig, wie lange dieser Zustand ohne Veränderung angedauert hätte, wäre nicht 1962 vom Obersten Gerichtshof der U.S.A. eine Regelung getroffen worden *(Baker vs. Carr)*, die bestimmt, daß die Verfassung der Vereinigten Staaten eine Gliederung der Wahlkreise zur Gesetzgebenden Versammlung gemäß dem Prinzip »ein Mann, eine Stimme« verlangt. Der Gerichtserlaß hatte wenigstens einen galvanisierenden Effekt. Von einem Bezirksrichter vorangetrieben, unternahm die Gesetzgebende Versammlung von Maryland die Neuordnung von Baltimore-Citys Wahlkreisen (Gesetzgebende Versammlung) und überantwortete die Aufgabe Ende 1962 einem *House Committee,* das ausschließlich aus Delegierten der Stadt zusammengesetzt war. Von größerer Bedeutung für den gegenwärtigen Zusammenhang ist ein Ereignis vom April 1963: Ein prominenter Schwarzer auf der politischen Szene Baltimore-Citys erstrebte die Neugliederung der Wahlkreise *(Council)* auf dem Gerichtsweg; er führte an, als Wähler des fünften Kreises sei er im *Council* stark unterrepräsentiert; dies rühre daher, daß die derzeitigen Mitglieder in ungerecht gegliederten Wahlkreisen gewählt worden seien; sie könnten und würden daher eine Neuordnung nicht angemessen vornehmen. Der Kläger verlangte weiterhin, die Wahl 1963 für den *City Council* solle bis zur Beendigung der Neuordnung der Wahlkreise verschoben werden.

Die Antwort der Stadtregierung erfolgte prompt. Am Tag, bevor die Klageschrift dem Gericht vorgelegt wurde, kündigte der Bürgermeister die Ernennung einer siebenköpfigen Kommission an, die den Auftrag hatte, die Kreisgrenzen gerechter zu ziehen. Der Kommission stand Dr. Harry Bard vor, der sich stark der wohlhabenden und traditionell »liberalen« weißen Gruppe der Stadt verbunden fühlte. Eine Reihe anderer »Interessen« war in der Kommission repräsentiert, vor allem der *City Council*.

Die Bard-Kommission begann im April 1963 mit ihrer Arbeit; sie suchte nach einem Entwurf, der für die Wahlkreise für die Gesetzgebende Versammlung und die Wahlkreise für den *Council* gleichermaßen brauchbar wäre. Diese Aufgabe war, das muß zugegeben werden, von heroischem Ausmaß; denn die City-Charta forderte Kreise, die sich auf registrierte Wähler bezogen, die Verfassung von Maryland dagegen schrieb Legislativbezirke vor, bei denen die Gesamtbevölkerung zugrundegelegt wurde. Trotzdem brachte die Kommission nur wenige Tage nach ihrer Gründung einen Plan zustande – der erste aus einer Reihe weiterer, den man Plan X taufte.

Schnelle Unterstützung wurde Plan X vom Bürgermeister und dem Parlamentspräsidenten zuteil; beide drängten zu seiner Annahme vor der lokalen Wahl im Mai 1963. Ihre Eile war verständlich: Von den 20 Mitgliedern des *Council* strebten acht ihre Wiederwahl nicht mehr an, sie hatten daher keine politischen Interessen, die sie an der Stimmabgabe für Plan X hindern konnten. Seine Gegner konnten aber die Beschäftigung mit ihm bis nach der Wahl aufschieben. Darauf zog der *Council* selber mit der Billigung eines Alternativplans nach.

Der Vorschlag des *Council*, Modifizierter Plan X genannt, war in mancher Hinsicht das Spiegelbild der konfligierenden Gruppierungen und Interessen, aus denen ein gesetzgebender Körper besteht. Die überwiegende Wählermehrheit Baltimores besteht aus registrierten Demokraten. Die Republikaner sind nur wenig mehr als eine hohle Nuß. 1963 hatte demzufolge jedes wichtige und durch Wahl zu besetzende Amt ein Demokrat inne. Was es an politischen Kämpfen gab, entsprang innerparteilichen, nicht zwischenparteilichen Rivalitäten – Rivalitäten, die sich in wechselnden Koalitionen manifestierten; diese wiederum waren viel weniger Ausdruck ideologischer Differenzen als der der Verteilung von Werten der Achtung (Macht, Autorität und Einfluß) und von Werten des Wohlstands (Reichtum, Einkommen etc.).

Der Modifizierte Plan X wurde für die allgemeine Wahl im November 1964 designiert, also 18 Monate vorher. Inzwischen aber stand die staatliche Gesetzgebende Versammlung unter der Drohung gerichtlicher Schritte und unternahm von neuem den Entwurf eines Plans für die Neugliederung der Legislativ-Wahlbezirke in Baltimore-City. Unterstützt von Dr. Bard, nahm die Gesetzgebende Versammlung im März 1964 einen Plan an, der dem Plan X (Stadtverordnetenversammlung) verblüffend ähnlich sah.

Wie unterschied sich Plan X und sein Legislativbezirks-Äquivalent von dem durch die Stadtverordnetenversammlung gebilligten Modifizierten Plan X? Interessanterweise sah keiner von ihnen Bezirke von gleichem Umfang vor: Vielleicht ging es darum, die Unterstützung von Wählern aus dem dritten und fünften Kreis zu gewinnen, denn beide Vorschläge ließen die zwei übergroßen Kreise intakt und billigten ihnen vier Stadtverordnete zu, im Unterschied zu je drei aus den anderen Kreisen. Ganz ähnlich sah der von der Gesetzgebenden Versammlung gebilligte Plan zwei Senatoren für jeden Kreis, aber eine jeweils unterschiedliche Anzahl Delegierter vor. Das Hauptziel der Planer war, kurz gesagt, die Ausgleichung der Ungerechtigkeit in der Zahl der Einwohner oder Wähler pro Stadtverordneten oder Delegierten, nicht aber im Umfang der Kreise.

Der zentrale Unterschied zwischen den konkurrierenden Plänen war der, daß Plan X und sein von der Gesetzgebenden Versammlung gebilligtes Gegenstück gerechter waren als der vom *Council* unterstützte Vorschlag. Dieser Unterschied kommt deutlich zum Ausdruck in der Art und Weise, wie sie den ersten Kreis behandelten. Im Plan X kamen 16 667 Wahlberechtigte auf einen Stadtverordneten, 12,5% weniger als der übliche Durchschnitt von 19 100. Im Modifizierten Plan X kamen, im Unterschied dazu, nur 13 900 Wahlberechtigte auf einen Stadtverordneten, 27% unter dem stadtüblichen Durchschnitt.

Die Pläne unterschieden sich noch in einer anderen wichtigen Hinsicht. Obwohl keiner von ihnen die Verteilung von schwarzen Wählern auf die Wahlbezirke wesentlich neu ordnete, sah der Modifizierte Plan X den Transfer eines vorwiegend weißen Unterbezirks vom fünften Kreis in den vor allem von Schwarzen bewohnten vierten Kreis vor. Diese Begleichung wurde offensichtlich auf das Betreiben eines einflußreichen politischen Führers hin unternommen, der die Politik im vierten Kreis so lange beherrscht hatte, bis seine weiße Wählerschaft in den fünften Kreis abgewandert war.

Obwohl für ein allgemeines Referendum im November 1964 vorgesehen, kam der Modifizierte Plan X einen Monat vor der Wahl wieder von der Liste herunter. Drei Bundesrichter hatten sich mit der im April 1963 vorgelegten Klageschrift befaßt und erklärt, der Modifizierte Plan X verletze die »Gleicher Schutz für alle«-Klausel der Vierzehnten Ergänzung zur Verfassung der Vereinigten Staaten, weil er nicht auf der Bevölkerungszahl basiere. Das hieß in der Tat, daß die Stadt-Charta umformuliert werden mußte, da sie eine andere Regelung vorsah. Das Gericht traf die weitere Entscheidung, daß der Plan zur Diskriminierung von Wahlberechtigten (viele von ihnen Schwarze) des zweiten und vierten Kreises führe. Sie wiesen im besonderen darauf hin, daß im Modifizierten Plan X dem fünften Kreis ein Stadtverordneter mehr als dem vierten zugebilligt würde, obwohl der fünfte rund 4000 Einwohner weniger hatte als der vierte. Weiterhin resultierte der Plan in einer unterschiedlichen Gewichtung der Stimmen zwischen erstem und zweitem Kreis; eine Stimme im ersten würde 1,66mal mehr wert sein als eine Stimme im zweiten.

In seiner Entscheidung empfahl das Gericht der Stadtverordnetenversammlung die Annahme eines Plans, der den Wählern zum November 1966 vorgelegt werden sollte. Das Gericht bemerkte scharf, es werde sich die richterliche Prüfung des Falls vorbehalten.

Der Bard-Plan

Eine neue Kommission zur Frage der Neugliederung wurde vom Bürgermeister im Januar 1965 ins Leben gerufen. Wiederum unter der Leitung von Dr. Bard, bestand die Kommission aus 18 Mitgliedern und Beratern – aus fünf Professoren der Politikwissenschaft, vier Mitgliedern des *Council* und neun Personen als Vertreter von Organisationen wie *Junior Chamber of Commerce, AFL-CIO, Women's Civic League, League of Women Voters* sowie aus Vertretern der wichtigen politischen Parteien und namhaften politischen Klubs. Zwar waren die Mitglieder der Kommission fast ausschließlich Weiße; aber die schwarze Bevölkerung war repräsentiert.

Die Kommission gab sich selber vier Richtlinien: (a) »Die Kreise sollen auf den richterlichen ›Ein Mann, eine Stimme‹-Anordnungen beruhen. Abweichungen vom Bevölkerungsdurchschnitt sollen Zero so nahe kommen, wie das praktisch möglich ist; (b) Kreise sollen sich zusammensetzen aus angrenzenden Gebieten und so kompakt wie möglich sein; (c) schuldige Beachtung soll der Zusammengehörigkei von Nachbarschaftsbereichen und den natürlichen Grenzen der verschiedenen Stadtteile gezollt werden; (d) vorteilhafte Erwägung sollen die bestehenden Unterbezirks- und Bezirksgrenzen, die neugeschaffenen Legislativbezirke und die mögliche Billigung durch *City Council*, Wählerschaft und Gerichte finden.«[1] Keiner dieser Punkte aber, so wird man sehen, war in vernünftig operationalisierbaren Begriffen gefaßt, wodurch ihre Verwirklichung nur noch schwieriger wurde. Wichtiger aber war, daß die Ziele zum Teil in Konflikt miteinander standen; was dadurch verständlich wird, daß einzelne Stadtverordnete in der Kommission mit Erfolg darauf beharrten, daß die vorgeschlagenen Grenzen für ihre Kreise in Einklang mit ihren Spezifikationen gezogen würden.[2] Weiter noch: Es stellte sich heraus, daß die Durchführung der vierten Richtlinie ungewöhnlich schwierig zu sein versprach und sich in der Tat auch als solche erwies. Die bestehenden Kreise waren, so sagten wir schon, nicht in Einklang mit den vom Bundesgericht gewünschten Erfordernissen. Durchgreifende Veränderungen taten not, Veränderungen, die beinahe unweigerlich die politische Stellung von mindestens einem Stadtverordneten oder mehr bedrohten.

Die Kommission legte ihren Neugliederungsplan dem *Council* Mitte Mai 1965 vor. Sie empfahl, folgende Veränderungen an den bestehenden Kreisen vorzunehmen, von denen jeder drei Stadtverordnete entsenden sollte:

(a) Der erste Kreis sollte vom zweiten sieben Unterbezirke übernehmen. In drei von den sieben überwogen verarmte Schwarze, die anderen vier enthielten eine Mischung aus Weißen der unteren mittleren und der unteren Einkommenskategorie, des weiteren Lumbee-Indianer und Schwarze. Der erste Kreis sollte weitere zehn Unterbezirke vom dritten übernehmen, die fast ausschließlich von Weißen bewohnt wurden. Vom vierten Kreis sollte der erste einen Unterbezirk übernehmen, dessen Bewohner im großen und ganzen Schwarze sind. Schließlich sollten dem ersten Kreis auf Kosten des sechsten zwei Bezirke mit einer Schwarz-Weiß-Bevölkerung im Verhältnis von 2:1 hinzugefügt werden. Im Ergebnis sollte somit der erste Kreis um 56 000 Personen vergrößert werden, von denen 19 000 registrierte Wähler waren. Der Kreis würde rassisch bunter zusammengesetzt sein als vorher. Wichtiger noch: Beinahe $^2/_3$ der hinzukommenden Wahlberechtigten wären Weiße, die meisten von ihnen politisch inaktiv. Unter diesen Umständen kann es einen nicht wundern, daß die politischen Führer des ersten Kreises, deren Position zu dieser Zeit von einer Wählermehrheit unter den »Arbeiterschichts«-Weißen abhing, den Vorschlägen der Bard-Kommission nur wenig Widerstand entgegensetzten.[3] Andererseits war gedämpfter Protest von den Schwarzen zu hören, die vom vierten in den ersten Kreis transferiert werden sollten. Wie die Dinge standen, lebten diese Personen in einem vorwiegend (79%) schwarzen Bereich, wurden im *Council* von einem Schwarzen repräsentiert und hatten begrenzten Zugang zur städtischen Patronage. Der Bard-Plan beraubte sie dieser Vorteile, indem er sie einem Kreis einverleibte, der von Weißen mit traditioneller Antipathie gegen die schwarze Bevölkerung der Stadt beherrscht wurde.

(b) Der zweite Kreis, vormals der kleinste von den sechs, würde der größte werden. Ein Großteil seines Zugewinns sollte vom dritten kommen, obgleich ihm auch drei Unterbezirke aus dem vierten angegliedert würden. Das Ergebnis der vorgeschlagenen Veränderungen war das, den zweiten Kreis in bezug auf die Einkommensklassen stärker zu diversifizieren, seine ethnische Zusammensetzung aber im großen und ganzen zu belassen (48% Schwarze anstelle der vorhandenen 49%). Im besonderen sollte der östliche Teil des Kreises die Ostseite von Baltimores »Stadtinnerem« umfassen. In der südöstlichen Ecke sollte »*Bohemia*« liegen, ein Bereich mit Bewohnern der unteren mittleren Einkommenskategorie, die meisten von ihnen tschechischer Abstammung. Das Westend des Bezirks würde aus Weißen unterschiedlicher Einkommensschichtung zusammengesetzt sein. Alle verfügbaren Berichte weisen darauf hin, daß der Kommissionsvorschlag bezüglich des zweiten Bezirks über das durchschnittliche Maß hinaus unter den Politikern, schwarzen wie weißen, »ausgekungelt« worden war.

(c) Der dritte Kreis, einer der zwei größten, wie die Dinge damals standen, sollte ganz wesentlich an Größe einbüßen, nämlich beinahe 100 000 Einwohner. Er sollte damit über 8000 registrierte Wähler, fast alles Weiße, an den ersten Kreis verlieren und runde 34 000, die Hälfte von ihnen Weiße, an den zweiten Kreis. Der Anteil der Schwarzen im dritten Kreis würde somit, nach der Neugliederung, weniger als 8% betragen (gegenüber 18% unter den bestehenden Verhältnissen). Damit sollten auch die Vertreter des Kreises im *Council* von 4 auf 3 reduziert werden.

(d) Der vierte Kreis hatte schon einen hohen Anteil Schwarzer. Nach dem Plan der Bard-Kommission sollte er mehr als 32 000 Personen vom fünften Kreis hinzubekommen, beinahe 29 000 von ihnen Schwarze, und drei vorwiegend weiße Unterbezirke an den zweiten Kreis verlieren. Der vierte sollte daher von nahezu nur einer Rasse bevölkert sein, die Zahl der schwarzen registrierten Wahlberechtigten von 71% auf 79% steigen.

(e) Der fünfte Kreis sollte, wie der dritte, an Einwohnerzahl und Vertretern im *Council* schrumpfen. Wie schon erwähnt, sollte er mehr als 32 000 Personen, zumeist Schwarze, an den vierten Kreis verlieren. Darüber hinaus sollte er mehrere Unterbezirke mit einem hohen prozentualen Anteil Schwarzer an den sechsten abgeben. Im Ergebnis sollte das Verhältnis von Schwarzen zu Weißen stark von 45:55 unter das bestehende Verhältnis fallen.

(f) Obgleich der sechste Kreis zwei Bezirke, in denen überwiegend Schwarze leben, an den ersten abgeben sollte, war ein Zugewinn mehrerer zur Hauptsache von Schwarzen bewohnter Unterbezirke aus dem fünften vorgesehen. Der Gesamtumfang des sechsten Kreises sollte daher zunehmen. Die rassische Zusammensetzung bliebe etwa dieselbe, da der Verlust an schwarzen Bewohnern den Zugewinn annähernd ausgliche.

Trotz der Anstrengung der Bard-Kommission, einen politisch durchführbaren Plan fertigzustellen, wurden ihre Vorschläge prompt von drei verschiedenen Seiten scharf attakkiert. Die Stadtverordneten des dritten und fünften Kreises, die jeweils vier Sitze in der gesetzgebenden Körperschaft hatten, erhoben Einspruch, da zwei von ihnen zwangsläufig ihre Sitze verlieren würden. Die *Council*-Delegierten des ersten Kreises verwahrten sich gegen die Vermehrung ihrer Wählerschaft um die vorwiegend schwarzen Bezirke aus dem sechsten Kreis. Stadtverordnete und politische Führer im fünften Kreis, darauf bedacht, die Kontrolle über den vierten Kreis zurückzugewinnen, waren nicht sehr glücklich, denn die Kommission hatte es versäumt, dem letzteren Bereich eine höhere Anzahl weißer Stimmen hinzuzufügen.

Während des Sommers 1965 siechte der Bard-Plan, wie sich herausstellte, im Ausschuß des *Council* dahin. Im September des gleichen Jahres legte ein Stadtverordneter aus dem vierten Kreis, selbst ein Schwarzer, einen Alternativplan vor, der zwanzig Wahlkreise mit je einem Stadtverordneten vorsah. Dieser Vorschlag wurde in einigen Teilen der Stadt enthusiastisch aufgenommen, und zwar vor allem von Republikanern und Bürgerrechtsgruppen, die sich davon eine stärkere Repräsentation von Republikanern und Schwarzen in der Stadtverordnetenversammlung versprachen.[4]

Angesichts der gerichtlichen Auflage, einen akzeptablen Plan im November 1966 den Wählern vorzulegen, fuhr die Mehrheit im *Council* in ihrer Suche nach anderen Möglichkeiten fort. Anfang 1966 wurde eine weitere Möglichkeit geprüft; es sollte der Bard-Plan angenommen und weitere sechs von der Gesamt-Wählerschaft zu bestimmende Stadtverordnete vorgesehen werden. Da diese Alternative dazu ausersehen war, die Stadtverordneten im dritten und fünften Kreis zu gewinnen, deren Sitze aufgrund des Vorschlags der Bard-Kommission eliminiert werden sollten, wurde der Zusatzvorschlag vor allem mit dem Argument bekämpft, die Kosten für eine Gesamt-Wahlkampagne wären so groß, daß die Kandidaten zu »Eigentum« der großen politischen Organisationen der Stadt würden. Darüber hinaus war man auch mancherorts darüber besorgt, daß gewisse Kreisorganisationen zugunsten bestimmter Gesamt-Wahlkandidaten und zum Nachteil anderer koalieren könnten.

Im Mai 1966 wurde noch ein anderer Neugliederungsplan

vorgelegt, diesmal mit der Unterstützung einer der zwei Gruppen, die die Politik der Demokraten Baltimores beherrschen. Er wurde vom Stadtverordneten Arthur Best eingebracht; er wurde als ein Plan geschildert, der stärker als der Bard-Plan dem Wahlprinzip des »Ein Mann, eine Stimme« gerecht würde; der Plan sah den Transfer von Unterbezirken auf eine Weise vor, daß nur ein Kreis eine schwarze Mehrheit hatte. Diese Ausnahme war der vierte Kreis, wo der Plan die Senkung des Anteils der Schwarzen von über 70% auf nur 54% vorsah. Unterschiede innerhalb der Populationen anderer Kreise sollten sich stärker verringern als durch den Bard-Plan. Dafür waren aber zwei der vier Richtlinien zur Neugliederung völlig mißachtet worden: (a) Nach dem Best-Plan korrelierten die Kreise nicht im geringsten mit den Legislativbezirken; (b) die Grenzen waren auf eine Weise gezogen worden, daß die »Integrität« der bestehenden Kreise ernsthaft beeinträchtigt wurde. Kurzum: Der Best-Plan trug alle Züge einer klotzigen Präferenz durch eine Parteigruppierung.

Anfang Juni 1966 gab Baltimore-Citys Staatsanwalt öffentlich die Meinung kund, der Best-Plan sei verfassungswidrig. Daraufhin wurde dem *Council* ein anderer Vorschlag mit der Unterstützung seines damaligen Präsidenten (und jetzigen Bürgermeisters) Thomas D'Alesandro vorgelegt. Der neue Plan sah ganz simpel vor, daß es sechs Kreise von gleicher Größe mit je vier Vertretern im *Council* geben solle. Dieser Vorschlag wurde zusammen mit dem Best-Plan vom *Council* im Spätjuni behandelt. Beim ersten Wahlgang fand keiner der Pläne eine Mehrheit. Beim zweiten Wahlgang wurde der Best-Plan mit 11 zu 9 Stimmen angenommen.[5]

III. Die Lösung des Konflikts

Erweiterung des Spielraums

Kaum fünf Monate lag es zurück, daß ein äußerster Zeitpunkt für das allgemeine Referendum über die Neugliederung der Wahlbezirke gerichtlich bestimmt worden war, als die Stadtverordneten, die sich durch den Best-Plan benachteiligt sahen, den Konfliktspielraum erweiterten. Sie appellierten im besonderen an die Interessengruppen in der Gemeinde, die bis dato nicht direkt in die Auseinandersetzung verwickelt worden waren.

Drei Tage nach der für den Best-Plan günstigen Entscheidung im *Council* berief der Stadtverordnete Parks eine öffentliche Sitzung von etwa zwanzig führenden Persönlichkeiten der Gesellschaft und der Bürgerrechtsbewegung zu einer Zusammenkunft in einem Freimaurer-Tempel ein. Namentlich unter dem Vorsitz eines aktiven Fürsprechers der Sache der Schwarzen und zugleich des Großmeisters des Tempels schloß die Versammlung Repräsentanten der beiden jüngst formierten und (gemessen an lokalen Standards) hochgradig militanten Bürgerrechtsorganisationen ein: die *Union for Jobs or Income Now* (U-JOIN) und der *Congress of Racial Equality* (CORE) *Target City Project*. Vor allem Opponenten des Best-Plans, unterstützten diese beiden Gruppen massiv den Bard-Plan, mit der Einschränkung, er müsse so modifziert werden, daß der zweite Kreis wie der vierte eine schwarze Wählermehrheit hätte. In dieser Forderung wurden sie von einem aggressiven weißen Politiker aus dem dritten Kreis unterstützt, dessen Hauptinteresse es war, ein Gebiet mit Weißen der oberen Einkommenskategorie – laut Bard-Kommission in den zweiten Bezirk transferiert – für den dritten Kreis zu gewinnen.

Diese Minderheitskoalition schlug der Versammlung eine Reihe von Abänderungen zum Bard-Plan vor:

(a) Verlagerung eines vorwiegend schwarzen Bezirks vom ersten in den sechsten Kreis, gleichzeitig eines vorwiegend weißen Stadtteils vom sechsten in den ersten Kreis.

(b) Verlagerung einer großen Anzahl Weißer vom zweiten Kreis in den ersten.

(c) Verlagerung einer beträchtlichen Anzahl Schwarzer vom dritten in den zweiten Kreis; zum Ausgleich dafür Verlagerung einer Gruppe Weißer mit hohem Einkommen vom zweiten in den dritten Kreis.

Wären diese Änderungen durchgekommen, hätte der zweite Kreis in der Tat eine schwarze Mehrheit gehabt (54%); der weiße Bevölkerungsteil des dritten Kreises wäre numerisch und ökonomisch angereichert worden; und die weiße Mehrheit im ersten Kreis (alle Stadtverordneten aus ihm hatten gegen den Best-Plan gestimmt) hätte wesentlich gewonnen.

Über dieses Paket an Vorschlägen wurde abgestimmt. Mit einem nur schwachen Dissens einer Minorität von nur vier Stimmen wurde es angenommen. Es ist von mehr als nur ephemerem Interesse, daß Bard persönlich bei der Sitzung anwesend war, ohne Einwände gegen auch nur eine einzige der vorgeschlagenen Verbesserungen seines Plans zu erheben.

Definition des politischen Konflikts

Da nun das wichtige Vorspiel beendet war, rüsteten sich die Befürworter des Modifizierten Bard-Plans für die erforderliche Arbeit, um ihren Plan auf der Wahlliste für das Referendum zu plazieren. Zu diesem Zweck gründeten sie ein Vierer-Komitee – mit je einem Repräsentanten aus der *League of Women Voters,* dem *Junior Chamber of Commerce,* der *Urban Commission of the Catholic Archdiocese of Baltimore* und der *Federation of Civil-Rights Organizations –,* das eine Petitions-Kampagne projektieren sollte.

Alle Teilnehmer waren sich darüber im klaren, daß die Art, wie die politische Streitfrage definiert war, eine Belastung für ihre politische Lösung war. Vor allem: Falls die Ad-hoc-Gruppe den Modifizierten Bard-Plan aus Gründen der Reduzierung von politischer Ungleichheit zwischen Weißen und Schwarzen unterstützen würde, konnte er selber wohl durch ein gegenläufiges Votum besiegt werden. Und in der Tat: Als die Gruppe ihre Version des Bard-Planes veröffentlichte, hielten dessen Opponenten dagegen, der Vorschlag wäre nicht das Werk einer Koalition beider Rassen, sondern der von Schwarzen beherrschten *Federation of Civil-Rights Organizations.* Die Befürworter des Modifizierten Bard-Plans mußten sich allgemeinerer Gründe bedienen, vor allem der der Wahlgleichheit für *alle* Bürger, weiße wie schwarze. Faktisch folgte daraus, daß die Kampagne, um den Plan auf die Wahlliste zu bekommen und das Votum der Wähler zu erhalten, von angesehenen Weißen geführt werden mußte, während die schwarzen Führer und Organisationen sich von der Bühne der Ereignisse fernhielten.

Dementsprechend organisierte die Ad-hoc-Gruppe ein aus Honoratioren zusammengesetztes Petitions-Komitee mit einer Mehrheit prominenter Weißer, von denen einige schon in der Bard-Kommission tätig gewesen waren. Nur drei von dreizehn Mitgliedern waren Schwarze, alle von ihnen in geachteten Stellungen in der Gemeinde – ein College-Präsident, ein Soziologe, ein hoher Verwaltungsmann in der *Urban League* – und keiner in enger Verbindung zu einer der militanten Bürgerrechtsorganisationen. Bezeichnenderweise waren aber die Personen, die die Petitions-Listen zirkulieren ließen, zur Hauptsache schwarze Bürgerrechtler. Letztere und ihre Verbündeten[6] brachten ein kleines Wunder zustande: Innerhalb von drei Wochen bekamen sie 21 000 gültige Unterschriften zusammen, mehr als zweimal soviel wie nötig waren, um den Modifizierten Bard-Plan auf der Wahlliste zu plazieren. Mehr noch: Rund 8000 Unterschriften wurden während des Hochsommers im Osten Baltimores gesammelt, dem Herzen des Armutsgebiets der Stadt. Die Aktivitäten blieben nicht verborgen. Der Stadtverordnete Ward aus dem zweiten Bezirk, der den verunglückten D'Alesandro-Plan gegen den Best-Plan unterstützt, dem Modifizierten Bard-Plan aber massiv opponiert hatte, startete eine Gegenkampagne, um den *ursprünglichen* Bard-Plan auf der Wahlliste zu plazieren. Zum Teil war es schlechte Organisation, die dem Versuch den Erfolg versagte: Nur 7000 Unterschriften wurden von der Ward-Gruppe zusammengetragen, 3000 weniger als das erforderliche Minimum.

Ende Juli 1966 waren daher die Fronten klar. Auf der einen Seite standen die Befürworter des Modifizierten Bard-Plans, der (aus verständlichen Gründen) prompt in den Gerechten Bard-Plan umgetauft wurde. Auf der anderen Seite waren die Proponenten des gleicherweise (aber nur durch Zufall) bekannten Best-Plans.

Der Entscheidungsprozeß

Während der Monate August, September und Oktober 1966 unternahmen die Freunde des Gerechten Bard-Plans eine bemerkenswerte Wähler-Aufklärungskampagne in der ganzen Stadt. Gleich zu Anfang hatte eine Anzahl mit hohem sozialen Ansehen ausgestatteter Führer und Vereinigungen – der Gesellschaft, der Kirchen, aus Erziehung und Philanthropie – den Plan unterstützt. Wichtiger noch waren die massiven Anstrengungen, die besonders in den Armutsgebieten unternommen wurden, um neue Wähler zu registrieren und die Wähler insgesamt darin zu unterrichten, wie man einen Stimmzettel ausfüllt; die Stimmabgabe für dieses spezifische Referendum war besonders kompliziert: Damit eine Stimme auch tatsächlich zählte, mußte der Wähler für den einen Plan mit »Nein« *und* für den anderen Plan mit »Ja« stimmen.

Die Befürworter des Gerechten Bard-Plans mußten sich noch mit anderen Problemen abplagen. Zum einen mußten sie dem Versuch zuvorkommen, der vielleicht von der Opposition gestartet werden konnte, die Neugliederungsfragen ganz unten auf dem Stimmzettel zu plazieren, wo sie durchaus »verlorengehen« konnten. Zum andern entdeckte die Gerechte Bard-Gruppe knapp eine Woche vor dem Wahltermin, daß (a) der Best-Plan auf dem Stimmzettel über dem Gerechten Bard-Plan plaziert war; (b) bei dem Best-Plan auf dem Stimmzettel klar zu erkennen war, daß er mit der Neugliederung der Wahlbezirke für die Stadtverordnetenversammlung zu tun hatte, während der Gerechte Bard-Plan schlicht »Charta-Zusatzantrag« genannt wurde; und (c) hatte man für den Best-Plan eine dunklere Farbe benutzt als für seinen Rivalen. Durch Druck, Überredung und mit einem gehörigen Maß an Glück waren die Befürworter des Gerechten Bard-Plans darin erfolgreich, daß neue Wahlzettel gedruckt wurden, die keinen Anlaß zu ernsten Beschwerden boten.

Am 8. November 1966 war der Konflikt schließlich gelöst. Punkt A, der Best-Plan, wurde mehrheitlich abgelehnt, Punkt B, der Gerechte Bard-Plan, wurde beinahe ebenso mehrheitlich gebilligt. Wenn auch die Marge zugunsten von Punkt B kleiner war als die zugunsten von Punkt A, so wurde letzterer doch in allen Wahlbezirken mehrheitlich abgelehnt, während ersterem in allen Bezirken zugestimmt wurde.

IV. Abschließende Überlegungen

Die Arbeitshypothese, die von dieser Fallstudie getestet werden sollte, soll noch einmal ganz simpel formuliert werden.

Die Veränderung der bestehenden autoritativen Allokation solcher Werte zu bewirken, die eine beträchtliche Anzahl Personen in einer Gemeinde betreffen, ist eine schwierige Aufgabe, falls die Veränderer mit einer entschlossenen Gruppe von Status-quo-Verteidigern konfrontiert werden. Das soll nicht heißen, daß die Werte-Reallokation unmöglich ist. Es heißt nur, daß die Vorteile im Konflikt zwischen Befürwortern und Gegnern stark auf seiten der letzteren sind.

Äußerlich gesehen entstand die Kontroverse um die Frage der Neugliederung der Wahlkreise für die Stadtverordnetenversammlung Baltimores aus dem Problem (um das sie auch ausschließlich kreiste), wie man dem verfassungsmäßigen Gebot des »Ein Mann, eine Stimme« genügen kann. Wie die obige Darstellung zeigt, war dies aber weder das einzige noch das wichtigste Problem. Im Gegenteil: Die zentrale Frage lautete von Anfang an, ob Baltimores schwarze Bevölkerung in Übereinstimmung mit ihrem Umfang im *Council* repräsentiert sein sollte oder nicht. Der Effekt dieser Problematik war überwältigend.

Erstens: Es war ein schwarzer Bürger, der den Streitfall mit Hilfe eines Prozesses offenlegte, der durch Autorität einer Regelung des Obersten Gerichtshofs der U.S.A. (*Baker vs. Carr*, 1962) abgeschlossen wurde. Zweitens: Keiner der zirkulierenden vorgeschlagenen Pläne zur Neugliederung wurde angegriffen oder verteidigt bezüglich der Verteilung der Schwarzen auf die Wahlbezirke, und doch untersuchte und beurteilte man zu Anfang jeden Plan in diesem Sinne. Drittens: Eine deutliche Folge davon war, daß der Hauptunterschied zwischen den beiden Plänen, die zur Abstimmung kamen, darin lag, daß der eine die Erhöhung der politischen Repräsentation der Schwarzen versprach, der andere ihre Begrenzung. Viertens: Obwohl von Schwarzen angeführte Gruppen eine unersetzbare Rolle in der Gerechten Bard-Plan-Kampagne spielen mußten und auch spielten, tarnten sie sich aus freien Stücken, und zwar aus Furcht vor massivem weißen Gegendruck. Aus den gleichen Gründen stellten Schwarze und Weiße im Lager des Gerechten Bard-Plans ihre Vorschläge so dar, daß sie Wahlgerechtigkeit *allen* Wählern, nicht nur den schwarzen, zusicherten.

Vom Standpunkt derer, die einer merklichen Veränderung

in Umfang und Zusammensetzung der Bezirke opponierten, war der ethnische Aspekt der Auseinandersetzung günstig *und* nachteilig. Einerseits konnten die Status-quo-Verteidiger mit der Unterstützung eines großen Teils der weißen Bevölkerung der Stadt rechnen, die, in dieser oder jener Hinsicht, negerfeindlich eingestellt war. Die »Rassisten« oder »rednecks« waren, kurzum, eine gewichtige Quelle von Macht für die führenden Gegner einer Veränderung. Andererseits wurde die Forderung nach Veränderung zu einer Zeit laut, als die Rassentrennungs-Ideologie, die lange Zeit in Baltimore vorherrschte, sehr rasch einer Ideologie weichen mußte, die auf dem Begriff der Chancengleichheit basierte. Mit anderen Worten: Diejenigen, die jüngst die Rolle des »weißen Ritters« übernommen hatten, wurden jetzt von der Mehrheit in die Rolle der »Schurken« gedrängt.

Die Status-quo-Verteidiger waren nicht in der Lage, das Neugliederungsvorhaben vom Eintritt in den Kanal der politischen Vorhabenwahl oder vom Erreichen der Entscheidungsarena fernzuhalten. Ihr Versagen rührte nicht von einem Mangel an Unternehmungsgeist her. Der ursprüngliche Bard-Plan wurde zugunsten eines ihnen eher zusagenden ad acta gelegt. Die Endabstimmung über den Best-Plan im *Council* schob man knapp bis fünf Monate vor dem Referendum und bis etwa drei Wochen vor der letzten Frist für die Vorlage eines Gegenvorschlags auf. Als die Befürworter des Gerechten Bard-Plans die Petitionsliste zirkulieren ließen, um ihren Plan auf den Stimmzettel zu bekommen, organisierten ihre Gegner eine Gegenkampagne, indem sie sich um die Unterschrift derjenigen bemühten, die schon die Gerechte Bard-Petition unterzeichnet hatten, um auf diese Weise *beide* Unterschriften ungültig zu machen. Um die Dinge abzurunden, versuchten die Befürworter des Best-Plans, den Stimmzettel zu ihren Gunsten »aufzumachen«. Nicht selten werden Forderungen nach Veränderung im Stadium der administrativen Durchführung verwässert oder kaputtgemacht und daher niemals wirksam. Dieses Schicksal wurde dem Gerechten Bard-Neugliederungsplan nicht zuteil; vielmehr war er bei der allgemeinen Wahl im November 1967 ein voller Erfolg. Es ist noch zu früh, um viel über seinen Feedback-Effekt sagen zu können, fragmentarische Hinweise lassen jedoch vermuten, daß er von substantiellem Gewicht sein wird. Von ihrem Erfolg ermuntert, üben verschiedene schwarze Führer und Gruppen nur noch stärkeren Druck aus, um so weitere Veränderungen herbeizuführen, die ihnen und ihrer »Klientel« nützen. Eine nicht genau angebbare, aber beträchtliche Zahl schwarzer Bürger wurde zum erstenmal in den politischen Prozeß verwickelt; einige von ihnen stellten ihre Partizipation auf Dauer, um ihre neu gewonnenen Vorteile zu befestigen. Und im besonderen scheint der Referendumssieg einen Faktor bei der Billigung eines lange hingehaltenen Selbsthilfe-Wohnungsprogramms für die Armenpopulation durch den *Council* darzustellen; desgleichen bei der Billigung eines kontroversen Systems von Mietzuschüssen für Wohlfahrtsempfänger, die in menschenunwürdigen Wohnungen hausen.

Anhang C
Schlüsselakteure in Baltimores Kampf gegen die Armut
Von James R. Taylor

Von den Resultaten, die hier zu berichten sind, greifen wir zunächst eine Beschreibung der Struktur des Baltimorer Anti-Armut-Systems heraus, wie es sich den Forschern während ihrer Untersuchungen darstellte. Dieser Abschnitt ist daher in hohem Maße faktisch-referierend, nicht interpretierend; er soll als Grundlage für die Bewertung anderer Teile des Berichts dienen. Selbstverständlich erhebt die hier vorgetragene Darstellung keinen Anspruch auf Vollständigkeit in dem Sinne, daß sie alle Kräfte, Akteure oder strukturellen Elemente erfaßte, die bei der Formulierung der Baltimorer Politik eine Rolle spielen mögen. Die Aufmerksamkeit richtet sich in erster Linie auf die Referate der Stadtverwaltung *(government departments)* und auf andere Agenten nur insoweit, als sie nach dem Eindruck der Forscher ziemlich direkt in den bürokratischen Ablauf eingreifen. Aber trotz seiner Perspektive auf die Tätigkeit der Referate behält dieser Abschnitt durchaus Dinge im Blick, die mehr oder weniger direkt mit dem Anti-Armut-Programm zu tun haben. Dies bringt eine weitere Verzerrung ins Bild, deren sich der Leser bewußt bleiben sollte. Trotzdem bleibt zu hoffen, daß die hier gegebene Beschreibung – wie immer auch beeinflußt durch die skizzierten (und andere) Erwägungen – doch einen klaren und brauchbaren Hintergrund für das Folgende abgibt.

Die politische Verantwortung in der Stadt Baltimore ist auf zwanzig Referate verteilt. Eine ganze Reihe davon haben so spezialisierte Funktionen – Disziplinarausschuß, Kunstkommission, Referate für Abgaben, Flugverkehr, Feuerbekämpfung, Transport und Verkehr, Beschwerden –, daß sie in der vorliegenden Untersuchung nicht berücksichtigt wurden, da sie für die mit dem Anti-Armut-Programm zusammenhängenden Fragen offenbar nur minimale Bedeutung haben. Für die verbleibenden Referate bietet sich folgende, logische Klassifizierung an: (1) Behörden mit zentraler Kontrollbefugnis (Finanzreferat, Stadtkämmerei, *Department of Legislative Reference*, Beamtenausschuß); (2) Behörden, die für die Erbringung »physischer« Leistungen verantwortlich sind (Referat für öffentliche Arbeiten, Referat für Erholung und Parks, BURHA *(Baltimore Urban Renewal and Housing Agency)*); (3) Behörden, die für die Erbringung »menschlicher« Leistungen verantwortlich sind (Gesundheitsreferat, Wohlfahrtsreferat, Krankenhausreferat, Bildungsreferat, Referat für Erholung und Parks); (4) Referate für zentrale Planung (Planungsreferat, BURHA usw.). Die Referate Erholung und Parks sowie BURHA tauchen aufgrund ihrer gemischten Funktionen in zwei verschiedenen Kategorien auf. Das Planungsreferat hätte man auch zu den Behörden mit zentraler Kontrollbefugnis rechnen können, da zu seinen Aufgaben zu einem erheblichen Teil auch die Sichtung und Verabschiedung von durch andere Behörden entwickelten Programmen gehört. Die Klassifizierung bleibt auf jeden Fall willkürlich – sie will nur einem nützlichen Zweck in bezug auf die Präsentation der Befunde dienen.

Die obige Liste ist, wie bereits erwähnt, keineswegs erschöpfend. So steht beispielsweise das Polizeireferat formell unter der Aufsicht des Staats, ist aber sehr stark in die städtischen Strukturen integriert. Eins der wichtigsten Referate (und eines, das durch HUD eng mit der Bundesregierung verbunden ist) ist – vom Standpunkt seiner Beziehung zum Anti-Armut-Programm – BURHA. Dieses Amt ist zwar primär mit der Erbringung physischer (baulicher) Leistungen befaßt, unterhält aber auch einen Gemeindeentwicklungsdienst. Aus Äußerungen seiner leitenden Mitarbeiter zu schließen, sieht dieses Amt eine starke Verpflichtung, ein Gleichgewicht zwischen den physischen und den menschlichen Aspekten seiner Arbeit herzustellen. Ämter wie das Büro für Bauinspektion und Sanitäres wurden im Rahmen der vorliegenden Studie als unabhängig behandelt, obwohl sie unter die Verwaltungsgerichtsbarkeit des Referats für Öffentliche Arbeiten fallen. Weitere, im Verlauf der Untersuchung kontaktierte Ämter waren die *Community Relations Commission* und die Kommission für wirtschaftliche Entwicklung. Schließlich kann man noch die *Community Action Agency* nennen, um die Liste der in den Rahmen dieser Studie fallenden Ämter abzurunden. Zusätzlich wurden noch einige leitende Beamte des *Maryland State Employment Service* interviewt, da sie aufgrund ihrer Funktionen ebenfalls stark in den Anti-Armut-Anstrengungen engagiert sind.

Nicht allen Behörden wurde während der Untersuchung die gleiche Aufmerksamkeit zuteil. Bei der Entscheidung darüber, welche Behörden am sorgfältigsten untersucht werden sollten, wurden folgende Kriterien zugrundegelegt: (1) Größe der Behörde, (2) Bedeutsamkeit für die Anti-Armut-Anstrengungen und (3) das Bestreben, ein ausgewogenes Bild in dem Sinne zu gewinnen, daß die vier Haupttypen von Referaten angemessen repräsentiert sind. Alle kontaktierten Beamten kamen den Forschern bereitwillig entgegen; bei der Vereinbarung von Interviews gab es keinerlei Schwierigkeiten.

Von den Behörden mit zentraler Kontrollbefugnis sind wohl das Finanzreferat und der Beamtenausschuß die für das Anti-Armut-Programm wichtigsten. Ein leitender Beamter im Finanzreferat ist fast hauptberuflich damit befaßt, sich mit der CAA zu beschäftigen – ein indirekter Beweis für die Kompliziertheit der diversen experimentellen Programme. Die angemessene Unterstützung des Finanzreferats ist erforderlich, um die Hürden im Haushaltsausschuß und im *Council* zu nehmen. Im allgemeinen legen die einzelnen Referate ihre Ausgabenwünsche dem Finanzreferat vor, das ein allgemeines Budget mit beigefügten Empfehlungen ausarbeitet. Da die Forderungen der CAA häufig die Form von Sofortprogrammen haben, stellen sie das Finanzreferat häufig vor besondere Probleme.

Der Beamtenausschuß *(Civil Service Commission)* kontrolliert oder bearbeitet fast alle Beamtenernennungen in der Stadtverwaltung (mit Ausnahme des Referats für öffentliche Arbeiten, das seine Gelegenheitsarbeiten unabhängig vom Beamtenausschuß vergibt). Historisch sind die Beamtenausschüsse aus dem Wunsch entstanden, die Auswüchse des Patronagesystems zu eliminieren; dies scheint auch in Baltimore der Fall gewesen zu sein. Dementsprechend achtete man darauf, den Ausschuß so weit wie möglich gegen politischen Druck zu neutralisieren. So ist der Bürgermeister, der dem dreiköpfigen Ausschuß seine Ernennungen mitteilt, kraft Gesetz gehalten, »dem Beamtenausschuß nur solche Personen zu benennen, die dem System der allein auf Fähigkeiten beruhenden Beamtenernennung positiv gegenüberstehen«. Da es zu den erklärten Zielen der CAA gehört, die Selbstrekrutierung politischer Führerschaft aus solchen Gruppen zu fördern, die sich oft durch ihren Mangel an formaler Qualifikation für eine Karriere im öffentlichen Dienst auszeichnen, so ergab sich durch die Schaffung der CAA zwangsläufig ein gewisser Zielkonflikt, und in der Tat gibt es Anzeichen für eine unvermeidliche Spannung zwischen beiden Behörden.

Wichtig ist noch ein anderes, wenngleich kleines Gremium mit zentraler Kontrollbefugnis. Das ist das Steuerprüfungsamt des *Council*. Der fachkundige Rat dieses Amts an den Haushaltsausschuß und den *Council* hat bei den Entscheidungen der gewählten Beamten offensichtlich Gewicht.

Unter den mit physischen Leistungen befaßten Referaten ist das Referat für öffentliche Arbeiten das größte und wichtigste. Es kontrolliert eine bedeutende Zahl von Arbeitsplätzen, die – wie erwähnt – nicht alle in die Domäne des Beamtenausschusses fallen. Mehr als jedes andere Referat unterliegt es dem Interessendruck aus dem politischen Bereich. Da es das städtische Baubüro *(Building Construction Bureau)* kontrolliert, läuft durch die Hände dieses Referats auch die Vergabe zahlreicher Aufträge. Durch die sanitäre und baupolizeiliche Überwachung hat es auch auf andere Weise mit den Problemen der Slums zu tun. Speziell auf dem baupolizeilichen Sektor sieht sich das Referat dem Druck antagonistischer Interessen ausgesetzt: von seiten der Bürgerrechtsgruppen – und der CAA –, die auf strikte Anwendung der Vorschriften dringen, und von seiten der Hausbesitzer, die an einer strikten Anwendung der Bauvorschriften nicht sonderlich interessiert sind. Die Behörde selbst spiegelt diese konfligierenden Interessen wider. Der Direktor des Referats für öffentliche Arbeiten ist zugleich Mitglied im Haushaltsausschuß und hat damit eine Stimme bei finanziellen Entscheidungen. Wohl in keinem anderen Referat gibt es so komplizierte Verflechtungen mit allen wichtigen Akteuren des politischen Prozesses.

BURHA hat sich stark für die Verbesserung der baulichen Umwelt in der Stadt engagiert. Dieses Referat bestand ursprünglich aus zwei Referaten, doch hat man die beiden

Elemente »Stadterneuerung« und »Wohnungsbau« einfach dadurch zusammengelegt, daß man für beide Gremien dieselben Personen ernannte und sie unter einem einzigen Direktor zusammenfaßte. Das Referat ist damit sowohl für den öffentlichen Wohnungsbau verantwortlich wie auch für Umsiedlungs-, Erneuerungs- und Sanierungsaufgaben. Schon bald baute die Behörde auch einen »Community Relations Service« auf. Schließlich ist das Referat durch seine Aktivitäten natürlich auch mit dem Planungsausschuß bei der Entwicklung eines Langzeitplans für die Stadt verbunden. In einem ganz realen Sinn tendieren also die Aktivitäten von BURHA dazu, sich mit den Belangen der CAA zu überschneiden, wenn sich auch die Schwerpunkte beider Behörden auf vielfältige Weise unterscheiden.

Alle mit »menschlichen« Leistungen befaßten Referate – Gesundheits-, Wohlfahrts-, Bildungs-, Erholungs-, Krankenhausreferat – überschneiden sich direkt mit dem Tätigkeitsfeld der CAA. Das Gesundheitsreferat gibt beispielsweise an, daß sich 80% seiner Aktivitäten an die Bewohner des Aktionsgebiets richten. Ein wahrscheinlich nicht ganz unähnlicher Prozentsatz der Leistungen des Wohlfahrtsreferats entfällt ebenfalls auf das Aktionsgebiet. Das Bildungs- und das Erholungsreferat werden in zunehmendem Maße von den Problemen der Slumjugend okkupiert. Auch übernehmen diese Referate eine Reihe der Verträge zugunsten Dritter, die die CAA vergibt. Nimmt man noch die kommunalen Leistungen der BURHA und die Aktivitäten des *Maryland State Employment Service* hinzu, so gewinnt man in etwa ein Bild von dem Umfang, in dem die Aktivitäten der CAA auf die bestehende Verwaltungsstruktur Baltimores einwirken. Koordinationsprobleme zwischen den einzelnen Referaten gab es schon vor Schaffung der CAA, sie sind aber zweifellos verstärkt worden durch den von der neuen Behörde ausgehenden Druck und durch das zunehmende Bewußtsein von dem sozialen Dynamit, das in den Slums vorhanden ist.

Die Gliederung in Referate und die Natur des Problems

Die traditionellen »Bereichs-Referate« (mit genau abgegrenzten, funktionalen Verantwortlichkeiten) sind in Baltimore, wie auch in anderen Städten, nicht im Blick auf Probleme wie (Massen-)Armut geschaffen worden. Referate wie die für öffentliche Arbeiten, Bildung, Krankenhäuser, Parks, ja sogar öffentliche Wohlfahrt sollten in einem aufstrebenden, gesunden Gemeinwesen notwendige Leistungen auf solchen Gebieten erbringen, um die sich die Privatinitiative nicht kümmern konnte oder wollte. Sie schufen die notwendige Substruktur unterhalb des Spektrums sonstiger Aktivitäten in einem Gemeinwesen, das in der Hauptsache zur Mittelschicht gehörte. Koordinationsprobleme waren minimal. Vielfach wurde die Autonomie der Referate gegeneinander bewußt gefördert. So entwöhnte man Anfang des Jahrhunderts das Bildungsreferat der direkten politischen Einmischung, um Mißbräuchen in der Bestallung der Lehrer entgegenzuwirken. Durch die Schaffung zahlreicher, von prominenten Bürgern besetzter Ausschüsse und Kommissionen legte man der direkten politischen Manipulierung der Referate durch diverse politische Interessen einen Riegel vor und beschränkte in praxi auch die Möglichkeit des Bürgermeisters, selber direkt in die Arbeit der Referate einzugreifen.

Das Problem Armut dagegen ist das Problem eines kranken Gemeinwesens. Die Bürger sind unterdurchschnittlich gebildet, sie leben in übervölkerten Wohnvierteln, die ihrerseits sanitäre und gesundheitliche Probleme aufwerfen, sie haben keinen Zugang zu Erwerbsmöglichkeiten, sind in bezug auf so elementare Dinge wie Straßenbeleuchtung, Polizeistationen usw. unterversorgt, werden in mannigfacher Weise diskriminiert, wobei die Diskriminierung aufgrund der Hautfarbe nur *eine* Weise ist, und ermangeln der vielfältigen Organisationen, durch die die Bürger eines Gemeinwesens normalerweise ihre Ziele erreichen. Das Gestrüpp von untereinander verflochtenen Problemen, das für das Gesamtproblem städtischer Armut charakteristisch ist, stellt an die städtischen Referate Ansprüche, denen keines von ihnen von sich aus gewachsen ist. Das Bildungsreferat scheitert an den sozialen und psychologischen Problemen der Studenten; soziale Probleme erwachsen aus dem hohen Arbeitslosengrad und der starken Übervölkerung; die Arbeitslosigkeit wiederum hat als eine ihrer Ursachen die mangelnde Motivation und Ausbildung der in den Slums lebenden Menschen. Umgekehrt muß ein gesundes Gemeinwesen auf dem Sinn für Besitz und Leistung aufbauen können, wohingegen die Zustände in den Slums, die ein »freies Unternehmertum« entmutigen, nur in den wenigstens Fällen Stolz auf geschäftliche Leistungen aufkommen lassen. Die Bevölkerung in den Slums fühlt sich von der Mitsprache bei den für die Stadt entscheidenden Aktivitäten ausgeschlossen und ist es wohl auch weithin. Die alten »Bereichsreferate« scheinen jedenfalls unfähig zu sein, die Probleme in einer irgendwie befriedigenden Weise zu lösen.

Als Reaktion auf die durch den physischen und sozialen Verfall der Stadt gesetzten Zwänge sind gewisse Schritte unternommen worden. So sind Anstalten getroffen worden, ein gewisses Maß an Koordination zwischen den Aktivitäten der Referate zu erzielen. So hat man ein sog. »Conservation Committee« unter Vorsitz des Beigeordneten des Bürgermeisters gegründet. Dieses Komitee war, aus welchen Gründen auch immer, nicht sehr erfolgreich. Der Bürgermeister hat auch eine Reihe von Sondereinheiten (»task forces«) mit breiter Bürgervertretung eingerichtet, die die wichtigsten Probleme der Stadt erörtern und mit praktischen Vorschlägen aufwarten sollten. Diese task forces hatten zwar verschiedentlich nützliche Wirkungen, ließen aber das Problem eines geschlossenen Angriffs auf die massiven Probleme der Armut weithin unangetastet. Ein Beispiel für die dritte – und wohl ambitionierteste – Art, an die Probleme heranzugehen, ist die CAA. In diesem Fall ist ein ganz neues Referat gebildet worden, dessen direkte Aufgabe es ist, das Problem als ganzes in den Griff zu bekommen. Allerdings ist der Gedanke, ein massives Problem durch einen breitangelegten Angriff einer einzigen Behörde anzugehen, nicht von der CAA ausgegangen. In mancher Hinsicht mit der CAA vergleichbar ist die um einige Jahre ältere BURHA, die sich stets die Sorge um den gesamten Problemkomplex angelegen sein ließ. Bezeichnend ist vielleicht die Entwicklung der BURHA zu ihrer gegenwärtigen Form: ihre ursprünglichen Ziele waren beschränkter und mehr nach dem Muster traditioneller Bereichsreferate gebildet. Bezeichnend mag auch sein, daß einer der geistigen Väter des »Aktionsplans« (also des Musters für die gegenwärtige CAA) früher einer der Obmänner von BURHA war.

Die Untersuchung erbrachte keine einmütige Unterstützung

der Entscheidung, das Kommunale Aktionsprogramm als ein Referat der Stadtverwaltung zu etablieren, wenn auch die Mehrheit der befragten Einzelpersonen dieser grundsätzlichen Entscheidung offenbar zustimmte. Die Stadt stand ursprünglich vor der Wahl, das Kommunale Aktionsprogramm als gemeinnütziges Unternehmen außerhalb des normalen Stadtverwaltungsapparates zu konstruieren, wie dies in einer Reihe anderer Städte geschehen war. Die Befunde der vorliegenden Studie deuten darauf hin, daß die Entscheidung in Baltimore im Einklang mit anderen Elementen im Leben der Stadt stand. Die meisten Personen, die die Errichtung eines Kommunalen Aktionsprogramms in Baltimore unterstützten, wünschten eine Balance zwischen Experimentierfreudigkeit auf der einen und Kontrolle über die Programmaktivitäten auf der anderen Seite. In der Praxis scheint diese Entscheidung Vor- und Nachteile gehabt zu haben. Sie hat dem Programm Beschränkungen auferlegt (z. B. beim Anwerben von Mitarbeitern); andererseits hat sie dazu geführt, daß Spitzenbeamte der CAA in Baltimore direkt in wichtige Entscheidungsprozesse mit einbezogen sind. Die Konsequenzen dieses letzteren Umstandes werden weiter unten erläutert.

Die Errichtung einer städtischen Behörde für das Gesamtproblem Armut hat die Unfähigkeit des traditionellen bürokratischen Systems demonstriert, mit den vieldimensionalen Anforderungen fertig zu werden, die die Existenz massiver Slumbedingungen an eine Stadtverwaltung stellt; andererseits deutet auch nichts darauf hin, daß die Errichtung einer Behörde wie der CAA das Problem bereits gelöst hätte. In einigen Fällen haben sich die Aktivitäten der CAA mit denen anderer Referate überschnitten, mit dem Ergebnis, daß neue Koordinationsprobleme auftraten. In anderen Fällen hat die Existenz der CAA zu verstärkten Leistungsforderungen an die Adresse der alten »Bereichs«-Behörden geführt – Forderungen, die letztere zu erfüllen unfähig oder nicht bereit waren. Der CAA fehlt die finanzielle und personelle Ausstattung, um auch nur mit den Problemen im Zielgebiet der CAA fertigzuwerden, geschweige denn mit den Gesamtproblemen der Armut in der ganzen Stadt. Man kann argumentieren – und wie unsere Forschungen zeigen, ist das auch der Eindruck vieler Beamter in der Stadt –, daß zu den Hauptvorteilen des relativ aggressiven und experimentierfreudigen Vorgehens der CAA der Nachweis gehört hat, daß die Ansätze auf den traditionellen Referatsebenen unzulänglich sind. Nach dieser Auffassung ist das Hauptproblem, vor dem Baltimore heute steht, die Frage, wie die bereits vorhandenen Leistungen der Stadt zu mobilisieren und welche neuen Initiativen noch einzubauen sind. Nach dieser Auffassung ist es auch die Hauptherausforderung, vor der die Stadt heute steht, nach Mechanismen zu suchen, wie einerseits eine dynamische Politik auf überreferatlicher Ebene entwickelt werden kann und wie man andererseits die heute noch zersplitterte und konzeptionslose Referatpolitik in einen Gesamtrahmen einbringen und die diversen Referatsaktivitäten koordinieren kann. Auch diejenigen, die der skeptischen Auffassung sind, daß die CAA kein solch wirksames Mittel gegen die Reduzierung der Armut ist, wie es die finanzielle Besserstellung der alten Referate gewesen wäre, geben heute zu, daß sie aus der Existenz der CAA gelernt haben und daß sich in den alten »Bereichs«-Behörden ein Wandel vollziehen muß.

Die Referate im Gesamtbild Baltimores

Man versteht die Struktur und die Aktivitäten der Stadtverwaltung und ihrer Referate etwas besser, wenn man sie im größeren Kontext des Baltimorer Systems als ganzem sieht. Die Aktivitäten der städtischen Referate färben oft direkt auf die Aktivitäten der anderen Agenten im Gesamtsystem der Stadt ab und umgekehrt. Häufig sind die Verbindungen zu Momenten des größeren Systems – zur Ideologie und zu den Interessen – inniger als die zu anderen Referaten. Das ist um so eher der Fall, als sich die Referate in Baltimore eines nicht geringen Maßes an Autonomie ihrer Tagesaktivitäten von direkter politischer Beeinflussung erfreuen. Jene Verbindungen sind jedoch auch formeller, nicht nur informeller Art. So ist bei verschiedenen Behörden der nominelle Leiter kein hauptberuflicher Beamter der Behörde, sondern Vorsitzender eines aus den Reihen interessierter Bürger gebildeten Ausschusses oder Gremiums. Diese strukturelle Maßnahme stellt sicher, daß sich die Politik des betreffenden Referats auf die Belange interessierter und einflußreicher Akteure in der Stadt einstellt. Wahrscheinlich ist auf jeden Fall richtig, daß leitende Entscheidungsträger in den Referaten mit Hilfe informeller Mechanismen dazu neigen, gemeinsame Sache mit anderen Entscheidungsträgern außerhalb der bürokratischen Struktur zu machen, von denen sie Rat und Unterstützung in der Entwicklung einer von ihnen als wünschenswert erachteten Politik erwarten können, doch sichert hier die Charta der Stadt die Bürgerbeteiligung durch zahlreiche Gremien und Ausschüsse und damit ein gewisses Maß an Zusammenwirken von Bürgern und Verwaltung. An der Spitze der CAA steht ein Ausschuß – der CAC –, dessen Zusammensetzung gewisse Kontroversen hervorgerufen hat: ein indirekter Beweis dafür, daß die Verflechtungen zwischen den Behörden der Verwaltung und anderen Agenten im System in der Tat eine Rolle spielen.

Die Rolle des Bürgermeisters

Die für die städtischen Referate unmittelbar wichtigsten Akteure sind erstens der Bürgermeister und zweitens der Stadtrat. Der Bürgermeister als Oberhaupt der Verwaltung kontrolliert die Ernennung der städtischen Spitzenbeamten, entscheidet über die Zusammensetzung von Ausschüssen und beratenden Gremien, kann von den Referaten Offenlegung ihrer Ausgaben verlangen und verfügt über die Machtmittel, den Rahmen der Politik der Referate zu bestimmen. Zumindest theoretisch gibt ihm die Charta alle Möglichkeiten, um Richtung und Gangart der städtischen Politik zu bestimmen.

In Wirklichkeit ist die Situation nicht so eindeutig. Baltimore hat in der Vergangenheit, wie andere Städte auch, genügend passive Bürgermeister gehabt, die die Referate an einem relativ lockeren Zügel (wenn auch mit unzureichender Alimentierung) führten und wenig dazu beitrugen, die Stellung des Bürgermeisters zu stärken. 1967 war der Amtsinhaber ein Republikaner, der einem rein demokratischen Stadtrat gegenüberstand. Die Informanten beschrieben ihn einmütig als überzeugten, langjährigen Verfechter der Bürgerrechtssache. Übereinstimmend bezeugten sie, daß er zuverlässig hinter der CAA stand und darauf sah, daß die Sprecher der CAA in allen sie betreffenden Angelegenheiten zu Wort kamen. Im Rahmen seiner gesetzlichen Möglichkeiten hat er der CAA Mittel bewilligt und auch viel dazu beigetragen, ihren Programmen Rückendeckung bei der Bevölkerung zu verschaffen. Andererseits hat er höchstens in Krisensituationen versucht, die Referate insgesamt zu einem konzertierten Kampf gegen die Armut unter seiner starken Führung zusammenzufassen, und sich meistens auf die moralische Führung durch sein eigenes Beispiel beschränkt. Die Koordination der Referate hat unter seiner Ägide keine bemerkenswerten Fortschritte gemacht. Als leutseliger und kommunikativer Mann hat er in seinem Büro Kontakte zu breiten Teilen der Bevölkerung gepflogen, und wenn es in Baltimore nicht die verheerenden Unruhen wie in anderen Städten gegeben hat, so führen das manche Beobachter auf die Bereitschaft des Bürgermeisters zurück, ohne zu zögern die Bevölkerung in ihren Wohngebieten aufzusuchen und sich über ihre Sorgen zu unterrichten. Ob dies nun stimmt oder nicht – fest steht, daß die Zeit, die mit Kontakten zur Öffentlichkeit verbracht wurde, nicht mit dem Studium administrativer Probleme der Bürokratie verbracht werden konnte. Was den Bürgermeister von Baltimore zusätzlich behindert, ist die unzureichende personelle Besetzung seines Stabes. Der Stab des Bürgermeisters ist winzig – eine Handvoll Mitarbeiter –, und es ist ein hoffnungsloses Unterfangen für den Stab, mit den beträchtlichen Komplexitäten innerhalb der Referate Schritt halten, geschweige denn selbst aktiv eine schöpferische Politik entwickeln zu wollen. Als dieser Bürgermeister aus dem Amt schied, gehörte zu seinem »Vermächtnis« eine Reihe von Empfehlungen zur Verbesserung der personellen Ausstattung des Bürgermeister-Büros.

Ein republikanischer Bürgermeister hat in Baltimore nur eine schwache politische Organisation hinter sich. Der Amtsinhaber von 1967 scheint diese Lücke dadurch gefüllt zu haben, daß er den Kontakt zu bestimmten aktiven Teilen der Bevölkerung suchte. Wie die Forscher erfuhren, hat der Bürgermeister beispielsweise ausführlich mit führenden Vertretern der Wirtschaft zusammengearbeitet. Er stand aber auch in engem Kontakt zu einigen Führern von Bürgerrechtsgruppen. Ausgiebigen Gebrauch machte er von dem, was man in Baltimore »task forces« (Sondereinheiten) nennt. Das sind *ad hoc* gebildete Komitees mit großzügigen Vollmachten, die im

Auftrag des Bürgermeisters gewisse Probleme in der Stadt untersuchen und bestimmte Empfehlungen aussprechen. Die *task force* »Gleiche Rechte für alle« beispielsweise gliedert sich in sechs Komitees: für Bildung, für Wohnung, für das Verhältnis zur Polizei, für öffentliche Einrichtungen, für Beschäftigung, für Gesundheit und Wohlfahrt. Jedes Komitee hat zwei Vorsitzende, einen Weißen und einen Neger. Die Komitees treffen sich ziemlich regelmäßig, während die *task force* selbst einmal im Monat zusammenkommt. Es scheint, als ob dieser Ansatz ein gewisses Ausmaß an nützlicher Arbeit gezeitigt hat; aber ohne eine wirksame Stabsorganisation, die die harte Aufgabe übernimmt, Vorstellungen in Programme zu übersetzen, scheinen die Anstöße dieser Organisationen für die städtische Politik nicht sehr groß gewesen zu sein. Man sollte allerdings anmerken, daß die von der *task force* behandelten Themen sich direkt mit dem Zuständigkeitsbereich einiger der wichtigsten städtischen Referate deckten. Das wichtigste Nebenprodukt dieses Ansatzes war wahrscheinlich der Umstand, daß sich zahlreiche Einzelpersonen intensiv mit den Problemen befaßten und somit das Ziel einer öffentlichen Aufklärung über diese Fragen gefördert wurde.

Der Council

Der andere wesentliche Akteur gegenüber den städtischen Referaten ist die Stadtverordnetenversammlung. Alle Programmvorlagen, die die Aufwendung größerer Mittel vorsehen, müssen vor ihren kritischen Augen Revue passieren. Der *Council* hat zwar nicht die Macht, Programme mit Zusätzen oder Änderungen zu versehen, aber er kann sie kürzen oder blockieren. Die Möglichkeit, daß sich der *Council* einem gegebenen Programm oder Programmteil widersetzt, kann also durchaus von erheblichem Einfluß darauf sein, welche Art von Programm überhaupt vorgelegt wird. Die Beamten in den Referaten erkennen sehr bald, welche Idiosynkrasien ein bestimmter *Council* hat, und richten ihr Handeln entsprechend ein.

Ausnahmslos bestätigten unsere Informanten, daß der *Council* von Baltimore konservativ sei. Gelegentlich wurde er sogar als »Hochburg der Reaktion« bezeichnet, wenn man auch einzelne Stadträte rühmend hervorhob. Indessen hat der *Council* zwar einige wenige Geldzuwendungen an die CAA abgelehnt, eine große Zahl davon jedoch gebilligt. Wie viele weitere Programme freilich der Selbstzensur zum Opfer fielen, bevor sie überhaupt vorgelegt wurden, ist ungewiß. Daß es einige solcher Programme gab, wurde von einigen Beamten eingeräumt.

Zur Zeit der Durchführung dieser Studie (Sommer 1967) gab es zwanzig Stadträte, mit einer offenen Stelle. Es ist offenes Geheimnis in Baltimore, daß es im *Council* zwei »Lager« gibt, die Pollack-Reed-Fraktion und die D'Alesandro-Schaeffer-Fraktion; allerdings scheint die Trennung nicht sehr rigide zu sein, besonders was die Abstimmung der Stadträte in Bürger-rechtsfragen betrifft. Bei den Lagern scheint es sich eher um Koalitionen auf der Basis untergeordneter Machtzentren zu handeln, die ein Beobachter respektlos als »Lehen« charakterisierte und deren Hauptzweck wohl die Festlegung künftiger Wahlbündnisse ist. Ganz ungefähr entsprechen die Fraktionen der Teilung des *Council* in Liberale und Konservative, wenn auch die ideologische Basis dieser Scheidungen nicht sehr klar oder starr fixiert ist.

Der *Council* von Baltimore nimmt, wie die Stadträte überall, seine Aufgabe ernst, die Interessen des Steuerzahlers zu wahren. Vor allem tendiert er dazu, die Belange der hauptsächlichsten Steuerzahler – Grundbesitzer, Unternehmer, Freiberufler – allem anderen voranzusetzen. Die sehr Armen und die sehr Reichen sprechen in diesen Angelegenheiten nur mit leiser Stimme; die Armen, weil sie keine Macht haben, die Reichen, weil ihnen wirksamere Mittel zur Wahrung ihrer Interessen zur Verfügung stehen. So wurde berichtet, daß einflußreiche Hausbesitzer – auch Hausbesitzer in den Slums – Sprecher im *Council* sitzen haben. Während einer Kontroverse um die öffentlichen Einrichtungen vertraten mehrere Stadträte offen die Partei der Saloon-Besitzer. Ethnische Gruppen sind gut repräsentiert. Außerdem gibt es zwei Neger-Stadträte (Baltimores Bevölkerung besteht heute fast zu 50% aus Negern.) Einer von ihnen ist ein prominenter Geschäftsmann mit fester politischer Basis, der immer für die Belange der Bürgerrechte eingetreten ist. Der andere hat einen schwächeren politischen Anhang und zeigt sich in seinem Stimmverhalten zweideutiger. Die Negergruppe, unter der die Armut am akutesten ist, ist erkennbar unterrepräsentiert. Andere Kreise der Bevölkerung, in denen starke Vorurteile gegen die Schwarzen grassieren, sind überrepräsentiert.

Ein relativ schwacher Bürgermeister, in Verbindung mit einem *Council*, dessen Interessen mit den konservativsten Elementen der Geschäftswelt konform gingen, haben im Lauf vieler Jahre zur Folge gehabt, daß ein aktives Sich-Einsetzen der Referate für die Probleme der Innenstadt bzw. die Entwicklung radikaler oder durchgreifender Programme verhindert wurde. Die Folgen sind evident: Verfall des Schulsystems, unzulängliche Wohlfahrtsleistungen, Geldknappheit beim Polizeischutz, im sanitären Bereich, im Wohnungsbau usw. Keines dieser Referate ist den sich steigernden Bedürfnissen der Innenstadt gewachsen. Die CAA dagegen ist nicht in so großem Umfang lahmgelegt, einesteils, weil sie sich der Unterstützung des Bürgermeisters, mehrerer einflußreicher Stadträte und eines breiten Rückhalts in der Bevölkerung als ganzer erfreut, andernteils, weil sie in erheblichem Ausmaß aus Bundesmitteln alimentiert wird. Gemessen an ihrem Anteil am städtischen Etat, ist die CAA eine relativ kleine Behörde; der wahre Gradmesser der Einschätzung durch den *Council* ist der Vergleich mit den Ausgaben aller anderen Referate.

Die Geschäftswelt

Die führenden Vertreter der Baltimorer Geschäftswelt haben mit den »Niederungen der Tagespolitik« im *Council* nicht unmittelbar zu tun, wenn auch anzunehmen ist, daß Verbindungen zwischen den politischen Parteien und reichen Geschäftsleuten in Form von Wahlspenden in Baltimore ebenso zur Tradition gehören wie in jeder anderen Stadt. Daß sie im *Council* nicht mitreden, heißt jedoch nicht, daß sie keinen Einfluß auf die städtischen Angelegenheiten nähmen. Es gibt mehrere Zusammenschlüsse von Geschäftsleuten, die die Politik wirksam beeinflussen: die Handelskammer, das *Committee for Downtown*, den *Voluntary Council* (hervorgegangen aus dem »Donnerstagsmorgen-Frühstücks-Club«) und das *Greater Baltimore Committee*, das in seiner Politik am interventionistischsten war. In den fünfziger Jahren entstanden und nach dem Vorbild des Pittsburgher »Allegheny Conference« geformt, zählt der GBC zu seinen Mitgliedern hundert der einflußreichsten Geschäftsleute von Baltimore. Ein Blick auf die Aktivitäten des Clubs demonstriert seine Relevanz für die kommunalpolitischen Aktivitäten. Der GBC war die treibende Kraft hinter dem Projekt »Charles Center« – einem Komplex von Bürogebäuden und Einkaufsgeschäften samt »Zentrum für die darstellenden Künste«, das den Niedergang des zentralen Geschäftsviertels aufhalten sollte. Das Projekt, das 25 Millionen Dollar kostete, wurde zunächst aus städtischen Mitteln bestritten, obwohl schließlich die Bundesregierung 13 Millionen dazugab. Bei der Planung der Anlage wirkte der GBC eng mit dem Bürgermeister und dem Stadtrat zusammen. Ein anderes wichtiges Unternehmen, bei dem der GBC mit den gewählten Vertretern der Stadtbevölkerung zusammenarbeitete, war das Projekt Innenhafen, das die Hafenanlagen der Stadt modernisieren soll.

Die Projekte Charles Center und Innenhafen sind darauf berechnet, der Geschäftswelt als ganzer bedeutenden Nutzen zu bringen. Durch andere Aktivitäten ist der GBC aber auch enger mit dem Anti-Armut-Programm und sonstigen Bereichen der Stadtverwaltung in Kontakt gekommen. Ein gemeinsamer Bericht des GBC und des *Committee for Downtown* über das Problem des Schnellverkehrs empfahl den Aufbau zweckmäßiger Kommunikation zwischen dem Planungsausschuß und der *Metro Transit Authority*. GBC hat sich für die Schaffung eines großen Parks am Jones Fall Expressway eingesetzt, wobei er mit dem Ausschuß für wirtschaftliche Entwicklung und mit einflußreichen Mitgliedern des Stadtrats in Konflikt kam. GBC betrieb aktiv die Entwicklung eines Lebensmittel-Großhandelszentrums am äußeren Ring der Stadt. GBC hat sich zu den Problemen der Innenstadtbewohner geäußert, angemessene Verkehrsverbindungen zu ihren Arbeitsplätzen in den Außenbezirken zu bekommen. Bemühungen, die baupolizeilichen Vorschriften strenger durchzusetzen, stießen auf Widerstand im Stadtrat und scheiterten vermutlich an der energischen Opposition der Haus- und Wohnungseigentümer. GBC hat eine gemeinnützige Wohnungsbaugesellschaft gegründet und für diese unter seinen

Mitgliedern über eine halbe Million Dollar gesammelt, um in den Genuß von Darlehen des Bundes zu kommen. Eines der Ziele dieses Programms ist es, auf dem Gebiet des Wohnungsbaues für untere und mittlere Einkommensschichten »die Entwicklung neuer staatlicher und privater Entwicklungstechniken zu fördern«. Zu den Direktoren der *Housing Development Corporation* zählen neun Mitglieder des GBC, dazu vier Vertreter von Gemeindeorganisationen, des Bürgermeisters, des Stadtrats, des Planungsausschusses und der BURHA. Schließlich begann der GBC vor einigen Jahren, sich auch um Probleme der Nachbarschaftsentwicklung zu kümmern, und erhielt im Frühjahr 1967 vom OEO 450 000 Dollar für die »Model Urban Neighborhood Demonstration«, die einen weiteren Versuch darstellt, privates Unternehmertum und die Probleme der Slums zusammenzuführen. Die größte Scheibe dieses Kuchens geht an die Systemanalytiker der Westinghouse Corporation, die versuchen sollen, eine verfeinerte langfristige Planung zu entwickeln. Eine kleinere Summe fließt direkt einer ausgewählten Nachbarschaft zu, die lernen soll, aus ihrer eigenen Mitte politische Führer zu rekrutieren.

Die emsige Aktivität des GBC und seine direkte Intervention in die städtischen Angelegenheiten veranlaßten einen Stadtrat zu der Bemerkung, GBC sei »a government within a government«. Offenbar haben die Aktivitäten des GBC in mehreren Bereichen Ähnlichkeit mit den Aktivitäten städtischer Behörden wie etwa des Planungsausschusses, der BURHA und der CAA, wobei der GBC noch den Vorteil hat, nicht im selben Maße wie diese von Beschränkungen durch den Stadtrat betroffen zu sein. Im ganzen gesehen scheinen jedoch die Reibungen geringer zu sein, als man erwarten sollte, wohl dank des ständigen, aktiven Dialogs zwischen dem GBC und dem Bürgermeister bzw. anderen Einzelpersonen. Selbstverständlich entstammen der Vorsitzende des Planungsausschusses und der BURHA selber der Geschäftswelt. Im Juli 1967 kündigte GBC die Bildung eines Komitees an, das einen Langzeitplan für öffentliche Bildung ausarbeiten sollte; Vorsitzender war Walter Sondheim, der aktiv zur Bildung der CAA beigetragen hatte. Die städtischen Referate werden sich also auch weiterhin des Einflusses des GBC bewußt bleiben, das bewiesen hat, daß es seinen Einfluß auf die städtische Politik zu nutzen gewillt ist.

Das GBC ist nicht die einzige Stimme des Unternehmertums. In mancher Hinsicht vertritt das *Committee for Downtown* ähnliche Interessen und Aktivitäten. Die Handelskammer mit ihrer größeren Mitgliederzahl und loseren Organisation vertritt unternehmerfreundliche Aktivitäten traditioneller Art, ist aber sporadisch auch mit Aktivitäten hervorgetreten, die mit Problemen der Armut zusammenhängen. Im Sommer 1967 etwa stellte die Handelskammer Einrichtungen und Personal für ein Notprogramm zur Arbeitsbeschaffung für Neger zur Verfügung. Das andere Gremium, das sich direkt mit Armutsproblemen befaßt hat, ist der *Voluntary Council*. Der VC, der aus dem »Donnerstag-Morgen-Club« hervorging, setzt sich aus einer kleinen Gruppe von Unternehmensführern zusammen (deren Betriebe angeblich 60% der Arbeitsplätze in der Stadt kontrollieren) und vertritt erklärtermaßen das Ziel, die »Integration« des Beschäftigungsbildes der Stadt zu erreichen. Nachdem sie in diesem Sinne zunächst einmal vor ihrer eigenen Haustür kehrten, entwickelten sie die Technik des »teams of two«, um auch andere Arbeitgeber zu überreden, Beschäftigungsmöglichkeiten für Schwarze bereitzustellen. In den vergangenen drei Jahren soll ein beträchtlicher Erfolg erzielt worden sein, wenn auch eine Führungskraft freimütig erklärte, daß die leitenden Posten weiterhin Negern verschlossen bleiben werden. Der VC hat auch begrenzte Experimente unternommen, in denen Arbeitslose geschult wurden, sich auf offenstehende Stellen vorzubereiten. Neuerdings hat der VC die Errichtung eines *Opportunities Industrialization Center* in Baltimore unterstützt; Modell für dieses Projekt war ein erfolgreiches Unternehmen des Rev. Leon Sullivan in Philadelphia, bei dem versucht wurde, neben Fertigkeiten und Fähigkeiten auch die Motivation zu entwickeln. Baltimores OIC wird einige Mittel aus dem *Concentrated Employment Plan* erhalten und diesen damit in enge Verbindungen zur CAA und zum *Maryland State Employment Service* bringen. Die Folge scheinen gewisse Konflikte hinsichtlich der Ziele und Verfahrensweisen gewesen zu sein, doch ist das Program für Baltimore noch so neu, daß man nur mit Mühe Informanten mit objektiven Gesichtspunkten findet. Eins ist jedenfalls klar: die städtischen Referate haben in der Vergangenheit wenig mit Beschäftigungsproblemen zu tun gehabt, und die unvermeidlich gewachsene Sorge über den hohen Grad an Arbeitslosigkeit in den Slums der Stadt wird zu neuen Koordinationsproblemen zwischen Stadtverwaltung und Geschäftswelt führen. Das beginnt bereits bei einem vergleichsweise geringen Grad gegenseitigen Vertrauens auf beiden Seiten; vor allem die Informanten von der Unternehmerseite scheinen einhellig den *State Employment Service* als bürokratisch, wirkungslos und unternehmerfeindlich zu betrachten. Ihre Einstellung gegenüber amtlichen Initiativen ist derzeit skeptisch, doch sind sie gegenwärtig anscheinend nicht darauf vorbereitet, selbst ein umfassendes Programm in Angriff zu nehmen. Das OIC wirkt zwar auf den ersten Blick imposant, ermangelt aber aller gebotenen Ressourcen, um seine Aufgabe zu erfüllen.

Die hier gegebene kurze Skizze ist alles andere als vollständig. Einzelne Geschäftsleute erfreuen sich nicht selten einer ansehnlichen politischen Macht aus eigenen Stücken, nicht qua Mitglied eines der Unternehmerverbände. Sie werden als Einzelpersonen auf vielfältige Positionen auf Stadt-, Landes- und Bundesebene gehoben. Ein Bürgermeister, der die Dinge in einem »großzügigen« Maßstab bewegen will, kann es gelegentlich zweckmäßiger finden, sich mit Gleichgesinnten aus der Geschäftswelt zusammenzutun, als die Ressourcen seiner städtischen Referate lockerzumachen und sein Programm durch den Stadtrat zu schleusen. Leitende Beamte einiger Referate finden bei den Unternehmern Verbündete wie auch Widersacher. Im Baltimorer »Establishment« selber spiegelt sich ein breites Spektrum sozialer und politischer Positionen, vom aktivistischen GBC bis zum erzkonservativen *Efficiency and Economy Commission*. Der Vorsitzende des CAA ist Mitglied im GBC. Die wichtigste Zeitung der Stadt gehört einer der »altreichen« Familien Baltimores. Der Vorsitzende der *Education Study Commission* des GBC war früher Vorsitzender der BURHA und des *School Board*. Das Establishment hat also Zugang zu so vielen Schaltstellen in der Stadt, daß es sich leisten kann, bloße »Politiker« mit einer gewissen Verachtung anzusehen.

Der vorherrschende Eindruck bei den Informanten war, daß

das Unternehmertum von Baltimore über Jahre hinaus erz-
konservativ war und tatenlos zusah, wie das zentrale Ge-
schäftsviertel verkam. Es ist möglich, daß sich das Bild dank
der Dynamik des GBC nachhaltig wandelt und die Abwande-
rung der Geschäftsleute aus der Innenstadt gestoppt wird.
Jedenfalls ist dies das erklärte Ziel des GBC.

Private Verbände

Ein anderer Kreis der Bürgerschaft überschneidet sich gleichfalls mit den Verantwortlichkeiten der Referate. Das sind jene
Verbände, die sich traditionellerweise wohltätigen Zwecken
verschrieben und sich in einem breiteren Sinne für die sozialen
Zielsetzungen der Stadt verantwortlich gefühlt haben. Auf
diesem wie auf anderen Gebieten blieb traditionsgemäß vieles
der Privatinitiative überlassen, und das Referat für öffentliche
Wohlfahrt stellte nur eine von vielen Stellen dar, die den
Benachteiligten und Armen Hilfe boten. Im Rahmen eines
gesunden, aufstrebenden Gemeinwesens mag diese Politik
durchaus wirksam gewesen sein; mit den Bedürfnissen der
gegenwärtigen Armutsbevölkerung freilich können die Kapa-
zitäten des gesamten Wohlfahrtssystems nicht mehr Schritt
halten.

Die Hauptzentren von Macht, Autorität und Einfluß auf
dem Gebiet der Wohlfahrt sind die Gemeindekasse, die *Associated Jewish Charities* und die Erzdiözese Baltimore. Außerdem tragen diese drei Stellen, zusammen mit der Stadt und
dem Bundesstaat, zur Unterstützung des Gesundheits- und
Wohlfahrtsrates (HWC) bei. Dieser Rat versucht stärker als
alle anderen Gruppen, das Gemeinwesen unter dem Blickwin-
kel seiner Wohlfahrtsbedürfnisse zu sehen. Dieser Rat war es
beispielsweise, von dem die Initiative (und die treibende
Kraft) zur Entwicklung des »Aktionsplans« ausging, der dann
zur CAA führte. Der HWC übernimmt für andere Stellen
einschließlich der städtischen Referate die Durchführung ex-
perimenteller Programme, die, wenn sie erfolgreich sind, der
HWC an die ständigen Bereichs-Behörden abzugeben hofft.
So wandte sich 1961 BURHA an den Rat, um hier ein
experimentelles Umsiedlungsprojekt zu Demonstrations-
zwecken durchführen zu lassen. Das Projekt sollte so funktio-

nieren, daß eine Reihe von Referaten Personal zur Bildung einer »task force« abstellte, die ein für Sanierungszwecke in Aussicht genommenes, von der Bevölkerung zu verlassendes Gebiet besuchen sollte. Im Prinzip sollten alle betroffenen Personen mehr als einmal in ihren Wohnungen aufgesucht werden; individuelle und familiäre Probleme sollten gründlich zur Sprache kommen, wobei die ganze Palette städtischer Wohlfahrtsleistungen heranzuziehen war; Gebiete, in die die Bewohner umziehen sollten, sollten schon vorher für die Neuankömmlinge hergerichtet werden. In der Praxis blieb das Projekt weit hinter seinen selbstgesteckten Zielen zurück, hauptsächlich wohl deshalb, weil die einzelnen Referate nicht bereit waren, Personal dafür abzustellen. Immerhin schuf das Projekt den Prototyp der Nachbarschaftszentren, die in allen Maßnahmen der CAA ein so grundlegendes Element sind.

Jüngst übernahm der HWC wieder die Verantwortung für den Entwurf eines Programms »Selbsthilfe-Wohnen«, und zwar in Zusammenarbeit mit der CAA. Der Rat nahm einen erfahrenen Sozialarbeiter unter Vertrag, der einige Monate lang mit einer Gruppe von Bewohnern des Aktionsgebiets zusammenarbeitete und einen ausgereiften Vorschlag vorlegte, der nach einigen Schwierigkeiten auch vom HWC genehmigt wurde. Der HWC hat auch im Verein mit dem *Youth Council* für das OEO ein Demonstrationsprojekt im Arbeitslosengebiet durchgeführt, das »Job Corps«-Programm. Dieses Programm hat sich als recht vielversprechend erwiesen, aber noch keine Förderung durch irgendeine Bereichs-Behörde gefunden, so daß der HWC noch zögert, das Programm aus der experimentellen Phase herauszunehmen. In diesem Fall hat die Bewegungsfreiheit des HWC zweifellos die Förderung durch das OEO erleichtert, da das mühselige Geschäft umgangen werden konnte, das Programm durch den Stadtrat zu schleusen.

Der HWC mit seiner relativen Bewegungsfreiheit und seiner Vorliebe für experimentelle Ideen bietet sich für manche Referate als Testinstanz für Programme an, obwohl er in Ermangelung weiterreichender Autorität so manche vielversprechende Initiative verkümmern lassen mußte. Der HWC hat zahlreiche Kontakte sowohl zum Establishment der Stadtverwaltung und der Geschäftswelt wie auch zu privaten Verbänden und liberalen Einzelpersonen.

Die privaten Verbände sind selbst wieder auf informelle Weise mit Gremien wie dem GBC verbunden. Die Gemeindekasse erhält allein von der Firma Bethlehem Steel eine Million Dollar, obwohl anscheinend die Firma ansonsten von ihrem potentiellen Einfluß wenig Gebrauch macht. Mehrere Direktoren der Gemeindekasse sind gleichzeitig Mitglied im CBC, obwohl sie anscheinend in der Gemeindekasse eine konservativere Stellung vertreten, als durch den GBC zu vermuten wäre. Die Gemeindekasse hat auch einige Querverbindungen zur CAA und gehörte zu den ersten Förderern dieser Behörde. Unter anderem hat sie das Rechtshilfeprogramm der CAA unterstützt; allerdings hat es der Vorstand dann abgelehnt, das Bedürfnis der CAA nach Geldmitteln zu unterstützen. Gleichzeitig wurde von Reibereien mit dem neuen Referat der Stadtverwaltung berichtet, was angesichts zweier mit sich überschneidenden Verantwortlichkeiten betrauten Stellen ja auch zu erwarten war. Auch die *Associated Jewish Charities* haben zahlreiche Verbindungen zu anderen Elementen im System. Jüdische Geschäftsleute gehörten zu den liberalsten und aktivsten Mitgliedern des GBC, in den verschiedenen Gremien, Ausschüssen usw. Sie unterstützen und beeinflussen auch die jüdischen Wohltätigkeitsanstrengungen. Nach einigem Zögern billigte der Vorstand der *Associated Jewish Charities* 1967 den Plan, durch eine Entwicklungsgesellschaft die Probleme in einem sechs Quadratmeilen großen Gebiet mit 50% jüdischer Bevölkerung in Angriff nehmen zu lassen. Das betreffende Gebiet unterliegt einer ständigen demographischen Verschiebung: die weiße Bevölkerung zieht an den Stadtrand fort, Schwarze strömen aus den Innenstadtgebieten nach. Die Gesellschaft will versuchen, diesen Trend aufzuhalten, und zwar durch eine Intensivierung der städtischen Dienstleistungen, durch die Förderung privater Investitionen sowie durch Techniken der Gemeindeorganisation. Bei diesem Unternehmen teilen sich die *Jewish Charities* mit der Erzdiözese in die Leitung. Auch verschiedene Referate und Behörden der Stadt, darunter die CAA, werden, sei's auch nur beratend, beteiligt sein.

Die Erzdiözese beginnt sich auch auf verschiedene Weise für die Probleme der Innenstadt zu interessieren. Unter Führung von Kardinal Shehan, der sich öffentlich zu den Bürgerrechten bekannt hat, beteiligt sich die Erzdiözese an einem Projekt für billige Wohnungen in der neuen Stadt Columbia. Gleichzeitig wird in der katholischen Kirchenführung erwogen, die reicheren Pfarreien mit einer höheren Steuer zu belegen, um die Arbeit in der Innenstadt zu unterstützen.

Zusammenfassung

Die städtischen Referate und Behörden in Baltimore sind nach Maßgabe konventioneller Bereiche und entsprechend bürokratischer Standardprinzipien organisiert. Ihre historische Aufgabe war es, die notwendige Infrastruktur an Dienstleistungen bereitzustellen, die eine ökonomisch und sozial pluralistische Gesellschaft für das freie Spiel ihrer Kräfte benötigt. Der nicht-öffentliche Teil dieser Gesellschaft entwickelte eine Reihe von Organisationen, die ihrerseits auf verschiedene Weise mit dem gouvernementalen System verknüpft waren. Der private Sektor hatte das, was man als »Establishment« mit mehreren Einflußzentren bezeichnen könnte (im Bereich der Bildung, der Freiberufler, der Industrie, des Handels, »old Baltimore« etc.). Die mittleren Schichten fanden sich traditionsgemäß in Organisationen wie der Handelskammer, in religiösen Gruppierungen, im Stadtrat usw. vertreten. Die unteren Schichten dieser traditionellen Gesellschaft scheinen weniger gut repräsentiert gewesen zu sein, waren aber doch zumindest partiell in das System integriert, z. B. durch Arbeitsplatz, Kirchenmitgliedschaft, Unterstützung politischer Kandidaten usw. Wie immer man über ein solches System an sich denken mag, es scheint doch unbestreitbar zu sein, daß es ein solches System gab und daß alle Elemente der Gemeinschaft in der einen oder anderen Weise in ihm integriert waren. Die städtischen Referate wirkten als integraler Bestandteil des Systems, und ihre Belange waren mit den übrigen Akteueren und Ereignissen des Systems aufs engste verflochten.

Als das gegenwärtige Problem Baltimores könnte man es ansehen, daß die demographische Grundlage des alten, traditionellen Systems aufgeweicht und geschwächt ist. Eine große Zahl von Personen hat die Innenstadt verlassen, wirtschaftlich

depravierte Neger sind nachgerückt. Den Bevölkerungsverän-
derungen haben jedoch keine zweckmäßigen Veränderungen
im Arrangement der Agenten des Systems entsprochen. Zum
Teil mag dies daran gelegen haben, daß die Neger das System
nicht zu handhaben wußten. Zum größeren Teil sprechen
jedoch alle Anzeichen für die Hypothese, daß dieses Phänomen auf eine bewußte Ausschließung der Farbigen von allen
Macht- und Einflußpositionen zurückgeht. Nach wie vor
werden sie auf zahlreichen Gebieten von Führungspositionen
ausgeschlossen. Bis in die jüngste Zeit wurden sie für viele
Verwaltungsposten nur negativ in Betracht gezogen. Und
wenn sich diese Strategie auch gewandelt zu haben scheint, so
sind natürlich qualifizierte schwarze Kandidaten für führende
Positionen nicht übertrieben häufig zu finden. Die Vertretung
der Neger durch den politischen Prozeß hat sich bis vor
kurzem auf symbolische Gratifikationen *(tokenism)* beschränkt; aus den Vorgefechten zu den *primaries* von 1967
wird von erheblichem Druck berichtet, der verhindern sollte,
daß ein Neger auf der Kandidatenliste der Mehrheitspartei
erschien. Eine Repräsentation durch Negerorganisationen existiert zwar – *Inter-ministerial Conference,* NAACP, CORE,
Urban League, U-JOIN usw. –, doch diese Organisationen
sind klein, konkurrieren heftig miteinander und haben nur
beschränkten Zugang zu den Entscheidungszentren des
Systems.

Anhang D
Das Kommunale Aktionsprogramm in Baltimore 1965-67
Von Morton S. Baratz

I. Anfänge und Entwicklung

Einleitung

Eine breite Palette von Wohlfahrtsprogrammen wird in Baltimore schon seit Jahren geboten. Am ältesten sind u. a. die Programme des städtischen Referats für öffentliche Wohlfahrt *(Department of Public Welfare)* und des Gesundheitsreferats *(Department of Health)*. Gut etabliert sind auch die Wohlfahrtsbemühungen von drei Privatorganisationen, nämlich der Erzdiözese Baltimore, der städtischen Gemeindekasse *(Community Chest,* ein aus privaten Spenden gespeister Fonds zu wohltätigen Zwecken) sowie der *Associated Jewish Charities*. Und schon fast zehn Jahre vor der formellen Konstituierung eines kommunalen Aktionsprogramms hatte die Baltimorer Stadterneuerungs- und Wohnungsbehörde *(Urban Renewal and Housing Agency)* im Rahmen ihrer Projekte zum öffentlichen Wohnungsbau Bestrebungen formuliert, wie sie einem kommunalen Aktionsprogramm entsprochen hätten, u. a. Gemeindeorganisation und Nachbarschaftsentwicklung.

So kann man ohne Übertreibung sagen, daß Baltimores Kommunales Aktionsprogramm die Frucht dieser frühen Bemühungen war. Die Überlegungen, auf denen es basiert, wurden zu einem maßgeblichen Teil aus den Erfahrungen mit diesen Vorformen gewonnen. Des näheren aber ließen sich die Personen, von denen die Initiative zum Baltimorer Aktionsprogramm ausging, von der Überzeugung leiten, daß die »Wohlfahrtsindustrie« der Stadt, so wie sie sich darstellte, durchaus eine Auffrischung und einen organisatorischen Umbau vertragen konnte. *Wann* die Bürger zu diesem Ergebnis gelangten und wie lange sie diese Überzeugung gegebenenfalls schon im privaten Kreis gehegt hatten, ist nicht bekannt.

Jedenfalls traten sie am 18. Januar 1962 mit ihren Ideen an die Öffentlichkeit, und es gibt keinen Grund, dieses Datum nicht als den Beginn des Baltimorer Kommunalen Aktionsprogramms festzuhalten.

»A Letter to Ourselves« (Brief an uns alle)

Die Erklärung vom 18. 1. 1962 wurde abgegeben unter den Auspizien des Gesundheits- und Wohlfahrtsrats der Baltimore Area Inc. Das Dokument war betitelt »A Letter to Ourselves: Master Plan for Human Development« (etwa: ›Brief an uns alle: Perspektivplan einer menschenwürdigen Entwicklung‹) und formulierte eine Reihe von mittlerweile selbstverständlich klingenden Kriterien für ein revidiertes und erweitertes Wohlfahrtsprogramm. Ein solches Programm, so las man da, erfordere »einen globalen und koordinierten Ansatz, keine Stückwerk-Arbeit«. Anzustreben sei nicht lediglich »die Koordinierung und Intensivierung der bestehenden Wohlfahrtsangebote«; vielmehr müsse das Programm »offen sein für Experiment und Integration, für Selbstreflexion und Innovation«. Ferner müsse das Programm über einen »breiten Rückhalt bei der Bevölkerung« verfügen. »Wenn ernsthafte Erfolge im Hinblick auf echte Gemeindeprobleme erzielt werden sollen, dann dürfen sich unsere Anstrengungen nicht in dem zeitlich und örtlich begrenzten Rahmen einer vereinzelten Demonstration erschöpfen.«

Auf dem Hintergrund dieser Prämissen benannte der Brief fünf Kernbereiche, für welche es galt, spezifische Programme zu erstellen:

1. Ausbildungs- und Berufssektor: Schreib- und Lesetraining für funktionell analphabetische Erwachsene; Berufsvorbereitungsklassen; Jugendarbeit in Sanierungsgebieten; Sonderprogramme für Schulabbrecher;

2. Teamwork auf familienzentrierter Basis: Projekt einer experimentellen, familienzentrierten Behandlung; Beratung und Betreuung von Schulabbrechern durch Kooperation von Freizeit- und Bildungsreferat der Stadt;

3. Förderung der gemeindlichen Organisation: probeweise Förderung der Bürgerbeteiligung an der Entwicklung von Selbsthilfeprojekten, bei der Organisation von Wohnblocks

und/oder der Nachbarschaftshilfe; Förderung der Einrichtung von Stadtviertel-Zentren, um eine Lücke im städtischen Leistungsangebot zu schließen; Programm zur Förderung der Übernahme politischer Verantwortung *(leadership-development program);*

4. Akkulturationsprogramme: Hinführung der Lehrer zu dem »kulturellen und umweltlichen Background des Kindes sowie zu den das Kind beeinflussenden sozialen Faktoren in der Gemeinde«; »Einbringung der Verbesserung der Lebensqualität in den Nachbarschaften als eines wesentlichen Bestandteils im Curriculum aller schulischen Ebenen«; probeweise Entwicklung und Adaptierung von Weiterbildungsmöglichkeiten in Stadtrand- und Vorortgebieten; Programm einer »Erziehung zur Familie«;

5. Forschungsprogramme: Erweiterung der Kenntnisse über Eigenart, Einstellungen, Interessen und Meinungen der betroffenen Population; Evaluierung des Programms und seiner Unterpunkte.

Nur ganz am Rande befaßte sich der »Letter to Ourselves« mit der Frage, wer die vorgeschlagenen Programme bezahlen und welche Behörde sie organisieren und durchführen solle. Abgefaßt zwei Jahre vor Verabschiedung des *Economic Opportunity Act* von 1964, ließ der Brief verschiedentlich durchblicken, daß man an die Ford Foundation als möglichen Geldgeber dachte. Ein knapper Verweis auf die *Associated Agencies* von Oakland (Kalifornien) – ein um Koordinierung der Wohlfahrtsleistungen bemühtes Konsortium öffentlicher und privater Stellen – bleibt die einzige Aussage der »Brief«-Schreiber in bezug auf strukturelle Probleme ihrer Vorschläge.

Aber wie dem auch sei: die Vorschläge wurden der Ford Foundation vorgelegt, und die Stiftung lehnte jegliche Unterstützung ab – vermutlich deshalb, weil gerade ihr eigenes »gray-areas«-Programm voll angelaufen war. Unverdrossen wandte sich der Gesundheits- und Wohlfahrtsrat nunmehr an örtliche Geldgeber – ein Schritt, der von Erfolg gekrönt war. Insgesamt 30 000 Dollar kamen zusammen – je 5000 Dollar von der Erzdiözese, der Gemeindekasse und den *Associated Jewish Charities,* die restlichen 15 000 Dollar von der Stadt. Damit war die Umsetzung der im »Letter« gemachten Vorschläge in einen detaillierten Aktionsplan zumindest finanziell abgesichert. Die formelle Verantwortung für die Ausarbeitung eines solchen Plans wurde einem Lenkungsausschuß *(Steering Committee on Human Renewal)* übertragen, der sich zusammensetzte aus je einem Vertreter der drei privaten Geldgeber, einem Vertreter des Gesundheits- und Wohlfahrtsrates sowie drei Vertretern des Bürgermeisters, mithin insgesamt sieben Personen. Eine formelle, wenn auch nicht faktische Stütze des Lenkungsausschusses waren sechs »Kommissionen«; sie bestanden aus Einzelpersonen (meist den Leitern öffentlicher, halb-öffentlicher oder privater Verbände), die bereits aktive Erfahrungen in der Abwicklung von Kommunalprogrammen besaßen.

»A Letter to Baltimore from Classroom Teachers« (Lehrerbrief an die Stadt Baltimore)

Im Mai 1964 – der Lenkungsausschuß befand sich noch in Aktion – trat die Baltimorer Lehrergewerkschaft (AFL-CIO) mit einem 17seitigen Dokument an die Öffentlichkeit, in dem ein »dynamischer Wandel der Ausbildungsmethoden und der Ausbildungspraxis« gefordert wurde. Der von den Lehrern vorgelegte Entwurf orientierte sich eindeutig am vielgelobten Programm der *Community Progress Inc.* von New Haven (Connecticut) und forderte 16 Veränderungen im Baltimorer Bildungswesen.[1] Die wesentlichen Punkte waren:

1. Einführung einer besonderen, soziologisch qualifizierten Kategorie von Lehrern, . . .

2. Ausbildungskurse für diese Sonderkategorie von Lehrern . . .

4. Elementarschulen sind zu Gemeindezentren umzufunktionieren, die zwölf Stunden am Tag geöffnet sind und am Nachmittag und Abend Erwachsenenprogramme bieten. Alle bildungsmäßigen, medizinischen, sozialen und Freizeitangebote sollen vom Schulzentrum in die Gemeinde ausstrahlen.

5. Es ist unverzüglich ein Schulbauprogramm zu schaffen, um sicherzustellen, daß die räumlichen und baulichen Gegebenheiten der Schulgebäude in der Innenstadt denselben Anforderungen entsprechen wie die Schulen am Stadtrand . . .

6. Die derzeit in Baltimore üblichen Intelligenztests sind abzuschaffen, da sie keinen geeigneten Maßstab zur Einschätzung der Fähigkeiten von Unterschichtkindern abgeben.

7. Eine Revision der Schulbücher und Lehrmittel ist anzustreben, um die Diskriminierung von Minderheitengruppen zu beenden und den Kindern Lehrmaterial an die Hand zu geben, das ihrem Erfahrungsstand entspricht.

8. Ausstattung aller Schulen mit Lesespezialisten *(reading specialists)*.

9. Kompensatorischer Leseunterricht in Klassen von höchstens sechs bis sieben Schülern.

10. Überprüfung der Klassenstärke im Hinblick auf eine mögliche Reduzierung der Klassengröße an Innenstadtschulen.

11. Programm zur Früherkennung gestörter Kinder. Die notwendigen Hilfen müssen schon in der ersten, zweiten und dritten Klasse bereitstehen.

12. Programm zur Früherkennung gesundheitlicher Probleme. Bereitstellung von Brillen, Hörhilfen und sonstigen für die Gesundheit der Schüler unabdingbaren Geräten.

13. Ausdehnung des Programms für Frühzulassungen *(early admissions)* auf alle Kinder, die diese Leistung brauchen.

14. Einrichtung eines Fortbildungsprogramms nach Art der »Higher Horizons« in Innenstadtschulen.

15. Arbeitsbeschaffungsprogramm innerhalb der Schule; interessierten Kindern sind bezahlte Jobs anzubieten.

16. Einführung einer Schulberatung von den untersten Klassen der Innenstadtschulen an; die Beratung soll während des ganzen Schuljahrs erfolgen.

Der vom Lenkungsausschuß schließlich vorgelegte Aktionsplan (siehe unten) enthielt zwar einige Vorschläge, die auch die Lehrergewerkschaft gemacht hatte, mag aber unabhängig von dieser zu seinen Ergebnissen gekommen sein. Jedenfalls läßt sich im nachhinein nicht mehr feststellen, ob der Vorstoß der Lehrergewerkschaft überhaupt einen Effekt hatte und wenn ja, welchen.

Dagegen leuchtet ein, daß die 1964 erfolgte Verabschiedung des *Economic Opportunity Act* (EOA) auch für den Lenkungsausschuß folgenreich war. Im August wurde das Public Law 88-452 erlassen; der im November veröffentlichte »Plan for Action« beinhaltete nicht bloß alle wesentlichen Elemente eines umfassenden kommunalen Aktionsprogramms, sondern nahm verschiedentlich auch ausdrücklich Bezug auf den EOA.

The Plan for Action (Aktionsplan)

Der Lenkungsausschuß formulierte zunächst neun Aufgaben (»Zielvorgaben«), die es zu lösen galt: genaue Abgrenzung eines »Aktionsgebietes« *(Action Area),* dem Priorität einzuräumen war; aus verwaltungstechnischen Gründen Untergliederung des Aktionsgebietes in Bezirke; Bestandsaufnahme der im Aktionsgebiet gegebenen sozialen Probleme zum Zwecke der Festsetzung der erforderlichen Wohlfahrtsmaßnahmen; Kontaktaufnahme mit allen öffentlichen und privaten Gruppen, die in Baltimore City auf dem Gesundheits-, Ausbildungs- und Wohlfahrtssektor planend tätig sind; Rücksprache mit allen Personen, die im Aktionsgebiet Wohlfahrtsleistungen erbringen; Erkundung der Auffassung aller im Aktionsgebiet lebenden Personen hinsichtlich ihrer Probleme und deren Lösung; Auswertung vergleichbarer Erfahrungen (vor allem mit »experimentierenden« Programmen) in anderen Städten; Einholung von Informationen über mögliche äußere Hilfe bei der Durchführung des Programms; Ausarbeitung von detaillierten Plänen für die jeweils vorgesehenen Wohlfahrtsleistungen.

Der Lenkungsausschuß bewältigte diese Aufgaben bemerkenswert gut, namentlich wenn man sich seinen engen finanziellen Spielraum vor Augen hält. Unter Zuhilfenahme von Zensusdaten des Jahres 1960, ergänzt durch historisches Material, Besichtigungen »vor Ort« und Gespräche mit aufgeschlossenen Bürgern wurde zunächst sehr sorgfältig ein Aktionsgebiet abgegrenzt. Dann beauftragte der Ausschuß ein privates Unternehmen mit einer Surveystudie über die Bewohner des Aktionsgebiets und gewann auf diese Weise aktuelle Informationen über Einkommen, Beschäftigungsstatus, Bildungsniveau, Wohngegebenheiten, Einstellungen und Meinungen der Zielgruppe. Die vorgeschlagenen Programme kompilierte und erarbeitete man anhand verschiedenartiger Quellen, zu denen der Planungsstab, diverse öffentliche und private Organisationen in Baltimore sowie Erfahrungsberichte anderer Städte gehörten.

Kernstück des Plans war natürlich das zur Annahme empfohlene Programmpaket. Insgesamt schlug man 25 Projekte vor, die sich zusammen auf fast 24 Millionen Dollar beliefen:

1. Kommunale Aktion zur Nachbarschaftsentwicklung und -organisation
2. Aufbau und Ausbildung einer professionalisierten Sozialarbeit
3. Freiwillige Nachbarschaftshilfe
4. Bücherei-Service
5. Kinderbetreuung für Vorschulkinder und Kinder im frühen Schulalter
6. Umfassender Haushaltshilfe-Service
7. Gesundheitsdienst für Mütter und Kinder
8. Streetworker-Programm
9. Charakterbildung für Jugendliche
10. Verbraucherschutz
11. Rechtsschutz-Programm
12. »Manpower Training« für Jugendliche und Erwachsene
13. »Horizonterweiterung durch Fernsehen«
14. Programm Frühe Schulzulassung
15. Tutorenkurse nach dem Unterricht
16. Sommerprogramm – weiterbildend und kompensatorisch
17. Sexualerziehung für Sonderschüler
18. Spezielle Leseprogramme – Elementar- und Sekundarstufe
19. Nachhilfeunterricht – Elementarstufe
20. Organisation von Teamunterricht
21. Arbeitsnachweis für Auszubildende *(Educational Work Assignments)*
22. Schulhelfer-Programm
23. Nachbarschafts-Jugendcorps
24. Beruflich orientiertes Curriculum für Jugendliche mit besonderen Bedürfnissen
25. Vorbereitungsprogramme für Lehrer an Innenstadtschulen

Der Lenkungsausschuß ließ keinen Zweifel daran, daß er Punkt 1 in diesem Programmkorb für den wichtigsten hielt; einem modischen Trend entsprechend, hatte dieses Projekt eine klangvolle Abkürzung: CANDO. Als direktem Vorläufer der *Community Action Agency* (CAA) von Baltimore oblag es CANDO, die Durchführung des »Human Renewal Program« zu überwachen und für das zügige und aufeinander abgestimmte Inkrafttreten der Wohlfahrtsleistungen für die Armutsbevölkerung zu sorgen. Einziges ausführendes Organ von CANDO sollte dabei das »Nachbarschaftsentwicklungs-Programm« sein, dem man eine Art Mittlerrolle zwischen den Bewohnern des Aktionsgebietes einerseits und den mit den Wohlfahrtsprogrammen befaßten Institutionen andererseits zuschrieb. Dieses »Nachbarschaftsentwicklungs-Programm« sollte hilfsbedürftige Bürger, namentlich aber »Problemfamilien« aufspüren; es sollte »psychologische Erste Hilfe« leisten; und es sollte als Nachrichtenkanal fungieren, durch den die Armutsbevölkerung ihre Präferenzen in bezug auf neue Wohlfahrtsprogramme und Projekte zum Ausdruck bringen konnte.

Im Gegensatz zum »Letter to Ourselves« enthielt der »Aktionsplan« konkrete Vorstellungen über Organisation und Administrierung des »Human Renewal Program«. Leitung und Management des gesamten Unternehmens sollten einem eigens einzurichtenden Referat der Stadtverwaltung übertragen werden. Hinter diesem sollte ein 14köpfiges Aufsichtsgremium stehen, das sich zusammensetzte aus dem Bürgermeister, dem Vorsitzenden des *Council*, dem Leiter des Rechnungswesens und elf weiteren Personen (darunter je einem Vertreter der Erzdiözese, der *Associated Jewish Charities*, der Gemeindekasse, des Gesundheits- und Wohlfahrtsrates sowie der Schulkommission. Aus welchen Gruppen sich die restlichen sechs Mitglieder rekrutieren sollten, blieb unklar). Das neue Referat sollte einen Geschäftsführenden Direktor, zwei Stellvertretende Direktoren und einen aus Fachleuten gebildeten Beratenden Unterausschuß bekommen. Das Aktionsgebiet sollte in 119 »Nachbarschaften« aufgegliedert werden, die jeweils etwa 10mal 10 Wohnblocks umfassen sollten. Für jede Nachbarschaft war ein »Berater für Nachbarschaftsentwicklung« zu bestellen, der von Personen unterstützt wurde, die mit den Verhältnissen in der betreffenden Gegend aus beruflichen Gründen vertraut waren (z. B. Lehrer, Polizisten, Seelsorger, Politiker, Wortführer oder Sprecher der Bevölkerung). Alle Berater sollten außerdem einen oder mehrere aus dem Aktionsgebiet stammende, nicht-professionelle Assistenten erhalten, die die Aufgabe hatten, »Probleme« und »Fälle« aufzuspüren (aber nicht zu lösen). Ferner sollte in allen Nachbarschaften ein »Entwicklungszentrum« errichtet werden, das als Behördensitz und zugleich als Nachbarschafts-Agora zu fungieren hatte. Das Zentrum sollte den Bürgern Tag und Nacht offenstehen, wobei man in erster Linie bestrebt war, den Willen der Bevölkerung zu organisierter Selbsthilfe und gegenseitiger Unterstützung zu fördern. Ausdrücklich vermerkte der »Aktionsplan« jedoch: »An eine Beteiligung der Nachbarschaftsgruppen an aggressiven sozialen Aktionen ist nicht gedacht.«

Im großen und ganzen folgte also der »Aktionsplan« dem im »Letter to Ourselves« vorgezeichneten Kurs. Beide Dokumente schlugen ein ganzes Bündel von Projekten vor, das den vielschichtigen Bedürfnissen der Armutsbevölkerung gerecht zu werden versprach. Hier wie dort forderte man Experimentierfreudigkeit beim Entwurf neuer Projekte und unterstrich die Notwendigkeit, neue Projekte und Wohlfahrtsleistungen mit bereits bestehenden zu koordinieren. Und hier wie dort hob man hervor, daß es vor allem auf eine möglichst breite Unterstützung der Anti-Armut-Programme durch die Bevölkerung ankomme.

In zwei Punkten jedoch gingen »Aktionsplan« und »Brief« auseinander. Während der Brief offenbar einem privaten Management des »Human Renewal Program« den Vorzug gab, forderte der »Aktionsplan« zu diesem Zweck unmißverständlich eine amtliche Stelle. Im Standpunkt der »Brief«-Schreiber spiegelt sich wohl die Überlegung, daß die benötigten Gelder, soweit sie nicht von der Stadt kamen, lediglich von einer privaten Stiftung zu erwarten waren. Diese würde aber kaum bereit sein, ihr Geld einer städtischen Bürokratie auszuliefern. Der Lenkungsausschuß dagegen soll anders argumentiert haben. Wie aus gut unterrichteter Quelle verlautete, ging er von der Existenz einer tiefen politischen Kluft im Stadtrat aus und rechnete damit, daß der Stadtrat als Gegenleistung für seine finanzielle Unterstützung des »Human Renewal Program« (10% aller Aufwendungen) ein erhebliches Mitspracherecht in der Formulierung der Anti-Armut-Politik fordern würde. Wenn es also in Baltimore überhaupt ein derartiges Programm geben sollte – so die Argumentation des Lenkungsausschusses –, dann nur als integraler Bestandteil städtischer Politik.

Der andere Punkt, in dem »Brief« und »Plan« auseinandergingen, war folgender. Während der »Brief« ausdrücklich die

Notwendigkeit eines »globalen und koordinierten Ansatzes anstelle von Stückwerk-Arbeit« betonte, wurde dieses Thema im »Aktionsplan« nahezu ignoriert. Was den »Brief«-Schreibern vorschwebte, war klar: das »Human Renewal Program« sollte eine Entscheidungshilfe für eine umfassende kommunale Aktionsplanung sein, der Rahmen für Programmentscheidungen, die einen Ausgleich zwischen den Zielen und den Ressourcen einer Anti-Armut-Politik anstrebten. Im »Aktionsplan« dagegen taucht dieser Gesichtspunkt weder explizit noch implizit auf. Im Gegenteil: abgesehen von einigen vagen Bemerkungen über die Notwendigkeit, das Angebot an Wohlfahrtsleistungen zu synchronisieren und zu beschleunigen, verrät sich im »Aktionsplan« unverkennbar die Auffassung, daß das »Human Renewal Program« nichts anderes zu sein hat als ein Lieferant von Wohlfahrtsleistungen, jedenfalls keine Entscheidungshilfe, um Ziele zu definieren, Prioritäten zu setzen, Bedürfnisse und Ressourcen auszutarieren und Programmabläufe zu koordinieren.

Daß freilich der Lenkungsausschuß den »Aktionsplan« so konzipierte, wie er es tat, kann kaum verwundern. Wie schon bemerkt, wurde die veröffentlichte Version des Plans bewußt auf die Anforderungen des *Economic Opportunity Act* von 1964 zugeschnitten. Und da im EOA die Notwendigkeit einer globalen Wohlfahrtsplanung nicht ausdrücklich vorkam, sah der Lenkungsausschuß keinen Grund, dieses Thema in seinen Entwurf hineinzunehmen. In dem Bestreben, das »Human Renewal Program« für die Subventionierung durch Bundesmittel attraktiv zu machen, war der »Aktionsplan« vielmehr darauf bedacht, den vom OEO gestellten Anforderungen zu entsprechen. Hierzu gehörten: (a) »Sicherstellung einer angemessenen politischen Beteiligung aller wichtigen öffentlichen und privaten Institutionen, die mit dem Kampf gegen die Armut befaßt sind«; (b) Nachweis, daß CANDO »willens und in der Lage ist, die kommunalen Ressourcen gegen die Armut sowohl durch Verflechtung der einzelnen Wohlfahrtsleistungen untereinander wie auch durch anderweitige Mittel« zu mobilisieren; und (c) Sicherstellung der »Bürgerbeteiligung« an der Formulierung der Politik sowie an der Abwicklung und Administrierung bestimmter Nachbarschaftsprogramme.

Zwei Monate, nachdem der »Aktionsplan« im Druck erschienen war, und einen Monat, bevor der Stadtrat von Baltimore den Erlaß über die Errichtung der CAA beschloß, trat eine private Organisation, die sich *Union for Jobs or Income Now* (U-JOIN) nannte, mit einem »Alternativplan zum Krieg gegen die Armut« hervor. Im wesentlichen von dem jungen Neger Walter Lively verkörpert, attackierte U-JOIN das »Human Renewal Program« aus zwei innerlich zusammenhängenden Gründen: das HRP versäume es, »die dringendsten Bedürfnisse der Armen in unserer Stadt im Kern zu erfassen«, weil es unterlasse, »die Armen an der Formulierung für sie relevanter Programme zu beteiligen«.

Die Alternative von U-JOIN zerfiel in vier Komplexe: ein Kommunales Aktionsprogramm; eine »Gemeinnützige Wohnungsbaugenossenschaft«; ein Arbeitsbeschaffungsprogramm *(Neighborhood Job Corps);* und ein Programm von »Gemeinschaftszentren« *(Neighborhood Commons)*. Diese Vorschläge verstanden sich nicht als »Totalplan zum Kampf« gegen die Probleme der Armen. Die Armen waren auch nicht »in riesigem Maßstab an der Ausarbeitung dieser Programme beteiligt«; immerhin wurden »mehr als 500 Personen im [Aktions-?] Gebiet befragt, und ihre Zustimmung zu den Programmen war durchweg ebenso begeistert, wie ihre Kritik am ›Human Renewal Program‹ vernichtend war«.

Vorschlag A (das Kommunale Aktionsprogramm) stellte den politischen Rahmen für den »Alternativplan« von U-JOIN dar. Man ließ keinen Zweifel daran, daß dies das Kernstück des Entwurfs war: »Da der Hauptzweck des Kommunalen Aktionsprogramms darin besteht, die Armen an der Formulierung für sie relevanter Programme zu beteiligen, und da ferner zu den Hauptproblemen in Armutsnachbarschaften der Mangel an Organisation der Bürger gehört, erscheint es als dringend geboten, der Organisierung dieser Nachbarschaften *oberste Priorität* einzuräumen.« (Hervorhebung im Original.) Die Mitwirkung der Armutsbevölkerung an politischen Entscheidungen sollte sich auch nicht auf ein bloßes Mitspracherecht beschränken. »Um sicherzustellen, daß die Entscheidungen in der Tat von den Armen ausgehen und nicht von den

Wohlfahrtsexperten, ist eine strukturelle Abhebung der Entscheidungsträger von dem *ihnen nachgeordneten* Verwaltungsstab vorgesehen.« (Hervorhebung im Original.) Diese »Abhebung« sah im einzelnen folgendes vor: (a) Nachbarschaftsorganisationen, die ihrerseits Vertreter in (b) sechs »Gebietsräte« entsandten, von denen wiederum jeder einen Abgeordneten zum (c) »Baltimore Council« schickte. Der »Baltimore Council« sollte ein gemeinnütziges Unternehmen sein; an seiner Spitze stand ein 14köpfiges Gremium, das sich zusammensetzte aus den sechs Abgeordneten der »Gebietsräte«, dem Bürgermeister, dem Vorsitzenden des *Council,* dem Leiter des Rechnungswesens, drei Vertretern von bereits bestehenden Gemeindeorganisationen sowie zwei Vertretern von Ortsvereinen der Gewerkschaften, soweit sie im Aktionsgebiet Mitglieder hatten. Darüber hinaus »kann sich das Führungsgremium des Baltimore Council einen technischen Beirat aus Vertretern städtischer Behörden und privater Wohlfahrtsunternehmen bestellen. Dieser Beirat hat keine Entscheidungsbefugnisse.«

Die Funktionsweise dieses Systems wurde relativ detailliert dargestellt. Die Nachbarschaftsorganisationen, die »auf kleineren Funktionszonen innerhalb des Aktionsgebiets« basierten, hatten, kurz gesagt, »das Recht, Projekte, die unmittelbar ihre jeweilige Zone betreffen, *einzuleiten, zu billigen oder abzulehnen*«. (Hervorhebung im Original.) Die »Gebietsräte« sollten »die Entscheidung über Projekte fällen, die die Kompetenz der einzelnen Nachbarschaftsorganisation übersteigen«, sie sollten »ein Forum bereitstellen, auf dem die Bewohner verschiedener Nachbarschaften gemeinsame Probleme diskutieren können«, und sie sollten endlich »die Aktivitäten der Nachbarschaftsorganisationen in ihrem jeweiligen Gebiet koordinieren«. Aufgabe des Baltimore Council war »die Koordination des Gesamtprogramms«, die »Entscheidung über Projekte, die die Kompetenz der Gebietsräte übersteigen«, die Einleitung neuer, auf unterer Ebene bereits genehmigter Projekte, die Anfertigung von Jahresberichten und Erfolgsbilanzen sowie der Kontakt zum Stadtrat und zum Bundes-OEO »in Fragen der Subventionierung und Unterstützung«.

Ein umfangreicher Mitarbeiterstab war einzustellen, der

»der Realisierung der Programme der Kommunalen Aktion mit Rat und Tat zur Seite stand«; hierzu gehörte ein »Koordinator« samt technischem und finanztechnischem Hilfspersonal sowie ein Korps von »Gemeindeorganisatoren« und Wohlfahrtsberatern; »Bewohner des Aktionsgebietes sind bei der Besetzung des hauptberuflichen Stabes bevorzugt zu berücksichtigen«. Die Gesamtkosten des (ungekürzten) Vorhabens wurden auf etwas unter 2,5 Millionen Dollar geschätzt.

Vorschlag B im U-JOIN-Plan war ein Programm »gegen das immer dringlicher werdende Problem überteuerter, heruntergekommener Wohnungen, das den einkommensschwachen Vierteln dieser Stadt zu schaffen macht«. Konkret verlangte man »die Bereitstellung von mindestens 1000 zusätzlichen Wohneinheiten jährlich ... entweder durch Sanierung alten Wohnbestandes oder durch den Bau neuer Wohnungen, die zu einem billigen Mietzins oder nach einem günstigen Mietkaufmodell anzubieten sind. Zusätzlich bezweckt dieses Programm eine Arbeitsbeschaffung für alle Personen der Nachbarschaft mit entsprechenden Fertigkeiten sowie eine Möglichkeit der Ausbildung am Arbeitsplatz in einer expandierenden Industrie.« Die geschätzten mittleren Kosten pro Haus wurden mit 8000 Dollar angegeben. Geschätzte Gesamtkosten des Programms: 8,5 Millionen Dollar.

Vorschlag C, das *Neighborhood Job Corps*, diente der Bereitstellung von »Arbeitsplätzen und der Ermöglichung einer Ausbildung am Arbeitsplatz für junge Männer und Frauen des Aktionsgebietes zwischen 16 und 24 Jahren, damit diese in profitable Berufslaufbahnen eingegliedert werden können. Es sind Ausbildungsplätze im Rahmen des Anti-Armut-Programms, in den Gesundheits- und Wohlfahrtsdiensten, in Gemeindegruppen sowie in amtlichen und privaten Stellen bereitzustellen.« Pro Jahr sollten 1000 Jugendliche aufgenommen werden; da die Verweildauer im Programm zwei Jahre nicht übersteigen sollte, wurden maximal 2000 Jugendliche gleichzeitig erfaßt. Jugendliche, die keine Schule besuchten, sollten wöchentlich 30 Stunden arbeiten, bei einem Stundenlohn von nicht über 1,75 Dollar; jeder Jugendliche mußte außerdem fünf weitere Stunden ein »angemessenes Bildungsprogramm« besuchen, wofür er 0,50 Dollar pro Stunde bekommen sollte. Schulpflichtige Jugendliche sollten nur 15

Stunden pro Woche arbeiten, bei einem Stundensatz von mindestens 1,25 und höchstens 1,75 Dollar. Die Gesamtkosten dieses Plans wurden auf 3,85 Millionen Dollar geschätzt.

Das vierte vorgeschlagene Projekt, die »Gemeinschaftszentren« *(Neighborhood Commons)*, verfolgte das Ziel, »unbebaute städtische Grundstücke und leerstehende Wohnungen zur Schaffung notwendiger Gemeindeeinrichtungen für die Bürger des Aktionsgebietes zu nutzen«. Diese Zentren sollten ganz unterschiedlich ausgestaltet werden: zu Bolzplätzen, zu Basketballfeldern oder zu »ruhigen, schattigen Plätzchen, wo die Alten . . . sitzen und ein Schwätzchen halten können . . .« Das Projekt sollte von Fachleuten und Bürgern gemeinsam verwirklicht werden; Bewohner, die entsprechende Kenntnisse und Fähigkeiten mitbrachten, sollten die Arbeit der unkundigen Bürger anleiten und organisieren. Die maximalen Kosten pro Zentrum wurden auf 15 000 Dollar veranschlagt, die geschätzten Gesamtkosten auf 1 Million Dollar.

Insofern U-JOIN ausdrücklich die Organisierung der Armutsbevölkerung und deren volle Beteiligung an der Formulierung und Durchführung des Anti-Armut-Programms auf seine Fahnen schrieb, unterschied er sich substantiell von seinen unmittelbaren Vorgängern, dem »Letter to Ourselves« und dem »Aktionsplan«. Und wenn es zu den U-JOIN-Projekten wie Wohnungsbau, Arbeitsbeschaffung, Ausbildung am Arbeitsplatz, Freizeit auch mehr oder weniger deutliche Pendants im »Brief« und im »Plan« gab, so waren jene doch inhaltlich und finanziell bei weitem ehrgeiziger. Was U-JOIN mit seinen Vorgängern gemeinsam hatte, war das geringe Interesse an einer globalen Kommunalen Aktionsplanung. Überzeugt, daß die meisten Anti-Armut-Planer lediglich alten (und minderwertigen) Wein in neue Schläuche gossen, legte U-JOIN nicht einmal ein Lippenbekenntnis zu einer der Hauptmaximen des »Kriegs gegen die Armut« ab, nämlich der Koordinierung von neuen mit bereits bestehenden Wohlfahrtsleistungen.

Das spärliche zur Verfügung stehende Material läßt erkennen, daß die Politiker von Baltimore für U-JOIN und seinen Vorschlagskatalog wenig Sympathie, geschweige denn aktives Engagement übrig hatten. Daß sich noch Anhaltspunkte für das Gegenteil ergeben, ist kaum zu erwarten. – Zum einen waren die Geldsummen, mit denen U-JOIN operierte, geradezu gigantisch im Vergleich zu dem, womit man realistischerweise rechnen durfte. Ferner muß es das Baltimorer Establishment peinlich berührt haben, daß U-JOIN so unverblümt für die Organisierung der Armen und ihre maßgebliche Beteiligung an der Politik eintrat. Wo gibt es schon Menschen mit Macht, Autorität oder Einfluß, die freiwillig der Demontage ihrer Privilegien Vorschub leisten? Und schließlich waren gewisse Vertreter des Establishments pikiert über die Kritik, die sich U-JOIN an bestehenden Wohlfahrtsprogrammen erlaubte, und über die implizite Abstempelung des Aktionsplans zum Instrument des »Wohlfahrtskolonialismus«. Mit diesen drei Minuspunkten belastet, war U-JOIN aus dem Rennen geworfen – zumindest für die Amtsperiode, die Anfang 1965 zu Ende ging.[2]

Erlaß Nr. 438

Am 8. Februar 1965 beschloß der *Council* von Baltimore »die Errichtung einer Kommunalen Aktionsbehörde *(Community Action Agency)* zwecks Durchführung eines Kommunalen Aktionsprogramms ..., das die Ressourcen der Stadt im ›Kampf gegen die Armut‹ auf Nachbarschafts-Ebene mobilisieren soll und für die Subventionierung nach dem Economic Opportunity Act von 1964 sowie nach anderen einschlägigen Bundes- und Ländergesetzen geeignet ist ...« Der Erlaß erstrebte, wie sich ganz klar aus der Präambel ergab, die gesetzliche Verankerung des »Aktionsplans« und seiner Vorschläge, »nachdem der Bürgermeister und der *Council* von Baltimore, in Zusammenarbeit mit der Erzdiözese Baltimore, den *Associated Jewish Charities,* der Gemeindekasse sowie dem Gesundheits- und Wohlfahrtsrat die Ausarbeitung eines Aktionsplans [sic] in bezug auf die Probleme der benachteiligten Bevölkerung Baltimores in Auftrag gegeben haben, und nachdem als Resultat dieser Studie ein Kommunales Aktionsprogramm ausgearbeitet worden ist, das das Problem auf Nachbarschafts-Ebene in Angriff nehmen soll ...« Auch der *Council* griff in seiner »Grundsatzerklärung und Bestandsaufnahme« freimütig die Terminologie des »Aktionsplans« auf. Erwähnenswert ist z. B. das folgende Diktum im »Erlaß« und im »Aktionsplan«: »Ferner wird festgestellt, daß es zur Beseitigung der Ursachen der Armut und der mit ihr einhergehenden Probleme unerläßlich ist, das Globalprogramm einer konzertierten Aktion auf kommunaler Ebene aufzubauen, das in den Bereichen Kompensatorische Erziehung, Ausbildung am Arbeitsplatz, Gesundheitsfürsorge, Umweltverbesserung, soziale und physische Rehabilitation, Hauswirtschaftslehre und Familienerziehung seine Ressourcen gezielt und synchron einsetzt. Um wirksam zu sein, muß ein solches Programm das Übel an der Wurzel packen, d. h. in den einzelnen Nachbarschaften.«

Wie gleichfalls schon im »Aktionsplan« vorgesehen, wurde durch den Erlaß ein Kommunaler Aktionsausschuß geschaffen, dem »die Administrierung und zweckmäßige Abwicklung des Kommunalen Aktionsprogramms« oblag. Hatten jedoch der »Plan« und auch der Erlaß (in der ursprünglich dem *Council* vorgelegten Fassung) ein Führungsgremium von 14 Personen gefordert – darunter die wichtigsten gewählten Beamten der Stadt sowie Vertreter aller an der Finanzierung des »Plans« beteiligten Behörden –, so sah der Erlaß in seiner endgültigen Version nurmehr einen 11köpfigen Ausschuß vor. Er bestand aus einem Mitglied des »Board of School Commissioners« (vom Bürgermeister auf jeweils ein Jahr zu ernennen), einem Mitglied des *Council* (von diesem auf ebenfalls ein Jahr zu wählen) sowie neun weiteren Mitgliedern (vom Bürgermeister auf jeweils drei Jahre zu ernennen). Die einzige Klausel bezüglich dieser neun »öffentlichen« Mitglieder lautete, daß sie »keine bezahlte, hauptberufliche Beschäftigung bei einer Bundes-, Landes- oder städtischen Behörde oder bei einer privaten, gemeinnützigen Wohlfahrts- oder Freizeitbehörde bzw. einer Bildungseinrichtung innehaben dürfen«. Es waren also sämtliche Mitglieder des Lenkungsausschusses wählbar, ebenso solche Bewohner des Armutsgebietes, die nicht bei einer öffentlichen oder privaten Wohlfahrtsinstitution beschäftigt waren. Der Geschäftsführende Direktor des Gesundheits- und Wohlfahrtsrates, der eine bedeutende Rolle beim Entwurf des »Aktionsplans« gespielt hatte, war dagegen nicht wählbar.

Die Ernennung eines Geschäftsführenden Direktors und zweier Unterdirektoren der CAA blieb dem Bürgermeister vorbehalten, der sie auf Empfehlung des CAC vornahm. Die Amtszeit dieser drei Beamten war auf sechs Jahre festgesetzt. Naturgemäß enthielt der Erlaß in bezug auf die Rechte und Pflichten des CAC keine konkreten Bestimmungen, sondern nur allgemein gehaltene Richtlinien. Der Standpunkt des Erlasses war in dieser Hinsicht eher mit dem »Letter to Ourselves« als mit dem »Plan« zu vergleichen. Im einzelnen wurde der CAC zu folgenden Punkten »ermächtigt und beauftragt: (a) Formulierung, Verabschiedung und Durchführung eines *globalen* Kommunalen Aktionsprogramms ... Durch ein solches Programm sollen bereits bestehende Wohlfahrtsleistungen *organisiert,* koordiniert und stimuliert werden ... Bei der Entwicklung neuer Projekte im Rahmen des Kommunalen Aktionsprogramms ist darauf hinzuwirken, daß sowohl den betroffenen Bürgern wie auch *allen in Frage kommenden öffentlichen und privaten Einrichtungen* die größtmögliche Partizipation an der *Planung und Durchführung* der Wohlfahrtsprogramme eingeräumt wird. (b) Regelmäßige Beurteilung der Effektivität von Projekten des Kommunalen Aktionsprogramms; Empfehlung gegenüber dem Haushaltsausschuß, bestimmte Projektkomponenten zu streichen oder neu aufzunehmen.« (Hervorhebung vom Autor.) Zumindest anfangs erblickte also der Stadtrat in der CAA und ihren Organen nicht lediglich eine weitere Behörde mit gewissen Koordinationsfunktionen, sondern vielmehr das konkrete Instrument, um die Beseitigung der Armut in Baltimore durchgreifend und konzertiert anzupacken.

Organisation von CAC und CAA

Sobald erkennbar wurde, daß es in Baltimore zur Einrichtung eines kommunalen Aktionsprogramms kommen würde, begann das Tauziehen aller in ihren Interessen berührten Personen und Gruppen um Einflußnahme auf das Programm und die das Programm administrierende Behörde. Die Feinstruktur dieses Konflikts harrt noch der detaillierten Darstellung. Es dürfte aber feststehen, daß der Brennpunkt des Streits Anfang 1965 in der Tatsache lag, daß der Bürgermeister sowohl die Mitglieder des CAC wie auch den Geschäftsführenden Direktor der CAA ernannte. Klar ist ferner, daß es mindestens zwei Gruppen in der Stadt gab, die sich in diesem Punkt aktiv engagierten.

Wie bereits erwähnt, war im »Aktionsplan« vorgesehen, daß vier Stellen im CAC für Vertreter der vier geldgebenden Gruppen freizuhalten waren. Der *Council* hatte von einer solchen Klausel Abstand genommen; trotzdem bestürmte man von interessierter Seite den Bürgermeister, für die fallengelassene Regelung Ersatz zu schaffen, ja die Koalition der privaten Gruppen präsentierte bereits zwei oder mehr Kandidaten für den Posten des Geschäftsführenden Direktors der CAA. Nach allem, was bekannt ist, hat es den Anschein, daß sämtliche nominierten Personen Weiße waren.

Hier lag natürlich der Hase im Pfeffer. Unter den politisch aktiven Negern Baltimores, vor allem bei den Wortführern der Negerbevölkerung des Aktionsgebiets, war man überzeugt, daß die Schwarzen mit dem Aktionsplan »überfahren« worden waren. Die Negerführer sahen in dem »Plan« ein den Schwarzen von der »weißen Machtstruktur« *oktroyiertes* Programm, das schon als solches verdächtig war.

Waren die Negerführer aber schon nicht in der Lage, den »Plan« nach ihren eigenen Vorstellungen zu gestalten, so waren sie doch entschlossen, wenigstens bei der personellen Ausstattung und der Durchführung des Kommunalen Aktionsprogramms ein gewichtiges Wort mitzureden. Zu diesem Zweck schlossen sich Vertreter vornehmlich schwarzer Gruppen, darunter auch U-JOIN, zu einem »Anti-Poverty Action Committee« (APAC) zusammen. Andere prominente Neger der Stadt stürzten sich unabhängig von APAC in die Schlacht. Nicht ohne Erfolg bearbeiteten sie in erster Linie den Bürgermeister und die Stadträte, weil sie mit Recht annahmen, daß dieser Personenkreis der Sache der Neger aufgeschlossen oder doch wenigstens neutral gegenüberstand. Zwar konnten die Neger trotz energischer Proteste nicht verhindern, daß ein weißer Geschäftsmann zum Vorsitzenden des CAC gemacht wurde. Dafür war aber der erste Geschäftsführende Direktor der CAA ein Neger – wenn auch keiner der formellen Favoriten von APAC und dessen Gesinnungsfreunden. Aus Gründen, die nicht zur Sache gehören, trat dieser erste Direktor der CAA bald nach seiner Ernennung wieder zurück. Zu diesem Zeitpunkt befand sich die labile Konstruktion des APAC bereits in Auflösung. Die einzelnen Mitgliedsgruppen agierten unabhängig voneinander, unterstützten aber geschlossen einen Kandidaten, der auch schließlich ernannt wurde.

Die Negerführer innerhalb und außerhalb der APAC waren sich auch darin einig, daß als Mitglieder des CAC in der Mehrheit nur sogenannte »engagierte Neger« in Frage kämen, da auch die Armutsbevölkerung der Stadt zu 80% aus Schwarzen bestand. Die Erfüllung dieser Forderung stieß allerdings auf Schwierigkeiten. Laut Erlaß konnten ja nur Personen ernannt werden, die nicht voll in der »Wohlfahrtsindustrie« tätig waren; dies war aber bei vielen an sich qualifizierten Schwarzen der Fall.

Der Bürgermeister ernannte schließlich einen CAC, der aus sechs Weißen und fünf Negern bestand. Drei der Neger waren von Personen und Gruppen unterstützt worden, die sich dem Konzept eines Kommunalen Aktionsprogramms von Anfang an widersetzt hatten; keine der elf ernannten Personen war außerdem selber arm oder wohnte im Aktionsgebiet. Gleichwohl wurde die Ernennung von allen Betroffenen gebilligt. Allerdings verabschiedete der *Council* binnen vier Monaten (und nach einem deutlichen Wink aus Washington) den »Erlaß Nr. 1258«, durch den der CAC von elf auf fünfzehn Mitglieder verstärkt wurde, um auch vier Vertreter der Armen aufzunehmen.

Beantragung der Bundesmittel

Am 7. Dezember 1964, kaum einen Monat nach Veröffentlichung des »Aktionsplans«, stellte die Stadt Baltimore offiziell den Antrag auf Subventionierung durch Bundesmittel gemäß EOA. Verständlicherweise war der Antrag praktisch mit dem vorliegenden Aktionsplan identisch. Die einzige Abweichung bestand darin, daß man für fünf der fünfundzwanzig Programmpunkte keine Mittel beantragte. Zwei Programmpunkte waren bereits finanziert, nämlich der »Gesundheitsdienst für Mütter und Kinder« und das »Manpower Training«. Für den Punkt »Charakterbildung für Jugendliche« war bereits eine private Finanzierung in die Wege geleitet worden. Die Mittel für die »Horizonterweiterung durch Fernsehen« und das »Beruflich orientierte Curriculum« wollte man erst zu einem späteren Zeitpunkt anfordern. Die Gesamtkosten aller Einzelprojekte schätzte man auf 4 651 255 Dollar. Die Höhe der nach Titel II A beantragten Bundesmittel belief sich auf 2 059 136 Dollar.

Aus dem Zeitplan zu schließen, der zusammen mit dem Antrag vorgelegt wurde, hatten es die Anti-Armut-Planer mit ihrem Kommunalen Aktionsprogramm äußerst eilig. Mit zehn Projekten wollte man binnen eines Monats nach Bewilligung der Mittel beginnen. Ein weiteres Projekt sollte binnen zwei Monaten voll anlaufen. Binnen drei Monaten sollten zwei Nachbarschafts-Zentren funktionsfähig sein, samt Bücherei-Service, Verbraucherschutz- und Rechtsschutz-Programm. Die Kinderbetreuung (in Heimen und in Privatwohnungen) sollte binnen vier Monaten anlaufen. Unter der (freilich optimistischen) Voraussetzung, daß die Gelder noch vor dem 1. Januar 1965 bewilligt würden, hatte man die Sommerprogramme so geplant, daß sie beinnen sechs Monaten anlaufen konnten. Nach Ablauf von zwölf Monaten sollten sämtliche Projekte in Gang sein.

Durchführung des Kommunalen Aktionsprogramms

Die Bundesmittel für Baltimore – offizielle Bezeichnung: »Maryland CAP Nr. 207« – wurden am 15. Februar 1965 von Sargent Shriver bewilligt. Der Zuschuß betrug 1 871 330 Dollar; das waren 187 806 Dollar bzw. etwa neun Prozent weniger als beantragt. Bei vier Projekten lehnte das OEO eine Subventionierung ab. Mittel für »Vorbereitungsprogramme für Innenstadtlehrer« wurden »so lange zurückgestellt, bis dieses Programm detailliert aufgeschlüsselt und erneut vorgelegt wird«. Das Projekt »Sexualerziehung« wurde abgelehnt, weil es sich »nur an Schulpflichtige wendet«. Der Vorschlag »Team-Unterricht« fiel durch, weil er »seiner Natur nach kurrikular [sic] ist und nur die normale Auslastung der Lehrkräfte verringert«. Das Schulhelferprogramm schließlich fand keine Gnade, »weil Schulhilfe bereits im Zusammenhang mit Ausbildungsprogrammen subventioniert wird«.

Das kommunale Aktionsprogramm trat also mit einem Etat von 2 079 255 Dollar in Kraft, wovon 207 925 Dollar in Geld-

und Sachleistungen durch die Stadt zu erbringen waren. Die Realisierung des Programms ließ nun nicht mehr lange auf sich warten. Chronologisch geordnet und mit den eigenen Worten der CAA charakterisiert, wurden die folgenden Programme durchgeführt:

1. »Nachbarschafts-Jugendkorps« (15. April 1965) – Dieses Programm vermittelt an schulentlassene und beschäftigungslose Jugendliche zwischen 16 und 21 Jahren Arbeitsplätze in behördlichen und privaten Dienstleistungsbetrieben. Es erzieht zu positiver Arbeitseinstellung, Berufserfahrung und zu einer realistischen Lebensperspektive (Rückkehr in die Schule, Eingliederung in den Arbeitsprozeß usw.). (Finanziert vom Bundesarbeitsministerium unter Titel I B des EOA.)

2. Verbraucherschutz (3. Mai 1965) – Das Programm bietet Verbraucheraufklärung für einkommensschwache Personen und Gruppen im Aktionsgebiet, unter besonderer Berücksichtigung der Ausgabenplanung *(budgeting of income);* der Verbraucher soll vor Übervorteilung geschützt werden, sei es auf dem Markt, beim Kaufen oder Mieten einer Wohnung oder bei der Aufnahme von Krediten. Die Bewohner des Zielgebiets sollen über Hilfeleistungen aufgeklärt werden, die ihnen die Gemeinde in Verbraucherfragen bietet. (Vertrag zugunsten der »Urban League«.)

3. Nachbarschaftszentren (17. Juni 1965) – In jedem Nachbarschaftsgebiet sollen geschulte Personen zur Verfügung stehen, die mit Problemen der Gemeindeorganisation und Nachbarschaftsentwicklung vertraut sind. Kernstück des Programms soll das »Nachbarschafts-Service-Center« (NSC) in jeder Nachbarschaft sein. Das Center wird unter Berücksichtigung bereits vorhandener kommunaler Einrichtungen errichtet; in ihm hat der »Nachbarschaftsentwicklungs-Berater« mit seinen Assistenten sein Büro. Das NSC soll in erster Linie als gemeinsamer Treffpunkt aller Bürger der Nachbarschaft dienen, wohin sie sich mit ihren Sorgen und Nöten wenden können und wo ihnen sachkundig weitergeholfen wird. Auf lange Sicht soll das NSC zum Knotenpunkt aller individuellen und kommunalen Anstrengungen im ›Kampf gegen die Armut‹ werden.

4. Bücherei-Service (17. Juni 1965) – Das Programm fördert die Benutzung der öffentlichen Büchereien und die Wahrneh-

mung ihres Angebots durch Versorgung der Nachbarschaftszentren mit Büchern sowie durch den Einsatz von Wanderbü-
chereien im Aktionsgebiet. Es wird Material bereitgestellt, um
die Lesehemmungen der Bewohner zu überwinden und ihr
Interesse an Büchern zu wecken und zu fördern. Im Rahmen
der Leseförderung sind vorgesehen: gemeinsame Lektüre,
Führungen durch Büchereien, Film- und Schallplattenvorfüh-
rungen u. dgl. Die Bücherei soll Teil des Nachbarschaftszen-
trums (siehe oben) werden. (Vertrag zugunsten der »Enoch
Pratt Free Library«.)

   5. Haushaltshilfe-Service (1. Juli 1965) – Durch das Programm soll einkommensschwachen Familien eine Haushaltshilfe zur Verfügung gestellt werden, um das Auseinanderbre-
chen der Familie aufgrund gesundheitlicher Probleme oder
sozialer Anpassungsschwierigkeiten zu verhüten. Das Programm stellt geeignetes Personal (ggf. auch aus der Nachbarschaft) bereit, das in Familien mit Kindern sowie im Haushalt
genesender, betagter, akut oder chronisch kranker und behin-
derter Personen mithilft, um die Erhaltung bzw. den Aufbau
einer stabilen Haushaltsstruktur zu gewährleisten. Im Vorder-
grund des Programms stehen die vielfältigen sozialen Probleme, die sich einer Familie stellen, sowie die Kranken- und
Altenhilfe. (Vertrag zugunsten des städtischen Wohlfahrtsreferats und der »Instructional Visiting Nurse Association«,
ab 1. Oktober 1966 allein des Wohlfahrtsreferats.)

   6. Freiwillige Nachbarschaftshilfe (*Volunteer Service Corps*)
(15. Juli 1965) – Das Programm registriert und vermittelt
freiwillige Hilfeleistungen zugunsten der Bewohner des Aktionsgebietes. Die Leistungen erfolgen entweder direkt durch
die Nachbarschaftszentren oder durch die einzelnen Vertrags-
partner. Freiwillige, die sich für die Arbeit im Aktionsgebiet
melden, können auch von anderen Behörden und Stellen
vermittelt werden. (Ursprünglich Vertrag zugunsten des Ge-
sundheits- und Wohlfahrtsreferates; seit dem 1. Oktober 1966
von der CAA in eigene Regie übernommen.)

   7. Streetworker-Programm (15. Juli 1965) – Das Programm
sieht die Sozialarbeit mit Jugendlichen vor, die straffällig
geworden sind oder zu werden drohen, und strebt die Re-
orientierung der Jugendlichen von antisozialem zu einem
nicht-destruktiven Verhalten an. Es soll ein Treffpunkt (La-

den, Kirche o. ä.) eingerichtet werden, der von den Jugendlichen als »ihr eigener« akzeptiert wird. Vorgesehen ist ferner die Durchführung von Sportfesten, Spielen, Ausflügen, Tanzveranstaltungen usw. für Jungen und Mädchen. (Vertrag zugunsten des Referats für Freizeit.)

8. Kinder-Tagesheime (15. August 1965) – Das Programm stellt sichere und gesunde Tagesheimplätze für Vorschulkinder bereit, die von ihren Eltern zu bestimmten Tageszeiten nicht beaufsichtigt werden können. Angestrebt werden die Stimulierung und Ermutigung positiver Lernerfahrungen und eine fachkundige Beratung in Fragen der Kinderfürsorge. Die Gruppen treffen sich entweder in Tagesheimen oder in den Nachbarschaftszentren. (Vertrag zugunsten des Wohlfahrtsreferats.)

9. Kinderbetreuung im Haus *(Family Day Care)* (15. August 1965) – Im Prinzip identisch mit dem Programm der Kindertagesheime, nur mit dem Unterschied, daß die Betreuung der Kinder in der Privatwohnung erfolgt. (Vertrag zugunsten des Wohlfahrtsreferats.)

10. Mittelstands-Förderungs-Zentrum *(Small Business Development Center)* (3. Januar 1966) – Das Programm soll die Chancen beim Aufbau einer eigenen Geschäftsexistenz (im Rahmen des Mittelstandes) fördern bzw. eine qualitative Steigerung von vorhandenen Geschäftsunternehmungen herbeiführen, wodurch zusätzlich Arbeitsplätze für die Armen geschaffen werden. Interessierten Personen und Gruppen stehen Informationen und Beratung zum Thema »Geschäftsgründung« zur Verfügung; der Entschluß zu entsprechenden Aktivitäten soll den Interessierten erleichtert werden.

11. »Knox Day Care« (16. März 1966) – Das Programm verfolgt dieselben Ziele wie die Kinder-Tagesheime (Punkt 8). (Vertrag mit einer kirchlichen Gruppe.)

12. Projekt ENABLE (31. März 1966) – Dieses Programm steht im Dienst der Elternaufklärung, und zwar durch Diskussionsgruppen über Kinderpflege, Kindererziehung, Haushaltsführung und Freizeit. Besondere Aufmerksamkeit soll der Teilfamilie geschenkt werden. (Vertrag zugunsten der »Urban League« und anderer.)

13. Familienplanung (1. Juli 1966) – Das Programm bietet einerseits einschlägige Informationen (über Geburtenkontrol-

le usw.), andererseits entsprechende Hilfeleistungen durch die Einrichtung von Klinikum-Nebenstellen und deren personelle Ausstattung. (Vertrag zugunsten der »Planned Parenthood« von Maryland.)

14. Rechtsschutz für die Armen (1. September 1966) – Dieses Programm bezweckt die Einrichtung einer regelmäßigen, bürgernahen Rechtsberatung in den Nachbarschaftszentren. In Zivilrechtsfällen ist an kostenlose Leistungen im Rahmen der Bestimmungen des »Legal Aid Bureau« gedacht, in Strafrechtsfällen an die Erteilung von Rechtsauskünften und an Hilfe bei der Suche nach einem Rechtsvertreter.

15. Bereitschaftsdienst (1. September 1966) – Das Programm ist zugeschnitten auf die unmittelbaren Bedürfnisse von Kindern und Erwachsenen, die durch fehlende Nahrung, Kleidung oder Unterkunft und durch sonstige Umstände in Not geraten sind. Hierfür soll eine eigene Stelle im Aktionsgebiet eingerichtet werden. Die Leistungen aus diesem Programm sollen über die bestehenden Wohlfahrtsprogramme hinausgehen. Das Programm soll zugleich ein verstärktes kommunales Engagement im Sinne einer aktiven Partizipation von bestehenden Behörden bewirken, mit dem Ziel, auch in bereits bestehende Programme verbesserte Ansätze einer solchen Nothilfe einzubauen. (Vertrag zugunsten des Wohlfahrtsreferats.)

Zusätzlich zu den eben genannten Programmen enthielt der kommunale Aktionsplan noch zwei Sommerprogramme: »Camp Farthest Out« und »Operation Champ«. Das erstgenannte Programm lief im August 1965 aufgrund eines Vertrages zugunsten einer privaten Gruppe; es sollte »kulturelle Anregungen im Verein mit diagnostisch-rehabilitorischer ärztlicher Betreuung« liefern. »Operation Champ« lief im Sommer 1966 aufgrund eines Vertrages zugunsten des »Western Police Boys Club, Inc.« Dieses Programm war schwer zu definieren; »es wendet sich an Jugendliche zwischen 16 und 21 Jahren und erhofft sich von einer bunten Palette weiterbildender, kultureller, erholsamer, sittlich fördernder und charakterbildender Aktivitäten ein verbessertes Verhältnis zwischen Jugend und Polizei«.

Im ersten Jahr verwendete die CAA einen beträchtlichen Teil der Bundeszuschüsse für Bildungsprojekte. In einem

Vertrag zugunsten des städtischen Bildungsreferats finanzierte die CAA das Projekt »Arbeitsnachweis für Auszubildende«, ein Äquivalent zum Nachbarschafts-Jugendkorps. Dieser Programmteil besteht unter CAA-Förderung fort. Ursprünglich delegierte die CAA auch an das Bildungsreferat die Administrierung mehrerer, im »Aktionsplan« vorgeschlagener Bildungsprojekte (Weiterbildung, frühe Schulzulassung, kompensatorischer Unterricht, Tutorenkurse nach dem Unterricht, Leseunterricht, Nachhilfeunterricht, Entwicklung eines Bildungsprogramms). Bis auf den letztgenannten Punkt sind alle Programme als Bestandteil des Kommunalen Aktionsprogramms eingestellt worden, weil das Bildungsreferat inzwischen in der Lage ist, vergleichbare Projekte in einem viel größeren Maßstab aus Mitteln des *Elementary and Secondary Education Act* von 1965 zu finanzieren. Eingestellt wurde auch das Projekt »professionalisierte Sozialarbeit«, das von der CAA ursprünglich an das *Baltimore Junior College* delegiert worden war.

Die CAA finanziert inzwischen keine Vorschulprojekte des Bildungsreferats mehr, bemüht sich aber wenigstens in den Sommermonaten um entsprechende Aktivitäten. So vermittelte die CAA im Sommer 1966 zehn Kontrakte (neun mit kirchlichen Institutionen und einen mit einem staatlichen College), durch die ähnliche Projekte veranstaltet wurden wie im Sommer 1965 durch »Camp Farthest Out, Inc.«

Der »Programmausbau« dient der Abrundung der bestehenden Projekte. Er wird vom Gesundheits- und Wohlfahrtsrat administriert und hat die Aufgabe, alle Vorschläge zu sichten, die an die CAA herangetragen werden (mit Ausnahme der Vorschläge zum Thema Schule und Tagesheime), sowie miteinander verwandte Vorschläge zu koordinieren.

Ende 1966 lagen dem CAC neunzehn Anregungen vor. Drei davon lohnen eine kurze Beschreibung. Obwohl Berufsbildung und Beschäftigung Sachbereiche sind, die in allen Anstrengungen zur Bekämpfung der Armut großgeschrieben werden, wurde der Aufbau eines Systems der Lehrlingsausbildung im Baltimorer Kommunalen Aktionsprogramm vergleichsweise stiefmütterlich behandelt. Um diesem Mangel abzuhelfen, hat der CAA zunächst einmal die Bereitstellung von Mitteln für die Anstellung von vier Stabsassistenten emp-

fohlen, die einen entsprechenden Plan ausarbeiten sollen.
– Ein zweiter, heftig umstrittener Vorschlag betrifft das Projekt einer »Selbstrekrutierung« des Kommunalen Aktionsprogramms. Die geplante Personalabteilung *(Manpower-Recruiting and Training Division)* würde als gemeinnützige Tochtergesellschaft der CAA fungieren und Aufgaben übernehmen, die bis dato noch vom »Beamtenausschuß« *(Civil Service Commission)* der Stadt wahrgenommen werden. Im einzelnen würde die Personalabteilung die Aufgabe haben, »in Frage kommende Bewerber für Positionen in der CAA auszuwählen, notwendig erscheinende Testverfahren zu entwickeln und möglichst rasch für Nachwuchs zur Abwickelung des Kommunalen Aktionsprogramms zu sorgen«. Bewerber würden von der Gesellschaft bezahlt und der CAA zugeteilt werden. Als Direktoren der Gesellschaft dachte man sich Vertreter öffentlicher und privater Personalvermittlungsstellen, der Bewohner des Aktionsgebiets, des CAC und »der Geschäftswelt«.

Das umstrittenste der schwebenden Projekte ist die »Wohnungs-Selbsthilfe« *(Self-Help-Housing).* Der Vorschlag wurde konzipiert von einer Gruppe von Bewohnern des Aktionsgebiets, die sich »Neighborhood Housing Action Committee« nannte, und unterstützt vom Gesundheits- und Wohlfahrtsrat, der auch einen Mitarbeiter zur Verfügung stellte. Der Vorschlag des NHAC hatte gewisse Ähnlichkeiten mit dem ehrgeizigen, aber gescheiterten Projekt von U-JOIN. Beabsichtigt war, »die Qualität des Wohnens und der Umwelt durch gewisse Selbsthilfemechanismen zu verbessern, die es den Bürgern gestatten, bestimmte Leistungen in eigener Verantwortung zu erbringen und so das bestehende Leistungsangebot der Stadt auszubauen und zu vertiefen«. Die Administrierung des Projekts sollte einer von der Armutsbevölkerung kontrollierten gemeinnützigen Gesellschaft obliegen. Vorgesehen war ein »Umweltverbesserungsdienst«, der es den Bürgern zur Aufgabe machte, »die Leistungen der städtischen Behörden im Rahmen des Sanitären und der Umweltgesundheit zu ergänzen und zu fördern«; es sollten Beratungsstellen eingerichtet werden, die den Bewohnern »Informationen, Unterweisung und Beratung in allen Wohnungsfragen« erteilten und sie auf »notwendige Leistungen zur Verbesserung der

Wohnqualität« aufmerksam machten; ferner waren ein Schlichtungsausschuß für Mietstreitigkeiten und eine Wohnungsvermittlung für alle Bewohner vorgesehen, »die aus einem legitimen Grund umziehen möchten«; schließlich sollte es einen zentralen Geräteverleih geben, »wo Mieter und Wohnungseigentümer ... alle Geräte ausleihen und alles Material beziehen können, das man im Rahmen der geltenden Vorschriften ohne besondere Qualifikation für kleine Reparaturen benötigt«.

Für das am 30. Juni 1967 zu Ende gehende Geschäftsjahr hatte das Kommunale Aktionsprogramm ein genehmigtes Budget aus Bundesmitteln von 6 885 228 Dollar. Wie aus Tafel I ersichtlich, ist fast ein Viertel dieser Summe den »Nachbarschafts-Leistungen« gewidmet, weitere 36% entfallen auf das »Nachbarschafts-Jugendkorps« und den »Arbeitsnachweis für Auszubildende«. Der Rest verteilt sich mit relativ kleinen Summen auf 18 weitere Programmpunkte.

Tafel I: Genehmigtes Budget des Kommunalen Aktionsprogramms. Geschäftsjahr 1967.

Programm	Budget (Dollar)	v. H.
Verwaltungskosten	420 835	6,1
Haushaltshilfe (Wohlfahrtsreferat) (Juli-Sept. 66)	18 981	0,3
Haushaltshilfe (Instructional Visiting Nurse Ass.) (Juli-Sept. 66)	14 108	0,2
Haushaltshilfe (Wohlfahrtsreferat) (Okt.-Juni 67)	127 561	1,9
Verbraucherschutz	76 519	1,2
Kinder-Tagesheime (Sept.-Juni 67)	337 826	4,9
Kinderbetreuung im Haus	242 337	3,5
Arbeitsnachweis für Auszubildende (Juli u. Aug. 66)	522 132	7,6
Arbeitsnachweis für Auszubildende (Sept.-Juni 67)	572 680	8,3
Bereitschaftsdienst (Sept.-Juni 67)	100 536	1,5
Familienplanung (Dez.-Juni 67)	69 976	1,0
»Frühstart« (Juli u. Aug. 66)	151 918	2,2
Knox Day Care	78 566	1,1
Rechtsschutz für die Armen	259 919	3,8

Programm	Budget (Dollar)	v. H.
Bücherei-Service	182 400	2,6
Nachbarschaftszentren	1 567 229	22,7
Nachbarschafts-Jugendkorps		
(Juli-20. Okt. 66)	401 169	5,8
Nachbarschafts-Jugendkorps		
(21. Okt.-Juni 67)	1 018 358	14,7
Operation Champ (Juli-15. Okt. 66)	87 640	1,3
Programmausbau und Programmbeurteilung	11 350	0,2
Projekt ENABLE (Juli 66-März 67)	52 063	0,8
Wohnungs-Selbsthilfe	226 362	3,3
Mittelstandsförderungszentrum	116 429	1,7
Streetworker-Programm	205 730	3,0
Freiwillige Nachbarschaftshilfe-Ges. u. Wohlf.		
(Juli-Sept. 66)	6 810	0,1
Freiwillige Nachbarschaftshilfe-CAA		
(Okt. 66-Juni 67)	15 794	0,2
Insgesamt	6 885 228	100,0

II. Gegenwärtiger Charakter des Kommunalen Aktionsprogramms

Beabsichtigter Zweck

Man kann mit einem kommunalen Aktionsprogramm prinzipiell einen oder mehrere Zwecke verfolgen. Hauptziel des Programms kann die Mobilisierung der Ressourcen sein. Ein anderes Ziel wäre es, Leistungen anzubieten, die in bestehenden Anti-Armut-Programmen nicht vorkommen. Es kann auch das Augenmerk auf die Innovation von Leistungsherstellung und -verteilung lenken, also auf die Möglichkeit neuartiger Methoden der Zielerreichung. Eine vierte Möglichkeit wäre der Aspekt der Rationalisierung aller Anti-Armut-Maßnahmen durch Förderung einer stärkeren Koordinierung aller mit der Planung und Verteilung von Wohlfahrtsleistungen befaßten Behörden. Fünftens könnte das kommunale Aktionsprogramm als Provokation verstanden werden, durch die man etablierte Strukturen und Prozesse aufzubrechen hofft, sei es durch Veränderungen in der Gesetzgebung oder durch Veränderungen in der Verwaltungspraxis. Und schließlich könnte es der alleinige oder der vornehmliche Zweck eines kommunalen Aktionsprogramms sein, die Armutsbevölkerung zu organisieren, aus ihrer Mitte Führer zu rekrutieren und sie zu einer stärkeren Beteiligung am kommunalen Entscheidungsprozeß zu ermutigen.

Das Baltimorer Aktionsprogramm verfolgt mehr oder weniger alle diese Ziele zugleich. Der »Bereitschaftsdienst«, der Verbraucherschutz und die Kinderbetreuung sind Programmpunkte, durch welche Lücken in der »Anti-Armut-Industrie« von Baltimore ausgefüllt werden. Das Projekt der Nachbarschaftszentren ist eine potentiell bedeutsame Neuerung. Mit unterschiedlichem Erfolg sind auch mehrfach Versuche gemacht worden, die Anti-Armut-Industrie der Stadt auf allen Ebenen zu koordinieren; die CAA und ihre Unterorgange haben in dieser Richtung nachgeholfen. Und ansehnliche Mittel sind bereitgestellt worden, um die soziale und politische Rolle der Armutsbevölkerung auszuweiten.

Die politisch Verantwortlichen in der CAA sind also ersichtlich bemüht, einer Vielfalt von Rollen gerecht zu werden. Trotzdem haben sie sich bisher noch nicht bewußt um eine Prioritätensetzung bemüht. Begreiflicherweise herrschen in der CAA unterschiedliche Auffassungen darüber, was der eigentliche Zweck eines kommunalen Aktionsprogramms ist. Und im CAC wird man sich zunehmend darüber klar, daß es allmählich harter Kriterien zur Entscheidungsfindung bedarf. Bis vor kurzem trat die Notwendigkeit »harter« Entscheidungen noch hinter »weltlicheren« Problemen zurück, wie sie mit der Gründung einer neuen Behörde eben verbunden sind. Es scheint aber festzustehen, daß in naher Zukunft bestimmte Zuwendungen für das kommunale Aktionsprogramm gestrichen werden, so daß noch weniger Raum bleiben wird für Kompromisse, die die Prioritätenfrage nicht lösen, sondern lediglich umgehen.

Organisation des Kommunalen Aktionsprogramms

Als Referat der Stadtverwaltung untersteht die CAA der ständigen, direkten Kontrolle durch den Bürgermeister, den

Council und den Haushaltsausschuß. Die CAA ist daher jedem politischen Wetterumschwung ausgesetzt. Darüber hinaus hat sie nur in begrenztem Umfang die Macht und die Autorität, in der Anti-Armut-Politik wesentliche Änderungen zu erzwingen. Die CAA ist eben nicht das einzige städtische Referat mit Anti-Armut-Zuständigkeit; als neuerrichtete Institution entbehrt sie auch noch des Prestiges und einer namhaften »Hausmacht« im politischen Gefüge der Stadt. Infolgedessen muß diese Behörde ihre Ziele noch sorgfältiger wählen als ein privates Unternehmen und ihre Zielsetzungen noch umsichtiger verfolgen.

Ein gewisser Ausgleich liegt darin, daß die CAA als amtliche Stelle nicht einfach ignoriert werden kann, wenn in der Öffentlichkeit Anti-Armut-Politik diskutiert wird. Die CAA ist ein Teil des »Establishments«, und insofern kann man in Fragen, die in ihren Zuständigkeitsbereich fallen, nicht an ihr vorbeigehen. Mit einem Wort: verglichen mit entsprechenden Einrichtungen in anderen Städten, ist die CAA in Baltimore in mancher Hinsicht in ihrer Bewegungsfreiheit ungewöhnlich beschränkt, in anderer Hinsicht aber wieder bevorzugt.

Im Zusammenhang mit dem Verhältnis der CAA zur Stadtverwaltung ist noch ein weiterer Punkt zu erwähnen. Als Reaktion auf die 1966 verabschiedeten Zusätze (Public Law 89-794) zu Abschnitt 202 des EOA von 1964, in denen festgelegt wurde, daß der CAC zu mindestens einem Drittel aus gewählten Vertretern der Bevölkerung des Aktionsgebiets zu bestehen habe, entwarf die CAA einen Plan, der die verstärkte Beteiligung der Armutsbevölkerung an der Planung und Durchführung des Kommunalen Aktionsprogramms vorsah. Nach diesem Entwurf sollte der CAC aus 35 Personen bestehen: elf von ihnen sollten vom Bürgermeister ernannt werden (wie dies schon der ursprüngliche Erlaß bestimmt hatte), weitere 24 sollten von den Bewohnern des Aktionsgebiets nominiert oder gewählt werden. Hierfür wurde folgender Modus vorgeschlagen:

In jeder Nachbarschaft mit Nachbarschaftsentwicklungs-Team wird ein »Nachbarschafts-Rat« gebildet, den die Bewohner aus ihrer Mitte wählen. Diese Räte führen diverse organisatorische Arbeiten aus und entsenden pro Zielgebiet zwei Vertreter in ein »Beratendes Komitee«; gegenwärtig gibt es zwei solcher Zielgebiete. Die Beratenden Komitees bestehen aus maximal 20 Personen; sie sollen in der politischen Gesamtplanung mitwirken und – was für die gegenwärtigen Zwecke noch wichtiger ist – die Kandidaten für die Wahl in den CAC stellen. In einer jährlichen Wahl nominiert die Armutsbevölkerung in jedem Beratenden Komitee 12 Personen; diejenigen, die die meisten Stimmen auf sich vereinigen, sind für ein Jahr in den CAC gewählt.

Ob ein 35köpfiger Ausschuß wirklich funktionsfähig gewesen wäre, bleibt offen. Ebenso kann man bezweifeln, ob bei einer so kostenträchtigen Behörde der Bürgermeister und der Stadtrat auf ihr Mitspracherecht verzichtet hätten. Jedenfalls trug das Personalkomitee des CAC einen eigenen Vorschlag vor, der mehr nach dem Geschmack des Bürgermeisters und des *Council* war: Danach sollte der CAC auf neunzehn Mitglieder erweitert werden, von denen elf durch den Bürgermeister ernannt, die restlichen acht von den Bürgern des Aktionsgebiets gewählt werden sollten.

Um die Verwirrung komplett zu machen, trat schließlich noch ein Komitee, das die Bürger des Aktionsgebiets Mitte Dezember 1966 in offener Versammlung gewählt hatten, mit einem eigenen Konzept hervor, das für einen CAC mit 29 Mitgliedern plädierte. 24 von ihnen sollten von den Bewohnern der Armutsgebiete nominiert oder gewählt werden. Die restlichen fünf durfte der Bürgermeister ernennen – auf Empfehlung und nach Zustimmung der Vertreter der Armutsbevölkerung. Alles deutete darauf hin, daß dieses Modell weniger eine harte Forderung als vielmehr eine Basis für Verhandlungen sein sollte.

Der Streit wurde schließlich durch die Vereinbarung gelöst, daß der CAC aus 21 Mitgliedern bestehen sollte, von denen elf der Bürgermeister ernannte und zehn das Aktionsgebiet vertraten.

Programmatische Aspekte des Kommunalen Aktionsprogramms

Es gibt verschiedene Möglichkeiten, die einzelnen Programmbestandteile des Baltimorer Kommunalen Aktionsprogramms aufzugliedern. Eine Möglichkeit ist bereits genannt worden,

nämlich die Klassifikation der Projekte nach Maßgabe ihrer
Funktion: Mobilisierung, Lückenausfüllung, Innovation,
Koordination, Provokation, Aktivierung. Ein anderer Ansatz
bestünde darin, die Programme im Hinblick auf die Bevölkerungsgruppierungen aufzuschlüsseln, an die sie sich richten.
Wieder ein anderer Ansatz bringt die Projekte in eine Beziehung zu speziellen individuellen oder familialen Deprivatio-
nen, z. B. Gesundheitsschäden, mangelhafte Lebensbedingungen, mangelnde Sicherheit usw. Und schließlich kann man die
Programme auch unter dem Gesichtspunkt klassifizieren, ob
sie auf die Bewältigung gegenwärtiger Probleme oder aber auf
die Reduzierung der Wahrscheinlichkeit künftiger Probleme
abzielen. Für die Bevorzugung einer dieser Kategorisierungen
vor anderen gibt es kaum einen Grund. Jede von ihnen kann
einen sinnvollen Zweck haben. Jede hat auch ihre Grenzen
– nicht zuletzt die, daß sich die Kategorien und Unterkatego-
rien nicht gegenseitig ausschließen.
 Schlüsselt man das Kommunale Aktionsprogramm nach
Maßgabe der Bevölkerungsgruppierungen auf, an die sich die
einzelnen Programmbestandteile wenden, so ergibt sich fol-
gendes Bild:
Programmelemente für 0- bis 5jährige:
  Kinderbetreuung
  »Frühstart«
Programmelemente für 6- bis 16jährige:
  Streetworker-Programm
  Arbeitsnachweis für Auszubildende
  Bücherei-Service
  Operation Champ
Programmelemente für 17- bis 21jährige:
  Nachbarschafts-Jugendkorps
  Familienplanung
  Bücherei-Service
Programmelemente für Erwachsene:
  Bereitschaftsdienst
  Verbraucherschutz
  Rechtsschutz
  Projekt ENABLE
  Familienplanung
  Bücherei-Service

Mittelstandsförderungszentrum
Haushaltshilfe
Programmelemente für alle Altergruppen:
Nachbarschafts-Service-Center
Freiwillige Nachbarschaftshilfe
Programmentwicklung
Eine Aufteilung der Programme in »kompensatorische« und »präventive« Kategorien stellt sich so dar:
Programmelemente zur Lösung gegenwärtiger Probleme:
Bereitschaftsdienst
Haushaltshilfe
Rechtsschutz
Verbraucherschutz
Freiwillige Nachbarschaftshilfe
Nachbarschafts-Service-Center
Programmelemente zur Vermeidung künftiger Probleme:
Nachbarschafts-Jugendcorps
Arbeitsnachweis für Auszubildende
»Frühstart«
Kinderbetreuung
Streetworker-Programm
Operation Champ
Familienplanung
Mittelstandsförderungszentrum
Bücherei-Service
Projekt ENABLE
Freiwillige Nachbarschaftshilfe
Programmentwicklung
Nachbarschafts-Service-Center

Für die Durchführung dieser Aktivitäten gibt es keine bestimmte Reihenfolge. Ebensowenig gibt es eine einzelne »Theorie« hinter dem Kommunalen Aktionsprogramm; dieses ist, wie schon angedeutet wurde, ein Kompromiß zwischen mehreren Theorien der Wohlfahrts- und Sozialpolitik. Die Baltimorer CAA läßt sich am treffendsten wohl als weitere »Firma« in jenem Firmenverband kennzeichnen, der die »Wohlfahrtsindustrie« dieser Stadt verkörpert. Nicht anders als ihre älteren Gegenstücke im staatlichen oder privaten Bereich produziert bzw. verteilt die CAA ein breites Spektrum problembezogener Wohlfahrtsleistungen, die sich jeweils an einen genau umschriebenen Personenkreis innerhalb der Armutsbevölkerung richten. Im großen und ganzen stellt das Leistungspaket der CAA eine Ergänzung der von den übrigen Firmen gebotenen Leistungen dar. In begrenztem Umfang jedoch macht die CAA den anderen Firmen auch Konkurrenz: die Angebote überschneiden sich teilweise. Das ist z. B. auf dem Gebiet der »Gemeinde-Organisation« der Fall, wo es neben den Nachbarschafts-Zentren der CAA auch das Wohnungsbauprogramm »Shelter-plus« der BURHA gibt.

Ausblick auf die weitere Entwicklung

Wie aus Tafel I ersichtlich, hat die CAA den größten Teil ihrer Mittel bisher in die Herstellung und Verteilung von Wohlfahrtsleistungen gesteckt, die bis dahin der Armutsbevölkerung von Baltimore nicht zur Verfügung standen. Mit der Aussicht auf einschneidende Budgetkürzungen konfrontiert, steht die CAA nunmehr vor kritischen Entscheidungen. Soll sie ihre knappen Mittel weiterhin für spezielle Leistungen ausgeben? Oder soll sie sich auf wohlfahrtspolitische Innovation und Koordination konzentrieren und die Wohlfahrtsleistungen etablierten Stellen wie dem Wohlfahrts- oder Gesundheitsreferat überlassen? Oder soll die CAA ihre Einnahmen zu politischen Aktivitäten in den Reihen und im Interesse der Armutsbevölkerung nutzen?

Weder der CAC noch die CAA haben auf diese Fragen bisher Antworten parat – nicht zuletzt deshalb, weil die personell unterbesetzten Mitarbeiterstäbe keine Zeit dazu hatten. Das soll nicht heißen, daß das Kommunale Aktionsprogramm unbeweglich wäre. Die Programmakzente sind in der Vergangenheit verschoben worden, und das wird sich auch in Zukunft nicht ändern. Zur Zeit nimmt die CAA z. B. ein großes, vom Bundesarbeitsministerium finanziertes Berufsausbildungs-Programm in Angriff. Kurz gesagt, das Baltimorer Kommunale Aktionsprogramm nähert sich möglicherweise einem entscheidenden Wendepunkt. Unklar ist noch, ob, wie und in welcher Richtung es sich wandelt.

III. Das Kommunale Aktionsprogramm und das
politische System

Solange umfassende Forschungen und Analysen noch ausstehen, kann man nur in groben Umrissen das politische System skizzieren, in dessen Rahmen das Kommunale Aktionsprogramm Gestalt gewinnt und vollzogen wird. Man wird aber folgende allgemeine Feststellung treffen dürfen: die Machtverteilung in Baltimore ist so sorgfältig ausgewogen, daß politische Veränderungen, die zu einer wesentlichen Reallokation der Werte führen, vorderhand ausgeschlossen erscheinen.

Eine Reihe von Einzelpersonen und Gruppen drängen auf substantielle Veränderungen durch die Anti-Armut-Politik. Hierzu gehören U-JOIN, CORE (ein informeller Zusammenschluß örtlicher Negerprominenz), eine kleine Zahl philanthropisch motivierter Weißer, die entweder als Einzelpersonen oder als Sprecher privater Verbände auftreten, ein paar Mitglieder des Stadtrats und bestimmte Schlüsselpersonen in der städtischen Bürokratie. Diese Personen und Gruppen differieren zwar mitunter in der Einschätzung politischer Prioritäten und einzelner Aspekte aktueller Politik, doch sind sie gemeinsam der Auffassung, daß das Kommunale Aktionsprogramm zum Instrument entscheidender Verbesserungen in der wirtschaftlichen, politischen und sozialen Lage der Armutsbevölkerung, speziell der armen Schwarzen, werden kann.

Ausgesprochene Gegner einer einschneidenden Reallokation der Werte sind schwieriger auszumachen. Die bisher gesammelten Erkenntnisse deuten auf offenen Widerstand besonders der weißen Bevölkerung in den unteren und mittleren Einkommensschichten (Jahreseinkommen zwischen ca. 3500 und 6000 Dollar). Diese Weißen leben in unmittelbarer oder mittelbarer Nähe des Aktionsgebiets. Finanziell selbst hart bedrängt, sind diese Personen neidisch auf die der Armutsbevölkerung zuteil werdende Hilfe und befürchten, daß aufsteigende Neger sie in ihrer eigenen, jüngst erworbenen Statusverbesserung beeinträchtigen könnten. Widerstand gegen gewisse Veränderungen bekundet sich auch bei bestimmten Mitgliedern des *Council* und bei einigen Schlüsselpersonen der städtischen Bürokratie.

Abseits stehen vorläufig noch alle Personen und Gruppen in Baltimore, deren Interessen bisher vom Kommunalen Aktionsprogramm weder im Positiven noch im Negativen berührt wurden. Zu den Unbeteiligten gehören die meisten Geschäftsleute, die Gewerkschaften sowie die überwiegende Mehrheit der relativ wohlhabenden weißen Bevölkerung.

In mehr oder weniger hohem Grade spiegelt der *Council* alle diese Strömungen wider. Übrigens ist der *Council* selbst, obwohl zur Gänze aus Demokraten bestehend, wegen einer Reihe von Punkten, von denen die Anti-Armut-Politik nur einer ist, in zwei Fraktionen gespalten. Der *Council*, als letzte Entscheidungsinstanz für Anti-Armut-Vorschläge der CAA oder des CAC, ist begreiflicherweise nicht daran interessiert, irgendwelche Personen oder Gruppen vor den Kopf zu stoßen, die (tatsächlich oder potentiell) Macht, Autorität oder Einfluß besitzen. Was speziell die Anti-Armut-Politik betrifft, so hat der *Council* bisher einen sehr vorsichtigen Kurs gesteuert, der sowohl die Verfechter wie die Gegner einer Veränderung irritiert, aber nicht rebellisch gemacht hat. So hat der *Council* einerseits Programmelemente des Kommunalen Aktionsprogramms gebilligt, die auf eine Erleichterung der Lage der Armutsbevölkerung zielten, z. B. den Bereitschaftsdienst, die Haushaltshilfe und diverse Bildungsprogramme. Andererseits wurde der Plan abgelehnt, Wählerlisten im Aktionsgebiet anzulegen, es wurden Projekte abgeblockt, von denen man befürchtete, daß sie zu einer gemischten Besiedlung bisher rein weißer Wohnviertel führen würden, und es wurden Forderungen abgelehnt, der Armutsbevölkerung größere Verantwortung und mehr Privilegien bei der Planung und Durchführung des Kommunalen Aktionsprogramms einzuräumen.

Per definitionem ist die CAA auf eine Politik verpflichtet, die zu wesentlichen Veränderungen in der wirtschaftlichen, politischen und sozialen Lage der Bewohner des Aktionsgebiets führt. Trotz ihres sehr begrenzten Budgets, trotz der mit der Etablierung einer neuen »Wohlfahrtsfirma« verbundenen Schwierigkeiten, trotz eines aufgrund mangelnder Informationen unzureichenden Budget-Verteilungsschlüssels und trotz eines gewissen Widerstandes im Stadtrat gegen »die ganze

Richtung« des Programms hat die CAA bedeutsame Fort-schritte erzielt. Nun, wo sie fester im Sattel sitzt, erhebt sich die Frage, welche Rolle sie für sich finden muß, um der Verpflichtung zu wesentlichen Veränderungen zu genügen.

Anhang E
Zur politischen Bedeutung von
Bürgerbeteiligung
Von Peter Bachrach, Morton S. Baratz,
Margaret Levi

Titel II, Abschnitt 202(a) des *Economic Opportunity Act* von
1964 sieht vor, daß kommunale Aktionsprogramme »unter
größtmöglicher Beteiligung der Bewohner des Aktionsgebiets
bzw. der Mitglieder der betroffenen Gruppen zu entwickeln,
durchzuführen und zu administrieren sind . . .« Die Klausel
erlaubt unterschiedliche Interpretationen. Für manche hat sie
die Konnotation der sog. »Graswurzel-Demokratie«, d. h. alle
Bürger übernehmen – gleichgültig, wie dürftig ihre Lebens-
umstände sind – eine aktive Rolle in kommunalen Angelegenheiten. Dieser Deutung liegt implizit die Überzeugung zugrunde, daß Partizipation für die von Armut Geschlagenen
das Hauptmittel ist, um sich die zur Hebung ihres wirtschaftlichen und sozialen Status nötige Macht, sowie Autorität und
Einfluß zu sichern. Für andere beinhaltet »Bürgerbeteiligung«
eher ein Hand-in-Hand-Arbeiten derjenigen, die Hilfe austei-
len, und derer, die Hilfe empfangen; dahinter steht die Überlegung, daß die Armen, wenn sie aktiv über die ihnen zukom-
menden Leistungen mitentscheiden, nicht nur die Art von
Hilfe erhalten, die sie haben wollen, sondern nach und nach
auch das Gefühl ihrer sozialen Entfremdung und subjektiven
Wertlosigkeit verlieren. – Nach einer dritten Auffassung ist
mit Partizipation an die Beteiligung der Armen an der konkreten Erbringung der Anti-Armut-Leistungen gedacht, d. h. die
Armen sollen selber als Haushaltshilfe, Kinderbetreuer usw.
fungieren und dadurch ihren wirtschaftlichen Status oder ihre
Selbstachtung oder beides heben.

Alle diese Deutungen lassen sich nun der einen oder anderen
von zwei übergreifenden Konzeptionen dessen zuordnen, was
Bürgerbeteiligung ist und wie sie zur Eliminierung der Armut
beiträgt. Man kann diese beiden Konzeptionen kennzeichnen

als »interessenorientierte Partizipation« und »kooptative Partizipation«. Die Hauptthese des vorliegenden Essays lautet: die Analyse der Prämissen, Prinzipien und Ziele dieser beiden Konzeptionen erlaubt es, einen theoretischen Rahmen zur Einschätzung folgender Punkte zu entwickeln: (a) Wesen, Zweck und Umfang der Bürgerbeteiligung bei den Anstrengungen Baltimores zur Eliminierung der Armut; (b) Signifikanz der Auswirkungen der Bürgerbeteiligung von armen und vergleichbaren Gruppen auf die Veränderung der Autoritäts- und Machtverteilung in Baltimore; (c) die angemessene Rolle künftiger Bürgerbeteiligung an den weiteren Anti-Armut-Anstrengungen.

Die folgende Erörterung beginnt mit dem Versuch, »Bürgerbeteiligung« ohne Bezugnahme auf ihre möglichen Zielsetzungen zu definieren. Anschließend untersuchen wir Eigenart und Implikationen von zwei spezifischen Formulierungen des Begriffs »Bürgerbeteiligung«. Schließlich betrachten wir die Fruchtbarkeit beider Standpunkte für eine Analyse und Bewertung der Reichweite und Wirksamkeit von Programmen zur Entfaltung der Bürgerbeteiligung.

Bürgerbeteiligung als politische Handlung

Ein politisches System ist ein Gefüge aus Institutionen und Verfahren, dessen »Output« in einer Allokation von Werten besteht, die von der großen Mehrheit der in dem Gemeinwesen lebenden Menschen als legitim angesehen wird. Im weiteren Sinne verhält sich jeder politisch, der versucht, die bestehende, autoritative Werteallokation aufrechtzuerhalten oder zu verändern. In dem Maße daher, in dem »Bürgerbeteiligung« den Versuch eines oder mehrerer Menschen meint, die Werteallokation beizubehalten oder zu verändern, ist Bürgerbeteiligung eine Form des politischen Handelns. Allerdings muß man hervorheben, daß der Begriff Bürgerbeteiligung eine *Form* von politischem Handeln, aber nicht mit diesem synonym ist; durch die Bestimmung *Bürger* wird die Beteiligung insofern qualifiziert, als sie gewöhnliche Männer und Frauen, im Gegensatz zu Beamten oder Eliten, als Beteiligte am politischen Handeln meint.

Praktisch alle Formen der Bürgerbeteiligung verfolgen als

ihr Ziel die Bewahrung oder Veränderung der bestehenden Werteallokation. So zielen bestimmte Aktivitäten darauf ab, Macht, Autorität und Einfluß zugunsten der Partizipanten umzuverteilen; ein Beispiel wäre die Beteiligung am Entscheidungsprozeß über Art und Umfang von Anti-Armut-Programmen. Andere Formen der Partizipation drehen sich um die Umverteilung des Einkommens, wieder andere streben eine Reallokation von Werten wie Respekt und Zuneigung an.

Zu betonen ist allerdings, daß es unwesentlich ist, ob sich politisches Handeln in Form von Bürgerbeteiligung gegen »private« oder gegen »staatliche« Institutionen richtet. Denn beides sind integrale Bestandteile des politischen Systems. Wesentlich ist, daß die Personen in den (»privaten« oder »amtlichen«) Entscheidungszentren die Autorität – oder in den Augen der meisten »das Recht« – zu Entscheidungen haben, die die Allokation von Werten berühren, und daß es sich bei diesen Werten um solche handelt, die auf den Präferenzskalen einer erheblichen Zahl von Betroffenen weit oben rangieren.

Was fällt nun alles unter den Begriff »Bürgerbeteiligung«? Deckt der Begriff *jedes* politische Handeln von Nicht-Eliten ab, egal, wie indirekt der Bezug der Handlung auf den Prozeß der Werteallokation sein mag? Auf diese Frage gibt es keine glatte Antwort. Sicherlich wäre es zu eng, wenn man »Partizipation« nur auf explizite Vertretung bei der Gestaltung und Durchsetzung der Politik beschränken wollte; denn damit würde man so offensichtliche Formen politischer Betätigung ausschließen wie Wählen, um die Abstellung von Mißständen Eingeben, Demonstrieren, sich in politischen Gruppen und Organisationen an der Formulierung und Durchsetzung der Politik Beteiligen – was alles indirekte Methoden sind, um Entscheidungsträger zu selegieren oder sie auf politische Richtlinien einzuschwören. Ein Programm andererseits, das nichts weiter tut, als ein paar Bürger mit der Erbringung von Leistungen zu betrauen, wirkt sich auf die Allokation von Werten kaum oder gar nicht aus und kann daher nicht als Bürgerbeteiligung gelten.

Glücklicherweise ist es nicht notwendig, präzise die Grenze zu bezeichnen, jenseits welcher Bürgerbeteiligung zu »indirekt« ist, um noch als politische Handlung angesehen zu werden. Die relevante Frage ist vielmehr, wie weit der Begriff Bürgerbeteiligung gefaßt werden *sollte*. Die Antwort auf diese Frage hängt von den Zielen ab, die die Bürgerbeteiligung erreichen will.

Interessenorientierte Partizipation

Nach Meinung vieler sollte das Hauptziel von Bürgerbeteiligung darin bestehen, daß jedermann in der Gesellschaft auf ein Interessensystem hinwirkt, das – im Rahmen des politischen Systems, der Ressourcen und des zu ihrer Förderung nötigen Know-how – der Verteidigung oder der Realisierung fähig ist. Diese Auffassung wurzelt in dem demokratischen Grundsatz, daß jedes Mitglied der Gesellschaft in sich nicht mehr und nicht weniger wert ist als jedes andere. Wie es ein Beobachter des 17. Jahrhunderts formulierte: »der ärmste Mann in England hat ein Leben zu leben wie der reichste«, und deswegen sollte jedermann »eine Stimme haben« bei der Selektion der Personen, »welche für ihn Gesetze machen«. Dieser Auffassung liegen drei fundamentale Annahmen zugrunde. Die erste ist, daß der Mensch in dem Augenblick bewußt politisch wird, wo er erkennt, daß er persönliche Interessen zu verfolgen hat und daß außerdem die Politik für die Gestaltung und Bestimmung seiner Interessen instrumentellen Wert hat. Zweitens wird angenommen, daß jeder Mensch selbst am besten weiß, was seine Interessen sind. Drittens: hat sich ein Mensch zwischen zwei verschiedenen Handlungsabläufen zu entscheiden, so wird angenommen, daß er selbst am besten entscheiden kann, welcher Handlungsablauf seinem Interesse am besten dient.[1]

Aus einer Politik-Theorie, die die Bürgerbeteiligung als Mittel zur Durchsetzung des eigenen Interesses sanktionierte und legitimierte, ergab sich ganz natürlich ein politisches System, das charakterisiert ist durch allgemeines Stimmrecht, regelmäßige Wahlen, konkurrierende politische Parteien sowie ein kompliziertes Zusammenspiel der Interessengruppen. Wie die amerikanische Erfahrung lehrt, kann ein derartiges System sehr wohl den Interessen der meisten Bürger dienen. Es ist jedoch ein System, das fast notwendig die in Armut befindlichen Personen ausschließt. Nur vergleichsweise weni-

ge Arme haben einen ausgeprägten Sinn für das, was ihr
»eigenes Interesse« ist, geschweige denn die Zuversicht, es
durch politisches Handeln voranzutreiben zu können. Es über-
rascht daher nicht, daß sich so viele von ihnen weder an
Wahlen noch an organisierten Aktivitäten beteiligen.[2] »Der
Fehler am pluralistischen Himmel«, schreibt E. E. Schattschneider, »ist der, daß die himmlischen Chöre mit starkem
Oberschicht-Akzent singen.«[3]

Auf welche Weise kann man die Pauperisierten dazu bringen, die Relevanz der Politik zu erkennen und das pluralistische System (nach dem Vorbild der Bauern, Arbeitnehmer
und Bürgerrechtsgruppen, um nur diese zu nennen) zu ihrem
eigenen Vorteil zu nutzen?[4] Im Prinzip gibt es viele Möglichkeiten. Unter ihnen sticht besonders das Anti-Armut-Programm ins Auge.

Unter der Voraussetzung einer interessen-orientierten Konzeption ist daher die entscheidende Frage nicht, ob Partizipation der Armen zur Effektivität von Anti-Armut-Programm-
men beiträgt. Vielmehr lautet die kritische Frage, ob diese
Programme in den Armen das Gefühl zu wecken vermögen,
daß es in den Programmen um ihre ureigensten Interessen
geht, und in ihnen die Bereitschaft fördern, sich für die
Einführung, Verbesserung und Erweiterung von Anti-Armut-
Projekten zu organisieren und zu engagieren. Anders ausgedrückt: es ist die Grundprämisse des interessen-orientierten
Ansatzes, daß die existierenden Programme – mögen sie auch
für die Eliminierung der Armut beklagenswert unzureichend
sein – doch einen Ausgangspunkt für eine ausgreifende politische Bewußtwerdung der Armutsbevölkerung bieten. Die
Lücke zwischen den Menschen in Armut und dem laufenden
politischen Prozeß muß geschlossen werden. Der erste Schritt
zu diesem Ziel ist ein zutreffendes Verständnis des Ver-
hältnisses von Interessen und Wünschen einerseits und Bürgerbeteiligung andererseits. Wenn Anti-Armut-Programme
das Verfolgen von Interessen und Wünschen als politisch
erstrebenswertes und geschütztes Ziel proklamieren, dann
könnte Bürgerbeteiligung (als Mittel zu diesem Zweck) sehr
leicht den strikt gouvernementalen Rahmen sprengen und auf
alle Bereiche der Wirtschaft und des Gemeinwesens übergrei-
fen. Solange dies nicht geschieht, ist es weit weniger wahr-

scheinlich, daß Armut (nicht verstanden als niedriges Einkommen, sondern verstanden als vielschichtiges Problem) signifikant zurückgedämmt wird.

Kooptative Partizipation[5]

Bürgerbeteiligung wird ihrer Natur nach kooptativ, wenn die Aktivitäten von Nicht-Eliten im politischen Entscheidungs- und Durchsetzungsprozeß auf vorgefaßte Ziele höherer Instanzen gelenkt werden. Vom Standpunkt dieser Instanzen aus verfolgt kooptative Partizipation den Zweck, daß sich die Partizipanten für die Ziele des jeweiligen Unternehmens interessieren und begeistern und mit ihnen identifizieren. Diese Partizipationstechnik kann selbstverständlich so angewandt werden, daß sie nur den Interessen jener dient, die die Ziele festsetzen. Kooptation im nicht-pejorativen Sinn jedoch gründet auf der Annahme, daß sowohl die generellen Ziele wie auch die generellen Mittel zu deren Erreichung weithin von »Experten« festgelegt werden müssen, wenn die Interessen der Partizipanten und des Gemeinwesens überhaupt »optimal« vertreten sein sollen. So ist z. B. auch der Lernprozeß am effektivsten, wenn der Dozent seine Studenten und ihre Diskussionen und Forschungen ausdrücklich zu einem vertieften Verständnis ihres Faches hinführt. Kooptative Partizipation ist ferner ein probates Mittel zur sozialen Rehabilitierung von Personengruppen, die sich selber nicht zu helfen wissen oder helfen wollen. Es heißt, diese Personen der Willkür der Demagogen überlassen, wollte man in ihnen den Wunsch zur Verbesserung ihrer Situation wecken, ohne ihnen zunächst Einblick in das Mögliche und Machbare verschafft zu haben.

Aus dieser Logik ergibt sich, daß sich das Problem der Armut nur wirksam anpacken läßt, wenn – zumindest in der Anfangsphase – Experten des betreffenden Gebiets die Situation so weit kontrollieren und manipulieren können, daß sie die ganze Breite »sachgemäßer« politischer Optionen abstecken und den Spielraum für Experimente und Innovationen (im Rahmen bestimmter festgelegter Grenzen) bestimmen. Letztlich muß es jedoch das Ziel des Experten sein, sich selbst überflüssig zu machen und das Feld zugunsten von Führern aus den Reihen der partizipierenden Gruppen zu räumen.

Dieses Endziel wird auf folgendem Wege erreicht: In den Anfangsphasen wird Bürgerbeteiligung im engen Sinn aufgefaßt als Vertretung oder konkrete Beteiligung der Armen am formalen politischen Prozeß sowie an der Entwicklung und Administrierung von Anti-Armut-Leistungen.[6] Auf diese Weise gewinnt man das Interesse, das aktive Engagement und die Mitarbeit der Armutsgruppe. Im Laufe der Zeit kristallisieren sich in der Gruppe Führer heraus, und die Partizipanten erwerben selber das nötige Expertenwissen. Schließlich wird der Punkt erreicht, wo sie weder der Programme zur Stimulierung der Partizipation noch sonstiger Handlungsanleitungen bedürfen.

Forschungsaufgaben und Forschungsmethoden

Das Hauptinteresse unserer Untersuchung gilt der Frage, inwieweit die Bürgerbeteiligung an den Anti-Armut-Anstrengungen von Baltimore interessenorientiert oder kooptativ war; und ob damit zu rechnen ist, daß diese Bürgerbeteiligung jetzt oder in der Zukunft in einer signifikanten Reallokation der gemeindlichen Werte resultiert. Des näheren fragen wir: Falls die Partizipation ihrer Natur nach wesentlich kooptativ war, hat sie in der Armutsbevölkerung die Bereitschaft geweckt, Anti-Armut-Programme zu unterstützen und an ihrer Durchführung kooptativ mitzuwirken? Wenn nicht: warum nicht? Wenn ja: worin bekundet sich diese Bereitschaft? Kristallisieren sich aus der Armutsbevölkerung Führer heraus? Wenn ja: in welchem Umfang sind oder werden sie vom etablierten politischen System bereits »vereinnahmt«? Und in welchem Maße haben sie sich gegebenenfalls – bewußt oder unabsichtlich – schon von den Gruppen getrennt, die sie angeblich führen?

Und umgekehrt: Falls die Partizipation weithin interessenorientiert ist, wie groß ist der Anteil jener an der Armutsbevölkerung, die bereits durch politisches Handeln verfechtbare Interessen entwickelt haben? In welchem Umfang haben sie die notwendigen Ressourcen – Macht und deren Korrelate – zur Verfügung, um sich im politischen Prozeß geltend zu machen? Und wie oft und mit welchem Ergebnis haben sie tatsächlich in diesen Prozeß eingegriffen, um ihre Interessen voranzutreiben? Hat der Erwerb politischer Interessen und Ressourcen bei ihnen zu einer so weit fortgeschrittenen Militanz geführt, daß sie eine für sie günstigere Reallokation der Werte bewirkt hat? Oder hat die neugewonnene Militanz zu politischen Reaktionen anderer Gruppierungen der Stadt geführt? In beiden Fällen: wenn nicht, warum nicht?

Es gibt verschiedene Möglichkeiten, sich diesen und verwandten Fragen zu nähern. Viel nützliches Material wird bereits durch die sorgfältige Beobachtung dessen erbracht, was im politischen Prozeß tatsächlich vor sich geht – Trends bei Wahlen, Tendenzen der Gesetzgebung, Auftreten und Anlaß von Demonstrationen und Protesten usw. Interviews unter. vier Augen mit Schlüsselpersonen der kommunalen Szene können Aufschluß darüber geben, welche Probleme offen und welche verdeckt sind, welcher Art die herrschende »Mobilisierung von Tendenzen« ist und wie der politische Prozeß im Innern funktioniert.

Solche und ähnliche Methoden, so nützlich sie sein mögen, vermitteln doch nur ein unvollständiges Bild von dem, was man »die Perspektive von unten« nennten könnte – die Art, wie die Armutsbevölkerung selbst ihre politischen Interessen und Ressourcen und ihre politische Rolle sieht. Um diesen Aspekt des Problems direkt in den Griff zu bekommen, werden wir nicht weniger als 3000 Personen aus Haushalten der unteren Einkommensklasse interviewen und ihnen eine Reihe von Fragen vorlegen, die darauf abzielen, die Gültigkeit folgender Aussagen zu prüfen:

1. Obwohl die meisten der in Armut lebenden Personen die vorherrschenden Werte der amerikanischen Gesellschaft teilen, haben sie viel weniger Vertrauen als die meisten anderen Amerikaner, daß sich ihre Hoffnungen auf ein besseres Leben realisieren lassen.

2. Die große Mehrheit der in Armut lebenden Personen ist dem etablierten politischen Prozeß insofern entfremdet, als sie ihm entweder unverhohlen feindlich gegenüberstehen oder (was charakteristischer ist) der Meinung sind, daß es keine Möglichkeit gibt, ihre Präferenzen in den Prozeß einzubringen. Diese Auffassung drückt sich in der Redensart aus: »Die da oben machen doch, was sie wollen.« (»You can't fight City Hall.«)

3. Infolgedessen glauben die Armen nicht daran, daß Bürgerbeteiligung ein geeignetes Mittel ist, um in den Genuß von Geldern und Leistungen zu gelangen, die ihnen zu Würde und zur Chance der Verbesserung ihrer »Lebensqualität« verhelfen.

4. Kooptative Partizipation im Rahmen der Anti-Armut-Anstrengungen kann dazu beitragen, daß die Armen politische Interessen entwickeln, ihre politischen Ressourcen ausweiten und das Know-how zum wirksamen Eingreifen in den politischen Prozeß erwerben. M. a. W. kann kooptative Partizipation der Armen zu interessenorientierter Partizipation und zur Herausbildung einer eigenständigen Führung aus der Mitte der Armen führen.

5. Interessenorientierte Personen und Gruppen werden zunehmend zu einer signifikanten politischen Größe in Baltimore, soweit es um die Stürzung und Ausweitung der Anti-Armut-Anstrengungen geht; viele dieser Personen und Gruppen sind ursprünglich durch kooptative Partizipation am Anti-Armut-System aktiviert worden. Sie sind imstande (und in einem gewissen Umfang auch bereits dabei), im Interesse einer Ausweitung existierender Programme und der Inangriffnahme neuer Programme Druck auf örtliche und überörtliche (bundesstaatliche) Stellen auszuüben.

Diese Thesen, als Ganzes genommen, kreisen um zwei Fragen: Wie wirken Größe und Zusammenstellung der Programme des Anti-Armut-Systems zurück auf Qualität und Umfang der Bürgerbeteiligung der Armen? Und umgekehrt: Wie wirkt Bürgerbeteiligung zurück auf das Anti-Armut-System? Die Tragweite dieser Fragen beruht darauf, daß es aller Wahrscheinlichkeit nach einen signifikanten Zusammenhang zwischen Selbstachtung, wirtschaftlichem Wohlergehen und Bürgerbeteiligung gibt. Es gibt beachtliche Anhaltspunkte für die These, daß Personen, die zuversichtlich sind, mit den Problemen und Forderungen des Alltags fertigzuwerden, eher bereit sind, sich politisch zu betätigen.[7] Diese Personen entstammen vornehmlich den mittleren und oberen sozio-ökonomischen Statusgruppen der amerikanischen Gesellschaft. Umgekehrt gibt es deutliche Anhaltspunkte dafür, daß Personen mit hohen Werten in Anomie- und Entfremdungstests, d. h. mit einem ausgeprägten Gefühl der Machtlosigkeit, mit geringerer Wahrscheinlichkeit in politischen Angelegenheiten aktiv werden.[8] Sie haben ein niedriges Einkommen und einen geringen Bildungsstand. Auf der Basis zweier 1961 durchgeführter Untersuchungen[9] besteht allerdings Anlaß zu der Vermutung, daß Personen, die an der Verbesserung ihres sozioökonomischen Status arbeiten, auch bereit sind, im Zuge ihrer sozialen Aufstiegsbemühungen politisch aktiv zu werden. Kurzum, es gibt eine gewisse faktische Absicherung für die der oben angeführten These zugrunde liegende Vermutung: daß nämlich eine durch Anti-Armut-Programme angeregte Bürgerbeteiligung durchaus einen signifikanten Beitrag zur Eliminierung der Armut leisten kann.

Bevor das Verhältnis zwischen Bürgerbeteiligung und Anti-Armut-Anstrengungen einsichtig wird, muß allerdings noch genauer geklärt werden, was Bürgerbeteiligung in *operativer* Hinsicht bedeutet: welche Formen sie in der Vergangenheit angenommen hat, welche Art des Zusammenspiels es gegebenenfalls zwischen der kooptativen und der interessenorientierten Beteiligung gegeben hat und welche Auswirkungen diese vielfältigen Formen der Partizipation auf die Partizipanten selbst und auf das gesamte Programm gehabt haben. Sobald diese Fragen einmal geklärt sind, werden wir imstande sein, einen Bezug herzustellen zwischen unserer Analyse der Bürgerbeteiligung der Armen und der weiterreichenden politischen Studie. Wir werden uns dann einer weiteren Frage zuwenden wollen: Wie und in welcher Weise hat die Bürgerbeteiligung der Armen – namentlich die direkt oder indirekt durch das Anti-Armut-System erzeugte Partizipation – sich auf die Autoritäts- und Machtverteilung im politischen System Baltimores ausgewirkt, und wie wird sie sich in Zukunft auswirken?

Um auf die oben genannten Thesen zurückzukommen, so wird man die Nummern 1 bis 3 nicht *en detail* zu klären haben, weil eine große Menge früherer Forschungen ihre Gültigkeit hinreichend belegt. Indessen wird der Abschnitt »Bürgerbeteiligung« der Feldstudie Daten erbringen, aus denen hervorgeht, in welchem Umfang die Armutsbevölkerung politische Interessen, Selbstvertrauen bei der Bewältigung ihrer Probleme und ein höheres Aspirationsniveau entwickelt hat. Daten über Personen, die sich politisch beteiligt haben, werden Informationen über solche Arme gegenübergestellt, die die Vergünstigung aus den Anti-Armut-Programmen niemals kennengelernt oder wahrgenommen haben, sowie über solche Arme, die in der einen oder anderen Weise mit diesen Programmen in Berührung gekommen sind.

These 4 kann geprüft werden, indem man feststellt, ob es unter den folgenden drei Gruppen von Armen hinsichtlich ihres politischen Engagements signifikante Unterschiede gibt: (1) diejenigen, die bisher weder aktiv noch als Leistungsempfänger an Anti-Armut-Programmen partizipiert haben, (2) diejenigen, die zwar Leistungen aus Anti-Armut-Programmen erhalten, selbst aber nicht an der politischen oder administrativen Seite der Programme partizipieren, und (3) diejenigen, die aktiv am politischen oder administrativen Prozeß teilnehmen. Der Zweck der Prüfung dieser Hypothese besteht, wie gesagt, darin, herauszufinden, ob sich einerseits die »Nichtexponierten« politisch passiv verhalten und machtlos fühlen, und ob sich andererseits die »kooptierten« Partizipanten politisch interessiert und kundig verhalten und ein gewisses Vertrauen darein setzen, ihre Interessen wahren oder vorantreiben zu können. Wir wollen uns dabei der »persönlichen Effizienz oder Zuversichtlichkeits-Skala« *(personal-effectiveness or confidence scale)* bedienen, wie sie vom *Survey Research Center* der Universität von Michigan entwickelt wurde, und die Werte vergleichen, die auf ihr die drei genannten Gruppen von Armen erreichen: die Nichtexponierten, die nicht-partizipierenden Leistungsempfänger und die Partizipanten.

Bei der Prüfung der These 4 interessiert uns auch, festzustellen, welchen Anti-Armut-Behörden und -Institutionen es am besten gelingt, Partizipation zu erzeugen (unter Berücksichtigung von deren Umfang, Quantität und Effizienz), und welchen am schlechtesten. Mit Hilfe dieser Daten lassen sich Mittel und Wege ausfindig machen, wie man zu einer wirksamen Bürgerbeteiligung gelangt und Standards für die Formulierung von Zielen der Bürgerbeteiligung aufstellt.

These 5 kann teilweise und These 4 zusätzlich geprüft werden, indem man feststellt, ob die Armen – im interessenorientierten Sinn – politisch aktiver werden und sich vermehrt politischen Organisationen anschließen, *nachdem* sie kooptierte Partizipanten im Anti-Armut-System geworden sind.

Zur Validierung dieser Hypothesen wird es auch nötig sein, einerseits die Mitarbeiter von Anti-Armut-Gruppen zu interviewen, die gegebenenfalls die Entwicklung der Partizipanten beobachtet haben (These 4), andererseits die aus der Armutsbevölkerung kommenden Führer und Partizipanten zu befragen: nach dem gegenseitigen Verhältnis (falls vorhanden) und nach den Zielen und Aspirationen bei beiden Gruppen von Führern (These 5). These 5 zielt auf eine fundamentale Frage: In welchem Umfang stimulieren und wecken die Anti-Armut-Anstrengungen eine interessenorientierte Partizipation und Führerschaft in den Ghettos? Es könnte gut sein, daß sich die gesamten Anti-Armut-Anstrengungen um die Antwort auf diese Frage drehen.

These 5 kann teilweise auch geprüft werden, indem man mittels Fragebogen feststellt, in welchem Umfang die in der einen oder anderen Weise am Anti-Armut-System beteiligten Armen dieses System für wichtig und erweiterungsbedürftig halten und bereit sind, im Interesse dieser Erweiterung des Systems politischen Druck auszuüben.

Anmerkungen Kapitel 1

1 Vgl. z. B. die soziologischen Untersuchungen von Floyd Hunter, *Community Power Structure*, Chapel Hill 1953; Roland Pellegrini und Charles H. Coates, *Absentee-Owned Corporations and Community Power Structure*, in: *American Journal of Sociology*, 61, März 1965, S. 413-419; Robert O. Schulze, *Economic Dominants and Community Power Structure*, in: *American Sociological Review*, 23, Februar 1958, S. 3-9, mit den politologischen Untersuchungen von Wallace S. Sayre und Herbert Kaufman, *Governing New York City*, New York 1960; Robert A. Dahl, *Who Governs?*, New Haven 1961; Norton E. Long und George Belknap, *A Research Program on Leadership and Decision-Making in Metropolitan Areas*, New York 1956. Vgl. auch Nelson W. Polsby, *How to Study Community Power: The Pluralist Alternative*, in: *Journal of Politics*, 22, August 1960, S. 474-484.

2 Vgl. bes. Polsby, a.a.O., S. 475 f.

3 Ebd., S. 476.

4 Ebd., S. 478 f.

5 Ebd., S. 480 f.

6 Vgl. bes. Robert A. Dahl, *A Critique of the Ruling-Elite Model*, in: *American Political Science Review*, 52, Juni 1958, S. 463-469, sowie Lawrence J. R. Herson, *In the Footsteps of Community Power*, in: *American Political Science Review*, 55, Dezember 1961, S. 817-831.

7 Diese Definition erstmals bei Harold D. Lasswell und Abraham Kaplan, *Power and Society*, New Haven 1950, S. 75.

8 Dahl, *A Critique of the Ruling-Elite Model*, a.a.O., S. 466.

9 Arthur Bentley, *The Process of Government*, Chicago 1908, S. 202, zit. bei Polsby, a.a.O., S. 481.

10 Es ist ziemlich selbstverständlich, daß es Ähnlichkeiten in beiden Gesichtern der Macht gibt. Beide Male hat A Anteil an Entscheidungen und affiziert dadurch B. Aber es gibt auch einen wichtigen Unterschied zwischen beiden: in dem einen Fall partizipiert A ganz offen; in dem anderen Fall partizipiert er nur in dem Sinne, daß er darauf hinarbeitet, solche Wertvorstellungen und Verfahrensregeln zu unterstützen, die ihm beim Fernhalten ganz bestimmter Streitpunkte von der Öffentlichkeit behilflich sind. Gewiß zeigt sich diese zweite Art von Partizipation zuweilen auch offen, etwa bei den Auseinandersetzungen um Schluß der Debatte im Kongreß. Aber das ist nicht unbedingt notwendig. Wenn das Manöver höchst erfolgreich durchgeführt wird, so berührt es in der Tat weder die über bestimmte Streitpunkte getroffenen Entscheidungen noch kann es als solches identifiziert werden. Zur weiteren Diskussion dieses Punkts vgl. unten S. 78-81.

11 E. E. Schattschneider, *The Semi-Sovereign People*, New York 1960, S. 71.

12 Dahl macht in diesem Punkt *teilweise* Zugeständnisse, wenn er bemerkt (*A Critique of the Ruling-Elite Model*, a.a.O., S. 468 f.), daß »man einwenden könnte, daß selbst in einer Gesellschaft wie der unsrigen eine herrschende Elite so viel Einfluß auf Ideen, Einstellungen und Meinungen ausübt, daß so etwas wie ein falscher Konsens existiert – nicht der Pseudo-Konsens einer terroristisch-totalitären Diktatur, sondern die manipulierte und scheinbar selbst auferlegte Anhänglichkeit

breiter Schichten des Gemeinwesens an die Normen und Ziele der Elite . . . Dieser Einwand zeigt die Notwendigkeit, bei der Interpretation des allzu Offenkundigen vorsichtig zu verfahren.« Der folgende Satz beweist aber klar, daß er unseren Gesichtspunkt im großen und ganzen nicht begriffen hat: »Auch hier scheint die Hypothese nicht hinreichend bestätigt werden zu können ohne ein Äquivalent für den Test, den ich vorgeschlagen habe«, ein Test, der »in einer Untersuchung einer Reihe von konkreten Fällen (besteht), in denen Schlüsselentscheidungen gefällt werden . . .«

13 Ebd., S. 466.

14 Ebd., S. 478.

15 Er führt aus, daß die Erwartungen der pluralistischen Forscher »selten enttäuscht worden sind« (ebd., S. 477).

16 Ebd., S. 467.

17 Herbert Kaufman und Victor Jones, *The Mystery of Power,* in: *Public Administration Review,* 14, Sommer 1954, S. 207.

18 Dahl, *Who Governs?,* a.a.O.

19 Ebd., S. 64.

20 Ebd., S. 70.

21 Ebd., S. 71.

22 Dahl, *A Critique of the Ruling-Elite Model,* a.a.O., S. 467.

23 Dahl, *Who Governs?,* a.a.O., S. 82. Dahl führt aus, »daß das stärkste politische Druckmittel der Wirtschaftsnotabeln darin besteht, gegen Steuererhöhungen zu opponieren; darum widersetzen sie sich allen Ausgaben, die über das traditionelle Minimum städtischer Dienstleistungen hinausgehen. Ihre beiden wirkungsvollsten Waffen in dieser Auseinandersetzung sind in aller Regel der Bürgermeister und der Finanzausschuß. Die Notablen erreichen ihre politischen Ziele am leichtesten unter einem starken Bürgermeister, wenn dessen Politik mit ihrer eigenen übereinstimmt, oder unter einem schwachen Bürgermeister, sofern sie vom Finanzausschuß unterstützt werden . . . Die Bürgermeister von New Haven halten es weiterhin für vorteilhaft, für ihre Finanzpolitik das Vertrauen der Geschäftsleute zu gewinnen, indem sie diese in den Ausschuß berufen« (S. 81 f.).

24 Dahl diskutiert ganz allgemein (S. 79-84) Änderungen, was die Steuerhöhe und -veranlagungen während der letzten Jahre angeht, aber nicht aktuelle Entscheidungen des Finanzausschusses und dessen Auswirkungen im Hinblick auf das öffentliche Schulwesen.

25 Ebd., S. 124.

26 Ebd. Im ersten Abschnitt seines Buches kommt Dahl zu der Feststellung, daß »ein grober Test darüber, ob jemand offnen oder verdeckten Einfluß ausübt, in der Häufigkeit besteht, mit der er erfolgreich ein wichtiges politisches Ziel gegen die Opposition in die Debatte bringt, Initiativen anderer durch ein Veto blockiert oder Initiativen ohne Opposition einbringt« (ebd., S. 66).p27 Ebd., S. 131.

28 Dahl kennt selbstverständlich das »Gesetz antizipierter Reaktionen«. Was das Verhältnis des Bürgermeisters zur CAC angeht, so schreibt Dahl, daß Lee »besonders geschickt einzuschätzen wußte, was die CAC voraussichtlich unterstütze oder ablehnte« (S. 137). Dahl zeigte freilich kein Interesse an einer Analyse und Bewertung der Frage, inwieweit die CAC Lees Handlungsspielraum einschränkte. Aufgrund seines restringierten Begriffs von Macht vermochte Dahl nicht zu sehen, daß die CAC in dieser Hinsicht vielleicht doch Macht ausgeübt hat. Daß die CAC weder Initiativen einbrachte noch konkrete Vorschläge des Bürgermeisters durch ihr Veto blockierte, reicht Dahl zu der Annahme, daß die CAC eigentlich machtlos war; mit

dem gleichen Recht kann man dies aber auch als Beweis dafür nehmen, daß die CAC (als solche oder vermittels dessen, was sie repräsentierte) derart mächtig war, daß Lee nichts riskierte, was einen Streit hätte auslösen können.

29 Die Tatsache, daß der Initiator von Entscheidungen davon Abstand nimmt – weil er von vornherein ablehnende Reaktionen erwartet –, andere Vorschläge zu unterbreiten, verschleiert den Umstand, daß mit der Einschränkung seiner Initiativmacht seine Macht verringert wird. »Also ist es«, schreibt Dahl, »ganz und gar unwahrscheinlich, daß ein geheimer Verschwörerzirkel der Notablen das öffentliche Leben von New Haven derart klandestin beherrscht, daß nicht einer der im Verlauf der Untersuchung befragten fünfzig prominenten Bürger – und zwar Bürger, die extensiv an verschiedenen Entscheidungen beteiligt waren – die Existenz einer solchen Verschwörung angedeutet hätte . . .« (S. 185)

Weil Dahl die Herrschaft einer Elite ausschließlich in Form einer bewußten Verschwörung sieht, die die Macht besitzt, Entscheidungen zu fällen, und zu verhindern, entgeht ihm eine subtilere Form von Herrschaft; gemeint ist eine Form, in der die Leute, die tatsächlich herrschen, sich dessen gar nicht bewußt sind, einfach weil ihre Herrschaftsposition niemals ernsthaft in Frage gestellt wurde.

Anmerkungen Kapitel 2

1 Siehe zum Beispiel: Floyd Hunter, *Community Power Structure*, Chapel Hill 1953; und Robert A. Dahl, *Who Governs?*, New Haven 1961.

2 Eine in Grenzen ähnliche und unabhängig von uns erarbeitete Sicht findet sich in Thomas J. Anton, *Power, Pluralism and Local Politics*, in: *Administrative Science Quarterly*, Vol. 7, März 1963, S. 453.

3 Siehe oben S. 43-45.

4 Vgl. Peter Rossi, *Community Decision Making*, in: Roland Young (ed.), *Approach to the Study of Politics*, Evanston (Ill.) 1958, S. 359.

5 Thomas Hobbes, paraphrasiert in C. J. Friedrich, *Constitutional Government and Politics*, New York 1937, S. 12.

6 Harold D. Lasswell und Abraham Kaplan, *Power and Society*, New Haven 1950, S. 75, leiten diese Implikation von der Definition von Macht her, die sich in Bertrand Russell, *Power: A New Social Analysis*, New York 1938, S. 35 findet: nämlich als »Hervorbringung beabsichtigter Wirkungen«.

7 Lasswell und Kaplan, a.a.O.

8 Auf Vernunftgründen beruhendes Einverständnis stellt eine andere Art interpersoneller Beziehung – Autorität – dar, was weiter unten diskutiert wird.

9 Es könnte angeführt werden, das »Opfer« habe faktisch in diesem Beispiel keine Macht ausgeübt, da es über keine Sanktionen verfügte, die es der Schildwache androhen konnte. Dieser Einwand geht klar an der Sache vorbei: das »Opfer« bedrohte die Wache mit schweren Beeinträchtigungen (Entehrung, Kerker), falls diese nicht ihre soldatische Pflicht erfüllte, nämlich sich dem Befehl des »Opfers« zu fügen, d. h. es zu töten.

10 Siehe unten Abschnitt IV.

11 Siehe unten Abschnitt II.

12 Lasswell und Kaplan, a.a.O., S. 76. Wir haben »faktisch oder« aus dem Klammerausdruck herausgenommen, denn *faktische* Beeinträchtigung für Nichtkonformität ist eher eine Eigenschaft von Gewalt als von Macht. Dieser Punkt wird

weiter unten diskutiert.

Die Definition Lasswells und Kaplans muß sich auch einer anderen Kritik stellen. Beide beobachten (S. 77), daß »Macht haben heißt, bei den Handlungen (Vorhaben) anderer berücksichtigt zu werden«. Konsequent durchgeführt muß das heißen, daß jede beliebige Person oder Gruppe, die – in welchem Ausmaß auch immer – in das Zustandekommen von Entscheidungen verwickelt ist, Macht haben muß. Wird nicht etwa der Farmer, der 0,001 Prozent Anteil der gesamten Weizenversorgung auf den Markt bringt, von anderen Käufern und Verkäufern in dem selben Sinn berücksichtigt – obwohl natürlich nicht in demselben Ausmaß – wie General Motors Corporation bei der Bestimmung der Automobilpreise? Oder, um ein anderes Bild zu verwenden, ist es nicht so, daß nach buchstabengetreuer Auslegung des Wortes Nicht-Wähler genauso wie Wähler »teilnehmen«, und daher Macht über den Ausgang geheimer Wahlen haben? Aber wenn das mit Macht gemeint ist, müßte denn daraus nicht der Schluß gezogen werden, daß, wo auch immer wir hinschauen, eine breite Streuung von Macht sich vorfinden läßt? Sagen wir es anders: falls wir a) die Verteilung Macht ausschließlich im Bezugsrahmen des Zustandekommens von Entscheidungen analysieren und b) von uns Macht all denen zugeschrieben wird, die, in welchem Ausmaß und mit welchem »Gewicht« auch immer, partizipieren (»das Gewicht an Macht ist der Grad der Partizipation am Entscheidungsprozeß . . .«, ebd.), müssen wir dann c) nicht mit Notwendigkeit unterstellen, in realen Situationen sei Macht breit gestreut?

13 Siehe unten Teil III.

14 Vgl. Richard E. Neustadt, *Presidential Power*, New York 1960, S. 21. Vgl. Thomas C. Schelling, *The Strategy of Conflict*, Cambridge (Mass.) 1960, S. 38-39.

15 Dieser Fehler mag sehr wohl zusammen mit dem anderen, nämlich Macht als etwas Besitzbares anzusehen, dem politischen Verhalten der Vereinigten Staaten in bezug auf Tschiang Kai-Schek während der Periode des Chinesischen Bürgerkriegs (1944-49) zugrunde gelegen haben. Es ist sehr gut möglich, um das hier zu sagen, daß, indem wir die Kuomintang-Regierung mit beträchtlichen Mengen an Waffen versorgten, wir die Instrumente der Machtausübung mit Macht selber verwechselten. Und zusätzlich interpretierten wir das Kampfgeschehen zwischen Kuomintang und Kommunisten aus der Sicht unserer eigenen Werte und schätzten deswegen die Stimmung unter der Mehrheit des chinesischen Volkes völlig falsch ein.

Die mißglückte kubanische Invasion vom April 1961 ist vielleicht ein anderes Beispiel dafür, mit welcher Gefahr das Projizieren unserer eigenen Werte auf eine Bevölkerung verbunden ist, die einen ganz anderen Komplex von Interessen für wichtig hält. Wir schauten auf die große Zahl von im Lande gebliebenen Kubanern, die ganz offensichtlich ihrer individuellen Freiheit wie ihrer persönlichen Würde beraubt waren, und kamen zu dem Schluß, es bedürfe nur der Herbeiführung einer Gelegenheit, des Funkens, um die Erhebung der ganzen Nation gegen das Castro-Regime zu entflammen. Im Nachhinein zeigte es sich, wie sehr wir das Volksempfinden in Kuba mißverstanden hatten. Vgl. Steward Alsop, *Lesson of the Cuban Desaster*, in: *Saturday Evening Post*, 24. Juni 1961, S. 26-27.

16 Neustadt, a.a.O., S. 12-13. Zur Sache ganz allgemein vgl. auch Schelling, a.a.O., S. 6.

17 Dieser Punkt wird deutlich illustriert durch die französisch-amerikanischen politischen Differenzen Anfang 1960. Die Vereinigten Staaten, auf die Verteidigung Westeuropas ebenso eingeschworen wie auf strikte Begrenzung der Zahl von Nationen mit eigenen Nuklearwaffen, sahen sich, was ihre Verhandlungen mit General de Gaulle betraf, in ein Dilemma verstrickt. Ein zeitgenössischer Beobach-

ter schreibt: »De Gaulle spielte einen Judotrick gegen die Vereinigten Staaten aus ... (Er) beabsichtigt seine »Europakonstruktion« zu gestalten, und zwar auf der Basis der *Force de Frappe* und der französisch-deutschen Achse, unter Ausschluß der Briten und Amerikaner. Und er will das *unter dem Schirm der amerikanischen nuklearen Abschreckungsmittel* tun ... Es gibt ziemlich wenig, was die Kennedy-Administration gegen de Gaulles Judotrick unternehmen kann – außer der Aufkündigung der nuklearen Verteidigung – und das wurde noch nicht einmal ernsthaft erwogen ... ›Wir sind ein bißchen wie jener kleine Holländer mit seinem Finger im Deich‹, sagt ein Kennedy-Berater. Wird das amerikanische Engagement für die Verteidigung Europas aufgekündigt, so ist das Resultat ein völliges Desaster, nicht nur für Europa, sondern auch für die Vereinigten Staaten. Die Vereinigten Staaten sind somit wie der kleine Holländerjunge, zur Unbeweglichkeit verurteilt. Die stärkste Macht in der westlichen Allianz hat somit erstaunlich wenig Handlungsmacht in der Allianz.« Stuart Alsop, *Should We Pull Out of Europe?*, in: *Saturday Evening Post*, 13. April 1963, S. 80. Hervorhebung im Original.

Der Kern der Sache wird um einiges markiger von »President Hudson« in dem Roman von Allen Drury, *A Shade of Difference*, New York 1962, S. 82, ausgesprochen: »Je mehr reale Macht man hat, desto weniger kann man es sich leisten, sie auszuüben; und je weniger reale Macht man hat, um so mehr kann man damit um sich werfen.«

Zur weiteren Diskussion der Beziehung zwischen Macht und ihrer Ausübung siehe E. Abramson et al., *Social Power and Commitment Theory*, in: *American Sociological Review*, Vol. 23, Februar 1958, S. 15-22.

18 Wir definieren mit Lasswell und Kaplan, a.a.O., S. 16, Wert als »ein erwünschtes Ereignis – ein Zielereignis. X schätzt Y heißt: X handelt auf eine bestimmte Weise, um Y zu erreichen.«

19 Ebd., S. 76.

20 Ebd., S. 77.

21 Ebd., S. 17-18. Eine folgerichtig davon abgeleitete Aussage könnte man die »Regel falsch antizipierter Reaktionen« nennen. Wir beziehen uns auf eine Situation, in der eine Person nur widerwillig sich dem fügt, von dem sie *annimmt,* ein anderer wolle es, dann aber hinterher feststellt, daß sie entweder die Preferenzen des anderen falsch auffaßte, oder daß letzterer überhaupt nicht beabsichtigte, Sanktionen für seinen Preferenzen zuwiderlaufendes Verhalten zu verhängen.

22 C. Wright Mills, *The Power Elite*, New York 1954, S. 9.

23 *An Analysis of Social Power*, in: *American Sociological Review*, Vol. 15, Dezember 1950, S. 733.

24 Der Hauptmangel am Machtbegriff Lord Russells (siehe oben Anmerkung 6) besteht im völligen Außerachtlassen dieser Unterscheidung. Man kann eine »beabsichtigte Wirkung« durch Ausübung von Macht oder Gewalt hervorbringen.

25 Es ist oft richtig: wenn Gewalt eingesetzt wird, läßt A dem B die Wahl, sich seinen Forderungen *zwischen* den Schlägen zu fügen. Unter solchen Umständen würde B, sollte er sich As Wünschen beugen, dies aus Furcht vor weiteren Sanktionen tun, wobei Gewalt zu Macht würde.

26 Eine der durchdringenderen Kritiken auf dieser Linie findet sich in General Maxwell D. Taylor, *The Uncertain Trumpet*, New York 1959.

27 Nach Bierstedt, a.a.O., S. 731, »... beruht Einfluß auf Überzeugung, Macht auf Zwang. Wir fügen uns freiwillig dem Einfluß, während Macht ein Sichfügen fordert.« In unserer Sicht kommt Macht dann zur Wirkung, wenn B sich freiwillig fügt; fügt er sich aus Zwang, dann kommt Gewalt zur Wirkung.

Es soll hierbei bemerkt werden, daß es nach unserer Definition unkorrekt wäre, zu sagen, Marx habe Lenin »beeinflußt« oder Haydn habe Mozart »beeinflußt« oder Jesus Christus habe die Konquistadoren »beeinflußt«. In allen diesen Fällen teilten letztere die Werte der ersteren, d. h. die Beziehung beinhaltete nicht Macht oder Einfluß, sondern *Autorität*. Siehe unten Abschnitt IV.

28 Vgl. Richard H. Rovere, *Senator Joe McCarthy*, New York 1959.

29 C. J. Friedrich, *Authority, Reason and Discretion*, in: C. J. Friedrich, *Authority*, 9. Auflage, Cambridge (Mass.) 1958, S. 37.

30 Lasswell und Kaplan, a.a.O., S. 133.

31 Bierstedt, a.a.O., S. 733.

32 Authority, S. 36, 35.

33 Wie vielleicht klar ist, involviert das Verhältnis nicht länger Macht, falls B eine Trotzhaltung gegenüber A wählt. Dieser Begriff von rationaler Wahl ist der Auffassung von Thomas Hobbes über Furcht und Freiheit analog. »Furcht und Freiheit«, so schreibt er, »sind vereinbar; denn wenn jemand sein Gut ins Meer wirft aus *Furcht* vor einem Sinken des Schiffes, so tut er es nichtsdestotrotz mit Willen, und er könnte es ablehnen zu tun, falls er wollte. Es ist daher die Handlung von jemand freiem.« *Leviathan*, Everyman Edition, S. 110.

34 Vgl. Friedrich, *Authority*, a.a.O., S. 36. Vernünftige Begründung liegt auch dem Unterschied zwischen Autorität und Einfluß zugrunde. Fügt B sich der Forderung As weder aus Furcht vor Beeinträchtigung, noch weil seine Fügsamkeit vernünftig begründet ist, dann unterliegt B dem Einfluß. Diese Unterscheidung wird weiter unten noch stärker herausgearbeitet.

35 Ebd., S. 38.

36 Ebd., S. 47.

Anmerkungen Kapitel 3

1 Robert A. Dahl, *The Analysis of Influence in Local Communities*, in: Charles Adrian (ed.), *Social Science and Community Action*, East Lansing (Mich.) 1960, S. 26.

2 Peter Rossi, *Community Decision-Making*, in: Roland Young (ed.), *Approaches to the Study of Politics*, Evanston (Ill.) 1958, S. 364.

3 Ebd., S. 74.

4 Zum Beispiel A setzt sowohl Autorität als auch Macht ein, um Bs Einverständnis zu erzielen, und Bs Antwort hat eine gleicherweise doppelte Basis. Dafür ist das Verhältnis Adolf Hilters zu einigen seiner obersten Militärs im Zweiten Weltkrieg ein offensichtlicher Beleg. Vgl. dazu William L. Shirer, *The Rise and Fall of the Third Reich*, New York 1966, S. 366 ff. und passim.

5 Der Ansatz, den wir im Sinn haben, wird deutlich gemacht in der vergleichsweise unstrukturierten, trotzdem aber eindringlichen Studie über »Springdale« von Joseph Vidich und Arthur Bensman, *Small Town in Mass Society*, Princeton (N.J.) 1958. Zur weiteren Diskussion dieses Punkts siehe den folgenden Abschnitt.

6 Vgl. Len Giovanitti and Freed, *The Decision to Drop the Atomic Bomb*, New York 1962.

7 Vgl. Arthur M. Schlesinger Jr., *A Thousand Days*, New York 1965, Kap. 10.

8 Vgl. David Braybrooke and C. E. Lindblom, *A Strategy of Decision*, New York 1963, Kap. 5.

9 Vgl. E. E. Schattschneider, *The Semi-Sovereign People*, New York 1960, S. 71.

10 Zu einer kritischen Analyse des Begriffs des Nicht-Entscheidungsprozesses siehe Richard M. Merelman, *On the Neo-Elitist Critique of Community Power*, in: *American Political Science Review* LXII, Juni 1968, S. 451-61; desgleichen Raymund E. Wolfinger, *Community Power and Policy Making in American Cities* (erscheint demnächst). Unser kurzer Kommentar zu Merelman, zusammen mit seiner Antwort, findet sich in *American Political Science Review* LXII, Dezember 1968, S. 1268-69.

11 Zitiert nach James S. Coleman, *Community Conflict*, New York 1957, S. 17.

12 Ebd., S. 54.

13 Michael Lipsky, *Protest as a Political Ressource*, in: *American Political Science Review* LXII, Dezember 1968, S. 1156. Gelegentlich zahlt sich die Weiterleitung an Komitees oder Kommissionen dann nicht aus, wenn der Bericht der Studiengruppe die Flammen des Dissenses nährt. Vielleicht hatte der *Report of the National Advisory Commission on Civil Disorder (Kerner Commission)* aus dem Jahre 1968 diesen Effekt.

14 Zur Verdeutlichung dieses Punkts siehe Murray Edelman, *The Symbolic Uses of Power*, Urbana (Ill.) 1967 (dtsch.: *Politik als Ritual*, Ffm. 1976).

15 Grant McConnel, *Private Power and American Democracy*, New York 1966, S. 91-118.

16 Diese Formulierung stimmt mit der von Robert A. Dahl, *Power*, in: *International Encyclopedia of the Social Sciences*, New York 1968, Vol. XII, überein.

17 Siehe oben Fußnote 10.

Anmerkungen Kapitel 4

1 Zur Diskussion der Unterschiede zwischen den Pressure Groups siehe E. E. Schattschneider, *The Semi-Sovereign People*, a.a.O., Kap. II.

2 Eine Analyse von c) muß warten, bis der politische Prozeß als ganzer untersucht worden ist.

3 Siehe David Easton, *A Systems Analysis of Political Life*, New York 1965, S. 121. Easton beschäftigt sich in seiner Arbeit mit den institutionellen und kulturellen Mechanismen, die den Fluß politischer Anliegen in das politische System regulieren und, in dessen Verlauf, das System vor Zerstörung durch »Forderungenüberladung« bewahren. Er bezieht in seine Überlegungen nicht die Möglichkeit mit ein, daß die Mechanismen zum Schutz althergebrachter Privilegien in einem politischen System vor potentiellen Forderungen anderer gesellschaftlicher Gruppen dienen.

4 Vgl. dazu Karl W. Deutsch, *The Nerve of Government*, New York 1966, Teil II-III.

5 Dieser Abschnitt bezieht sich weitgehend auf die Diskussion in Richard C. Snyder, *A Decision-Making Approach*, in: Roland A. Young (ed.), *Approach to the Study of Politics*, Evanston (Ill.) 1958.

Anmerkungen Kapitel 5

1 P. Stewart Macaulay, A Study of the Negro's Problems, in Baltimore's *The Sunday Sun*, Magazine Section, 31. März 1935, S. 1 f. Der Artikel faßt die Ergebnisse einer Untersuchung mit dem Titel *The Negro Community in Baltimore* zusammen, die von der *Baltimore Urban League* gefördert und von Dr. Ira de A. Reid geleitet wurde.

2 In diesem Kontext ist der militante Schwarze ein politischer Aktivist, dessen vorrangiges Ziel der Gewinn von Quellen politischer Macht für die Massen der in Ghettos lebenden schwarzen Großstadtbevölkerung ist. Der Militante sieht in politischen Konflikten ein geeignetes Mittel zur Herstellung einer Machtbasis, während der gemäßigte Schwarze, obwohl um Macht bemüht, sich mit deren Zurschaustellung durch Repräsentanten, die ins politische System gewählt werden oder auf dem Ernennungswege hineinkommen, zufrieden gibt.

3 Siehe Ronnie Goldberg, Die Politik der Stadtregierung in Baltimore, Anhang A.

4 Der Kampf um die Neugliederung der Wahlkreise wird von Brenda L. Davies, Die Neugliederungspolitik in Baltimore, Anhang B, beschrieben.

5 Einzelheiten zu diesem und zu den nächsten Kapiteln entstammen der Wahlanalyse, die von Professor Robert L. Loewy vom Goucher College vorgenommen wurde. Siehe auch Ronnie Goldberg, a.a.O.

6 Vgl. James D. Dilts, *Organization Man for the Other America*, in: *Baltimore Sun*, Magazine Section, 16. Juni 1968.

7 »... ›Konfrontation‹ (bezieht sich) auf solche Formen direkter Aktion wie der willentliche Abbruch von oder der Eingriff in normale, routinemäßige Verfahrensweisen von Personen oder Institutionen durch große Personenansammlungen; auf absichtsvolles Zunichtemachen der Anordnungen (sic) von Autoritäten mit Hilfe der Verbreitung von Verspottung, Roheiten, Obszönität und anderen unzivilen Rede- und Verhaltensweisen, um Autoritäten zu schockieren, zu verwirren oder herauszufordern; Zurückweisung der Befolgung von Anordnungen oder der Anerkennung autoritativer (sic) Befehle oder Ersuchungen gilt als legitim.« Siehe Jerome H. Skolnick, *The Politics of Protest*, New York 1969, S. 106.

Anmerkungen Kapitel 6

1 Die nächsten Abschnitte basieren auf Morton S. Baratz, Das Kommunale Aktionsprogramm in Baltimore, Anhang D.

2 Jane Motz, *Baltimore Civil Disorders*, April 1968, *American Friends Service Committee*, Baltimore 1968, S. 18.

3 Ebd., S. 28.

Anmerkungen Kapitel 7

1 Jeanne R. Lowe, *Cities in a Race with Time*, New York 1967, S. 556 f.

2 Daniel Moynihan, *Maximum Feasible Misunderstanding*, New York 1969.

3 Roscoe C. Brown, *The White University must Respond to Black Student Needs,* in: *Negro Digest* XVIII, März 1969, S. 30 f.

4 Arnold Schuchter ist einer von denen, die diesen Punkt sehen: »Dieses Planungskonzept (so schreibt er) ist ohne Zweifel nicht akzeptabel für viele Schwarze, die zu sehen beginnen, wie der Begriff (sic) der Macht in der städtischen Politik realisiert wird.« Des weiteren führt er aber an, daß »die Politik der Besitzlosen (sic) auf lange Sicht ruinös für die ökonomische und soziale Lebensfähigkeit der größeren Städte ist, und zwar für Schwarze wie Weiße.« Siehe Arnold Schuchter, *White Power/Black Freedom,* Boston 1968, S. 374.

Anmerkungen Anhang A

1 Eine Neugliederung der Wahlkreise (Stadtverordnetenversammlung) fand im Jahre 1966 statt. Davor waren es 20 Mitglieder: drei aus jedem der vier Kreise mit weniger als 70 000 registrierten Wählern, und vier aus jedem der zwei Kreise mit einer größeren Wählerschaft. Weitere Einzelheiten über die Neugliederung vom Jahre 1966 finden sich in »Die Neugliederungspolitik in Baltimore«, Anhang B.

2 Die Gehälter für den *Council* im Jahre 1964 (seither gestiegen) waren wie folgt: Mitglieder $ 6500; Vizepräsident $ 7250; Präsident $ 15 000.

3 Deren Grad an Bedeutung steht in direktem Zusammenhang mit Patronage und politischer Hebelkraft und wird in einem der folgenden Abschnitte dieses Berichts diskutiert werden.

4 Andere Referate sind zuständig für Flugwesen, Forderungen und Verpflichtungen, Erziehungswesen, Hafenwesen, Gesundheit, Autobahnen, Wohnungen, Beziehungen innerhalb der städtischen Regierung, Arbeit, Parks und Erholung, Finanzierung, Verkehr, Regelungen, öffentliche Dienstleistungen, Public Relations.

5 Die Stadtverordnetenversammlung ist berechtigt, den Antrag bis zu drei Zusammenkünften nach der je letzten Abstimmung einzubehalten.

6 Die gesamte Stadtverordnetenversammlung setzt sich aus Mitgliedern der Demokratischen Partei zusammen. Siehe die Diskussion über das Zwei-Parteien-System in Abschnitt III.

7 Die Ortsgruppe von CORE in Baltimore ist der Bundesorganisation unterstellt. Ihre Mittel sind begrenzt; finanzielle Schwierigkeiten führten an einem bestimmten Punkt des Jahres 1967 fast zur Schließung. Sie funktioniert aber noch immer. U-VOTE wurde speziell zu Zwecken der Wählerregistrierung aufgebaut.

8 Eine von ihnen, die den Namen »schwarze Bourgeoisie« hat, wählte zwei Kandidaten in den *Council.* Die andere ist eng mit NAACP verbunden und zählt den Direktor von Baltimores *City Community Action Agency* zu ihren Mitgliedern.

9 Vor allem Jack Pollack. Siehe Abschnitt III.

10 Politische Gruppierungen innerhalb der Kreise sind ebenfalls von Bedeutung. In jedem Kreis stellen verschiedene Demokratenclubs Kandidaten für die Parteiversammlung der Demokraten auf, in der ein Sieg identisch ist mit Wahl.

11 Städtische Regierungen *müssen* ihre Beiträge leisten, oder die Bundesregierung hält die Mittel aus ihren Fonds zurück.

Anmerkungen Anhang B

1 Protokollberichte der Kommission des Bürgermeisters zur Neugliederung, 26. Februar 1965, S. 1.

2 Der ursprüngliche Entwurf von Dr. Bard sah die Wahl einiger Stadtverordneter auf der Basis einer Gesamtwahl vor. Mindestens ein Stadtverordneter wandte sich gegen diese Idee mit dem Einwurf, einen Sitz auf der Grundlage einer Gesamtwahl zu gewinnen bedeute, daß der Kandidat einen kostspieligen Handel mit den »Bossen« aus allen sechs Bezirken abschließen müsse. In einer Schlußabstimmung erlitt der Gesamtwahlvorschlag in der Kommission eine Niederlage.

3 Ihre einzige schwerwiegende Klage bezog sich auf die Eingliederung von zwei Stadtteilen des sechsten Bezirks mit einer Gesamtpopulation von 6300 schwarzen und weißen Personen der unteren Einkommenskategorie in den ersten Bezirk.

4 In dieser Zeit stellten – mit einigen Überschneidungen – die Schwarzen 40 Prozent und die Republikaner 16 Prozent aller Stimmberechtigten.

5 Die Abstimmungsergebnisse, wie unten zu sehen, zeigen eindringlich den Mangel an organisatorischer Disziplin in den Kreisen; oder, um es anders zu formulieren, jeder Stadtverordnete mußte individuell und in starkem Maße zwischen konfligierenden politischen Loyalitätsgeboten wählen. Es zeigt sich, daß außer dem ersten Kreis sonst keiner der Kreise durch en-bloc-Abstimmung zugunsten dieser oder jener Alternative repräsentiert wurde.

Für		Gegen	
Panuska	(2.)	D'Alesandro (Präsident)	
Best	(3.)	Bonnet	(1.)
Gallagher	(3.)	Duffy	(1.)
Pica	(3.)	Staszak	(1.)
Dixon	(4.)	Ward	(2.)
Soypher	(4.)	Curran	(3.)
Caplan	(5.)	Parks	(4.)
Edelman	(5.)	Schaefer	(5.)
Rubenstein	(5.)	Hines	(6.)
Myers	(6.)		
Leone	(6.)		

Der Stadtverordnete Prucha (2.) enthielt sich der Stimme, möglicherweise aus dem Grund, weil er annahm, daß keiner der Pläne seiner politischen Zukunft dienlich wäre.

6 Die League of Women Voters war für das Sammeln von Unterschriften in den Bereichen mit Beziehern mittlerer und höherer Einkommen verantwortlich; Women Power Inc., eine Organisation schwarzer Geschäftsfrauen und berufstätiger Frauen, mit engen Beziehungen zu den politischen Organisationen der Demokraten im vierten Bezirk, ließ Petitionslisten im Westen Baltimores zirkulieren. Republikanischen Führern und Arbeitern, CORE und U-VOTE (ein Ableger von U-JOIN) war Ost-Baltimore zugeteilt.

Anmerkungen Anhang D

1 Bevor er 1965 nach Baltimore kam, hatte der amtierende Superintendent of Education (svw. Stadtschulrat) einen analogen Posten in New Haven inne. Das ist in diesem Zusammenhang vielleicht von Interesse.

2 Das soll nicht heißten, daß U-JOIN überhaupt keine Wirkung gehabt hätte. Hauptsächlich auf Drängen von U-JOIN wurde in den »Aktionsplan« ein Wohnungsbauprogramm aufgenommen; außerdem wurde das Beschäftigungsprogramm des Plans modifiziert.

Anmerkungen Anhang E

1 Damit ist nicht gesagt, daß der Bürger auch an sämtlichen Entscheidungen beteiligt sein muß, die mit der Durchsetzung seiner Option verbunden sind. In technischen Fragen dürfte es ihm an der erforderlichen, speziellen Kompetenz fehlen, so daß er sich auf den Fachmann verlassen muß.

2 Siehe Angus Campbell, *The American Voter*, New York 1960, S. 91; Edward Dreyer und Walter Rosenbaum, *Public Opinion and Electoral Behavior*, Belmont (Calif.), und Murray B. Levin, *The Alienated Voter*, New York 1960.

3 *The Semi-Sovereign People*, New York 1960, S. 35; siehe auch Julian Woodward und Elmo Roper, *Political Activity of American Citizens*, in: *American Political Science Review*, Dez. 1950, S. 874; und Fred Greenstein, *The American Party System and The American People*, New York o. J., S. 5-17.

4 In einem afrikanischen Zusammenhang bemerkt H. Spiro: »In einem Gemeinwesen, dessen Mitglieder sich der Möglichkeiten zur Veränderung ihres gemeinsamen Loses überhaupt nicht bewußt sind, findet Politik insoweit gar nicht statt. In dem Augenblick und in dem Ausmaß aber, in dem sich einige Mitglieder dieses Gemeinwesens der Möglichkeit bewußt werden, in bezug auf ihre ökonomische Wohlfahrt, ihre Sozialstruktur, ihre kulturellen Werte und sonstige Aspekte ihrer gemeinsamen Existenz etwas zu tun, beginnt die Politik – und beginnt, sich zu entfalten.« Herbert Spiro, *The Primacy of Political Development*, in: H. Spiro (ed.), *Africa*, New York 1966, S. 153.

5 Kooptation als Form der Partizipation wird kurz diskutiert von Arthur Shostak, *Politics, Poverty and Problems*, Address to Eastern Sociological Society, Frühjahr 1966 (hektographiert), S. 3 und passim.

6 Genauer gesagt, gehört zur kooptativen Partizipation auf dieser Ebene folgendes:

1. Teilnahme – als Berater oder »Wähler« – an der Gestaltung von Anti-Armut-Strategien.

2. Teilnahme – als Berater oder »Wähler« – an der Planung vorgeschlagener Anti-Poverty-Programme.

3. Teilnahme an der Entwicklung und Administrierung von Anti-Armut-Programmen.

4. Teilnahme an der Vergabe der Anti-Armut-Leistungen.

Aus Gründen, die im nächsten Abschnitt zu diskutieren sind, wird Partizipation nicht schon dadurch konstituiert, daß man Anti-Armut-Leistungen empfängt.

7 Gordon Allport, *The Psychology of Participation*, in: *Psychological Review*, Mai 1945, S. 117-132; Angus Campbell, *The Passive Citizen*, in: *Acta Sociologica*, Fasz. 1-2, 1962, S. 9-21; Angus Campbell et al., *The American Voter*, New York 1960; Robert Lane, *Political Life: Why People Get Involved in Politics*, Glencoe (Ill.) 1959; Paul Mussen und R. Wyszynski, *Personality and Political Participation*, in: *Human Relations*, Febr. 1952, S. 65-82; und Lester Milbrath, *Political Participation*, Chicago 1965.

8 Herbert Goldhamer, *Public Opinion and Personality*, in: *American Journal of Sociology*, Jan. 1950, S. 346-354; Robert Lane, *Political Life*, a.a.O.; Morris Rosenberg, *Self-Esteem and Concern with Public Affairs*, in: *Public Opinion Quarterly*, Sommer 1962, S. 201-211.

9 Mattei Dogan, *Political Ascent in a Class Society: French Deputies 1870-1958*, in: D. Marvick (ed.), *Political Decision-Makers*, Glencoe (Ill.) 1961, S. 57-90; D. Marvick und Charles Nixon, *Recruitment Contracts in Rival Campaign Groups*, in: Marvick, ebd., S. 193-217. Siehe auch Milbrath, a.a.O., S. 110-141.

Register

Alphabetisches Verzeichnis der edition suhrkamp